만나요약설교 2

김명규 목사

예루살렘

만나요약설교 2

초판 1쇄 발행   2002. 09. 20.
      7쇄 발행   2019. 05. 20.

역은이   김명규
펴낸이   박성숙
펴낸곳   도서출판 예루살렘
주 소   10252 경기도 고양시 일산동구 고봉로 776-92
전 화   031-976-8972
팩 스   031-976-8974
이메일   jerusalem80@naver.com
창립일   1980년 5월 24일 (제16-75)
등 록   (제59호) 2010년 1월 18일

ISBN   978-89-7210-348-6 03230
책값은 뒤표지에 있습니다.

도서출판 예루살렘은 말씀과 성령 안에서 기도로 시작하며
영혼이 풍요로워지는 책을 만드는 데 힘쓰고 있으며,
문서선교 사역의 현장에서 세계화의 비전을 넓혀가겠습니다.

나의 힘이신 여호와여 내가 주를 사랑하나이다(시 18:1)

머리말

아주 옛날도 아닌 30여년 전 청년시절 내가 처음으로 안양에 왔을 때에는 안양천에서 고기들이 놀았고, 다슬기며, 생명체들이 풍성했으며, 세례대신 침례를 베푸는 침례교회에서는 안양천에서 야외 침례식을 하기도 하였다.

오늘도 유유히 흐르는 악취나는 안양천은 시대의 상황을 반영이라도 하는듯 맑아질줄 모르는 것같다. 시에서 천문학적인 돈을 쏟아 부어서 정화사업을 한다고 보고는 듣지만 맑아지지 않고 냄새만 풍기며 계속 흘러만 간다. 때때로 백로며 다른 철새들이 그곳도 물이기에 물고기 등 먹을 것이 있는가 하고 내려 앉아서 물속을 내려다 보고 기웃거려 보지만 살아 움직이는 물기가 보일리 만무하다. 하지만 더 많은 돈을 투자하고 모두가 노력한다면 안양천에서도 옛날처럼 그물로 고기 잡으며 낚시를 드리울 날이 오리라.

왜 환경뿐이겠는가? 수 많은 인재와 석학들이 재 나름대로 한마디씩 외쳐 보지만 맑아질 줄 모르는 시대의 죄악의 흐름은 어찌하랴.

죽은 영혼을 살게 하고 시대의 죄악의 탁류를 맑게 하는 길은 오직 하나님의 살아 계셔서 역사하시는 신구약 성경밖에 없는 줄을 알고 부지런히 말씀을 준비하며 전한다.

에스겔의 골짜기에 가득한 해골들이 에스겔이 전하는 말씀을 통해서 살아서 큰 군대가 되었듯이(겔 37:1-) 이 세대에 거리 거리마다 수북히 산적해 있는 해골과 죽은 영혼을 살리는 비결은 오직 하나님의 말뿐이기 때문이다. 그래서 새벽마다 나의 기도 제목들 가운데 하나가 "주여 시대는 더욱 악해지는데 나에게 말씀의 능력 주시되 양식과 같은 말씀(마 4:4), 검과 같은 말씀(엡 6:17), 불과 방망이 같은 말씀(렘 23:29), 길을 비추이는 말씀(시 119:105), 죄악을 억제하는 말씀(시 119:11), 살아 역사하는 말씀(히 4:12) 등으로 충만케 하시고 성령의 권능을 충만케하사 성령의 온전한 도구로만 사용되게 하옵소서. 왜냐하면 하나님의 나라는 말에 있지 않고 능력에 있기 때문입니다(고전 4:20)"라고 기도하며 부르짖게 된다.
　주께서 재림하시고 이 땅에 있는 교회가 휴거될 때까지는 이 사역이 이어지리라.

　때때로 말씀의 문이 막힐 때면 요약된 설교라도 마치 캄캄한 어두움을 비추이는 실낱같은 한 줄기 빛과 같이 비추이고, 스쳐가는 바람과 같이 도움이 될 때가 적지 않았기에 나 역시 빚을 갚는 마음으로 두 번째 요약설교집을 출간해 본다.
　예배 후에 눈이 벌겋게 달아 오른 상태로 나오면서 "오늘 말씀에 은혜를 받았습니다."라는 표현들은 부족한 종을 오늘도 사용하셨구나 하면서 성령님의 역사에 감격해 하고 설교자의 마음을 찡하게 만든다. 이것이 설교자의 기쁨이런가? 그리고 '만나요약설교1집'에서 큰 참고가 되었다는 분들의 감사한 목소리에 더욱 힘이 생겼음을 고백하지 않을 수 없다.
　하나님께 모든 영광을 돌리며, 여기까지 기도해 주신 모든 교우들과 해가 갈수록 더욱 건강하여야 할텐데 다리에 힘이 없어 보이는 아버지 되시는 김형창 집사님과 어머니 김복춘 권사님의 강녕을 바라고 늘 기도의 후원자로서 계신 88세의 장모님 이월식 권사님께 감사하고, "여보 이제 당신의 목회와 설교가 원숙한 단계에 이르렀나봐요. 오늘 은혜 받았어요" 하면서 최고의 후원자 되는 유미자 사모에게 감사하고, 원고 정리에 힘쓴 사무원 배춘하 전도사에게 고마움을 표하고, 예루살렘출판사 윤희구 사장님께 다시 한번 고마움을 전한다.

탁류가 흐르는 곳 안양천변 목양실에서
小石　김명규 목사

목차

머리말 / 3

바른신앙

- 무엇이 복인가?(시 1:1-6) / 14
- 새 포도주를 낡은 부대에 넣지 말라(마 9:16-17) / 16
- 지혜로운 건축자(마 7:24-27) / 18
- 내가 네게 어떻게 하랴(호 6:4-11) / 20
- 경건 연습에 힘써라(딤전 4:6-10) / 22
- 디오드레베와 데메드리오(요삼 1:9-12) / 24
- 여호와 앞에 무릎 꿇은 사람들(시 95:1-11) / 26
- 이 땅의 그루터기 신앙인들(사 6:9-13) / 28
- 일어나 빛을 발하라(사 60:1-7) / 30
- 어느 앉은뱅이의 변화(행 3:1-10) / 32
- 성별된 새 사람이 되라(렘 4:22-32) / 34
- 주의 평안을 마음에 가진 자(시 119:161-168) / 36
- 실패의 원인과 그 해결책(룻 1:1-5) / 38
- 그리스도인이 가져야 할 긍지(행 26:24-29) / 40
- 예수 그리스도로 옷 입으라(롬 13:11-14) / 42
- 흉년 때를 대비한 영적 저축생활(창 41:25-31) / 44
- 정상적인 궤도에 진입한 신앙(1)(말 3:7-12) / 46
- 정상적인 궤도에 진입한 신앙(2)(사 58:13-14) / 48
- 정상적인 궤도에 진입한 신앙(3)(시 147:7-20) / 50
- 정상적인 궤도에 진입한 신앙(4)(마 7:24-29) / 52
- 정상적인 궤도에 진입한 신앙(5)(벧전 4:10-11) / 54
- 정상적인 궤도에 진입한 신앙(6)(마 18:21-35) / 56

- 정상적인 궤도에 진입한 신앙(7)(눅 12:13-31)/ 58
- 정상적인 궤도에 진입한 신앙(8)(요 14:11-14)/ 60
- 정상적인 궤도에 진입한 신앙(9)(에 4:13-17)/ 62
- 뒤를 돌아보지 않는 신앙(눅 9:62)/ 64
- 신비한 성경을 바로 알자(딤후 3:14-17)/ 66

축복

- 히스기야 왕이 누린 축복(왕하 18:1-8)/ 68
- 씨뿌리는 계절에 생각하는 진리(갈 6:7-10)/ 70
- 주일성수를 해야 할 이유(사 58:13-14)/ 72
- 결과가 선(善)이 되게 하시는 하나님(롬 8:28)/ 74
- 마라의 연단과 엘림의 축복(출 15:22-27)/ 76
- 아브라함과 복과 성공적인 생애처럼(창 22:15-19)/ 78
- 여호와이레의 축복을 받을 자(창 22:1-14)/ 80
- 성도가 누려야 할 풍요의 삶(눅 6:38)/ 82
- 예수를 만나면(요 3:1-8)/ 84
- 하나님 성전의 기둥들(계 3:7-13)/ 86
- 우리가 받아야 할 다섯 가지 복(창 1:27-28)/ 88
- 복되고 형통한 사람들(시 128:1-6)/ 90
- 예수를 만난 후 변화된 사람들(눅 24:30-35)/ 92
- 축복이 오는 통로들(신 13:15-22)/ 94
- 풍성한 파종 좋은 결실의 소망(갈 6:6-9)/ 96
- 교회 성도들에게 이 복을 주소서(왕상 8:1-21)/ 98
- 감사로 가득 찬 축복(시 50:23)/ 100

신앙의 사람

- 만나서 기쁜 사람들(요이 1:4-13)/ 102

- 견고함과 평안의 복을 받은 다윗(삼하 7:8-17)/ 104
- 성장하는 신앙인(엡 4:13-16)/ 106
- 성도의 생활에서 가져야 할 기쁨(빌 4:10-20)/ 108
- 바르실래에게서 배우는 신앙(삼하 19:31-39)/ 110
- 요셉의 신앙(창 41:41-45)/ 112
- 빌레몬의 신앙인격(몬 1:1-7)/ 114
- 힘을 다하는 생애(전 9:10-12)/ 116
- 하나님 앞에 큰 사람(욥 1:1-3)/ 118
- 분노와 신앙의 미덕(잠 16:32-33)/ 120
- 섬기는 생활(마 20:20-28)/ 122
- 지혜로운 성도의 삶(엡 5:15-17)/ 124
- 힘있는 신앙인들(히 11:35-40)/ 126
- 하나님을 기쁘시게 하는 사람이 되라(히 11:5-6)/ 128
- 하나님께 속한 사람인가?(요 8:42-47)/ 130
- 구덩이 속에 빠졌던 사람들(렘 38:1-6)/ 132
- 이삭의 신앙관과 받은 복(창 26:12)/ 134
- 그리스도의 심장(빌 1:8)/ 136
- 예수님이 책망하신 사람들(마 7:1-5)/ 138
- 하나님이 보증하시는 사람(수 1:1-9)/ 140
- 욥기서를 통해서 보는 신앙의 큰 산맥(욥 42:9-17)/ 142
- 인생의 소망을 하나님께 두는 사람(시 39:1-7)/ 144

소망

- 성도에게 있어야 할 경주자의 자세(고전 9:24-27)/ 146
- 하나님께서 우리와 함께 하시는 방법(신 32:9-12)/ 148
- 내 시대가 주의 손에 있사오니(시 31:13-16)/ 150
- 고독 속에서도 성장한 신앙(창 28:10-22)/ 152
- 골짜기에 가득한 뼈들(겔 37:1-10)/ 154
- 왜 우리가 근심하지 말아야 합니까?(요 14:1-3)/ 156

- 말씀으로 사는 인생(마 4:1-4)/ 158
- 왜 광야 길인가?(신 8:1-6)/ 160
- 꿈을 이루게 하시는 하나님(창 37:5-11)/ 162
- 소망적인 사람(사 43:14-21)/ 164

교회

- 은혜와 평강이 있는 교회(엡 4:1-8)/ 166
- 처음 것(사랑)을 회복하라(계 2:1-7)/ 168
- 부흥해 가는 안디옥 교회처럼(행 11:19-30, 13:1-3)/ 170
- 자랑스럽게 소문난 교회(살전 1:1-10)/ 172
- 초대교회에서 보는 은혜받은 생활(행 4:32-37)/ 174
- 성도에게 풍성해야 할 것들(고후 8:1-9)/ 176
- 장막터를 넓혀가자(행 54:1-3)/ 178
- 계속 부흥하는 교회(빌 1:1-11)/ 180
- 생명력이 있는 교회 구현(행 2:40-42)/ 182
- 교회가 발해야 할 색채(마 28:18-20)/ 184

가정

- 축복된 자녀로 키우라(딤후 1:3-5)/ 186
- 즐거움을 부모님과 함께 하라(잠 23:22-26)/ 188
- 자녀 교육의 성공적인 모델(딤후 1:3-8)/ 190
- 주 안에서 부모에게 순종과 사랑을(엡 6:1-3, 요일 4:16-21)/ 192
- 디모데가 배운 신앙인격(딤후 1:3-5)/ 194
- 축복과 저주의 경계선(창 9:18-29)/ 196
- 여호와 앞에 자란 아이(삼상 2:26)/ 198

영적전쟁

- 우리가 깨어 있어야 할 이유(막 13:32-37)/ 200
- 말세 성도가 이겨야 할 유혹들(갈 6:1-6)/ 202
- 여호와 닛시의 은혜와 축복(출 17:8-16)/ 204
- 여호와 닛시의 사람들(출 17:8-16)/ 206
- 금방패를 사수하라(왕상 14:25-28)/ 208
- 영안이 회복된 사람(왕하 6:8-17)/ 210

승리

- 서머나 교회 성도들에게 약속하신 면류관(계 2:11)/ 212
- 사자굴에서도 승리한 신앙(단 6:9-24)/ 214
- 오직 예수만 바라보자(마 17:1-8)/ 216
- 미스바에서 출발한 에벤에셀의 축복(삼상 7:5-14)/ 218
- 시험당할 때 기억할 일(고전 10:12-13)/ 220
- 주님의 타작마당(마 3:7-12)/ 222
- 이기는 신앙생활(수 3:1-17)/ 224

믿음

- 길을 잃지 말라(렘 6:16-19)/ 226
- 열매가 맺도록 그 믿음은 성장해야 한다(마 13:1-9)/ 228
- 믿음이 위력(히 11:1-3)/ 230
- 이성적이고 좋은 믿음(눅 5:1-11)/ 232
- 성도가 소유해야 할 믿음(민 13:25-33)/ 234

청지기

- 준비되었습니까?(마 24:42-51)/ 236
- 하나님의 참 일꾼들(딤후 2:15)/ 238
- 에서와 야곱이 주는 교훈(히 12:16-17)/ 240
- 준비하라(마 25:1-13)/ 242
- 귀하게 쓰는 그릇(딤후 2:20-26)/ 244
- 위기 가운데도 빛나는 이름들(계 3:1-6)/ 246

감사

- 어려울 때 보여주신 예수님의 감사의 모습들(마 14:14-21)/ 248
- 추수의 계절에 생각할 일(갈 6:7-10)/ 250
- 무조건 감사하라(살전 5:16-18)/ 252
- 감사 부재의 부자농부(눅 12:13-21)/ 254
- 하박국 선지자의 감사의 현장(합 3:16-19)/ 256

그리스도

- 예수께로 나오라 그리고 배우라(마 11:28-30)/ 258
- 장대 위에 달린 놋뱀(민 21:1-18, 요 3:14)/ 260
- 가죽옷을 지어 입히시니라(창 3:21)/ 262
- 과연 지옥이 있는가?(계 21:5-8)/ 264

기도

- 믿음의 기도(약 5:13-18)/ 266

- 최대의 기도응답을 받은 사람(왕하 20:1-7)/ 268

천국

- 겨자씨의 비유를 배우라(마 13:31-32)/ 270
- 천국에서 새노래를 부를 사람들(계 14:1-5)/ 272
- 재림을 기다리는 자세(마 24:1-8)/ 274

하나님

- 새 일을 행하시는 여호와(사 43:14-21)/ 276
- 보혜사 성령이 역사하심(요 14:16-17)/ 278
- 도우시는 하나님의 손(시 119:172-176)/ 280
- 불안과 근심중에도 도우시는 하나님(시 42:1-11)/ 282
- 약속된 보혜사 성령(요 14:26)/ 284

구원

- 큰 탕자, 작은 탕자(눅 15:25-32)/ 286
- 어떤 죽음인가?(계 14:13)/ 288
- 구원 받았습니까?(행 16:29-34, 마 1:21)/ 290
- 에스겔에게 주신 생명운동(겔 37:1-14)/ 292

부활

- 예수님의 부활이 성도에게 주는 교훈(막 16:1-11)/ 294
- 부활 후 전해주신 주님의 복음(고전 24:36-43)/ 296

- 예수 그리스도의 부활과 우리의 신앙(마 28:1-15)/ 298
- 부활의 영광(고전 15:42-58)/ 300

신년

- 새 시대 새 천년에도 변할 수 없는 복음(벧후 3:8-14)/ 302
- 새해에 해야 할 신앙적 약속(창 28:20-22)/ 304
- 교회여! 일어나라(수 1:1-4)/ 306

고난

- 예수 십자가만이 오직 구원의 길(고전 1:18-25)/ 308
- 예수 그리스도가 입성한 최후의 길에서 생각할 일(마 21:1-11)/ 310
- 고난주간에 뒤돌아보는 십자가의 길(고전 1:17-18)/ 312

전도

- 별과 같이 영원토록 비취리라(단 12:1-4)/ 314
- 잠잠하지 않는 파수꾼(사 62:6-9)/ 316

광복절

- 해방 그리고 통일(시 126:1-6)/ 318

만나요약설교 2

(바른신앙)

무엇이 복인가?
(시편 1:1~6)

새 시대 새 천년이 왔어도 사람들이 공통적으로 추구하고 원하는 것은 복 받고 사는 인생입니다. 이것은 과학이 발달된 시대에도 변치 않는 인간심리에 속합니다. 그래서 동양인은 "복 받으라!" 하면 좋아하거니와 서양사람들은 "하나님이 당신에게 복을 주시기 바란다!" (God bless you!)하면 최고로 좋아합니다. 그런데 문제는 어떤 것이 복인가 하는 문제입니다. 일반적으로 생각할 때에 돈이 많다, 자식이 잘 된다, 지위가 높아진다 등 많은 일이 있겠지만 그 역시 일종의 복이라면 복이라지만 궁극적인 면에서 볼 때에 한시적이고 일시적 복에 지나지 않습니다(약 4:13-). 본문에서 복에 대한 분명한 정의를 내려주었습니다. 소위 기복신앙이 오염된 세상에서 오늘 본문은 우리에게 분명한 복을 가르쳐 주십니다.

첫째, 기독교인들이 받아야 할 복이 무엇입니까?

예수님께서 초림으로 오신 때를 깃점으로 해서 예수님 전(B.C.)과 예수님 후(A.D.)로 나뉘어진 지 2000년이 되었습니다. 소위 종말시대(終末時代)를 맞이해서 분명히 받아야 할 복이 있습니다(마 23:37, 눅 21:33). 죄와 어울린 것들은 그것이 아무리 화려해도 결국 독약과 같기 때문입니다.
 1) 소극적인 면에서 생각해 봅니다.
 ① 악을 떠나는 복입니다. 죄값은 사망이기 때문입니다(롬 6:23).
 ② 악을 행치 않는 것이 복입니다. 악에 대한 심판이 오기 때문입니다.
 ③ 악은 자손에게까지 영향력이 미치게 됩니다(출 20:5, 욥 21:19).
 2) 적극적인 면에서 생각해 봅니다.
 ① 하나님 말씀 안에 사는 것이 복입니다. 결국 영생이 따르기 때문입니다.
 ② 하나님 말씀 안에서 축복이 있습니다(렘 17:7). 에녹은 죄악 세상에서도 하나님과 동행하는 삶을 살았습니다.

둘째, 종말시대에 성도가 받아야 복이 있습니다.

1) 예수 믿는 믿음 안에 사는 것이 복 중에 복입니다.
① 어떤 일이 있든지 믿음에서 떠나지 말아야 합니다. 이것이 복이 되기 때문입니다(계 14:12).
② 믿음을 바르게 얻기 위해서는 언제나 말씀을 따라서 살아야 합니다. 차가 도로 위를, 기차가 철도 위를, 비행기가 공중을 날 듯이 성도는 믿음의 길이 분명히 있습니다.
2) 믿음을 바르게 지키기 위해서는 믿음의 원리를 벗어나지 말아야 합니다. 세상 모든 일에는 그 원리가 있듯이 신앙생활에도 원리가 있습니다.
① 기록된 말씀이 원리입니다(고전 4:6).
② 성도는 언제나 복의 원천에서 산다는 것입니다. 마치 고넬료의 믿음과 같습니다(행 10:1-).

셋째, 새 천년 새로운 세기에도 이것은 변치 않습니다.

1) 믿고 구원받은 복은 변치 않습니다.
① 시냇가에 심은 나무가 번성하듯이 복이 옵니다.
② 성도의 궁극적인 복은 천국입니다.
2) 불의를 행한 자들은 그 결과가 심판이 옵니다.
① 바람에 나는 겨와 같이 무가치합니다.
② 결국 불신지옥이라는 말입니다.

그러므로 천국 갈 사람이 지옥 갈 사람과 같이 살지 말아야 합니다. 천국 갈 사람이니 천국 갈 사람처럼 살아야 합니다.

결론: 천국 사람으로 천국 사람답게 살게 되기를 바랍니다.

새 포도주를 낡은 부대에 넣지 말라
(마태복음 9:16~17)

본문 말씀은 세상사람들도 자기들의 이익이나 이권을 위해서 가끔씩 인용하는 말씀입니다. 유대인들은 율법에만 매여 있었고 새롭게 오신 예수 그리스도 메시야는 영접지 아니하였고, 오히려 이방인을 앞세워 십자가에 못박아 죽였습니다. 포도는 발효식품이기 때문에 헌 부대에 넣으면 터지게 됩니다. 그래서 새 포도주는 새 부대에 넣어야 안전하다는 이 말씀이 우리에게 교훈하시는 말씀에서 은혜를 나누어 보겠습니다.

첫째, 새 포도주를 위해서는 항상 새 부대를 준비해야 합니다.
새 부대를 준비하는 사람만이 새 포도주를 얻을 수 있습니다.
1) 영적이고 신령한 면에서의 새 부대가 필요합니다.
   이제는 신앙생활에 구태의연한 구습을 버리고 새로운 자세로 불신앙과 불의와 싸워 나가야 할 시대입니다. 마치 비유컨대 이것은 새로 개발된 최첨단 새 무기와 옛날 무기와의 차이점과 같은 것입니다. 유대인들은 율법에만 얽매여서 예수 그리스도를 버렸습니다(요 1:11).
   ① 옛것을 가지고 그래도 신앙생활을 하지 말아야 합니다. 사도 바울은 골로새 교회에 전한 복음에서 외쳤습니다. "그러므로 위엣 것을 찾으라…옛사람과 그 행위를 벗어 버리고 새 사람을 입었으니 이는 자기를 창조하신 자의 형상을 좇아 지식에까지 새롭게 하심을 받는 자니라"(골 3:1-10)고 했습니다.
   ② 새롭게 영이 거듭나는 가운데 성령으로 생활해야 합니다.
2) 행동이 달라지기 위해서는 마음이 먼저 변해야 합니다.
   ① 지금은 모든 분야가 흔들리는 시대입니다. 교육분야를 비롯해서 가치관이 흔들리고 생활이 급하게 변하는 시대입니다. 이런 때에 중요한 것은 마음이 먼저 변해야 합니다.
   ② 구습에서 벗어나 생각의 발상이 전환되어야 합니다. 육적 생활에서 영적 생활로 바뀌어야 합니다.

둘째, 유대인들은 예수님 말씀을 깨닫지 못했습니다.

깨닫는 것이 은혜라고 했습니다. 유대인들은 먼저 깨닫지를 못했기에 여전히 죄 가운데 치닫게 되었고 어두운 삶을 살았습니다. 진주를 돼지에게 던지지 말라는 말씀도 있거니와(마 7:6) 제아무리 좋은 것이라도 깨닫지 못할 때에는 유익이 없습니다. 예컨대 60년대에는 재건운동, 70년대에는 새마을운동이 이 나라의 큰 발전을 어느 정도는 가져왔지만 사람들이 깨닫지 못하고 악용하게 될 때에 그 좋은 운동이 지금 사장되어가고 있습니다. 교회의 구역예배 제도에서 배운 반상회도 마찬가지입니다.

1) 복음은 깨닫고 행하게 될 때에 복이 됩니다.
새 술은 새 부대에 넣어야 안전하게 됩니다. 본질적인 문제를 깨닫지 못하면 복이 될 수 없습니다.
① 깨달았으면 실행에 옮겨야 합니다.
② 긍정적으로 생각하고 행동으로 옮겨야 합니다.
2) 말세에 성공적인 신앙생활에도 마찬가지입니다.
신앙생활은 결코 액세서리가 아닙니다.

셋째, 성도는 궁극적으로 포도주를 잘 간직해야 합니다.

우리에게 주신 모든 좋은 것들을 바르게 열매 맺기 위해서입니다.
1) 제아무리 좋은 것도 잃어버리면 소용없습니다.
① 유대인들은 예수를 잃어 버렸습니다.
② 낡은 부대에 넣었기 때문입니다.
목이 곧고 마음과 귀에 할례를 받지 못했던 백성입니다(행 7:15).
2) 우리의 가죽부대는 어떻습니까?
① 유한된 것은 잃어버려도 영원한 것은 보존해야 합니다.
② 세상의 것은 잃어버려도 예수를 붙잡았습니다(빌 3:7).
③ 바울은 세상 것을 버렸어도 예수를 붙잡았습니다(빌 3:7).
우리 모두 새 포도주를 간직하는 성도가 되시기 바랍니다.
결론: 새 가죽부대만이 새 포도주를 넣을 수 있게 됩니다.

지혜로운 건축자
(마태복음 7:24~27)

성경에는 우리 신앙생활에 대해서 여러 가지로 비유했습니다. 디모데후서 2:1-20절에서 보면 좋은 군인, 좋은 농부, 좋은 경주자, 좋은 그릇 등으로 말씀했는데, 사도 바울은 잘 달린 경주자와 같은 사람일 것입니다(딤후 4:6-8). 그런데 본문은 우리에게 신앙생활을 건축자로 비유했습니다. 한국은 수출해서 경제가 유지되는데 여러 수출 가운데에서도 건설부문이 큰 부분을 차지하게 될 것입니다. 해외에 나가서는 건설을 잘해서 경제는 좋아지는데 국내에서는 부실공사로 인해서 이따금씩 문제가 터지는 경우를 보게 됩니다. 일본이 자신있게 자랑하던 시설들이 고베 지진에 의해서 큰 피해를 보았습니다. 우리나라에 그만한 지진이 있다면 어떠할 것인가 하고 큰 걱정이 앞설 때가 있습니다. 왜 건설뿐이겠습니까? 우리의 신앙생활을 점검해야 할 때가 되었습니다. 본문은 우리에게 큰 교훈을 줍니다.

첫째, 본문은 두 가지 영적 상태를 말씀해 줍니다.
1) 모래 위에 집을 짓는 사람입니다.
① 모래 위에 집을 짓는 것은 짓기는 쉬울 것입니다. 우선 집을 짓기에 쉽게 짓게 됩니다. 신앙생활에 인본주의 중심으로 편리성을 말합니다. 편리주의는 쉽습니다. 그러나 바울 사도는 이제 큰 경고를 했습니다(고전 3:10-15).
② 쉽게 지은 집은 그 결과가 좋지 않습니다. 그래서 불법을 행하는 자들이라고 했습니다.
③ 성경에 어리석은 사람 중에 하나입니다(시 14:1). 하나님이 없다라는 사람(갈 3:1), 믿음에서 속히 떠나는 사람(눅 12:20), 재물을 의지하고 하나님을 의지하지 않는 사람입니다.
2) 반석 위에 집을 지은 사람이 되어야 합니다.
① 신앙생활을 법대로 해야 합니다. 노아의 방주를 보세요(창 6:22). 성막을 보세요(출 39:42). 솔로몬 성전을 보세요(왕상 8:10-11).

② 반석 위에 지은 집은 무너지지 않습니다. 영원하신 예수 그리스도 위에 세워졌기 때문입니다.

둘째, 반석 위에 세운 집이 아니면 무너질 날이 옵니다.
국가도, 단체도, 개인 신앙도 무너질 날이 옵니다.
1) 세상국가가 무너지듯이 무너지게 됩니다.
① 로마도 무너졌습니다.
② 바벨론도 무너졌습니다.
③ 세상나라는 이렇게 무너질 때가 옵니다.
2) 반석 위에 아니면 무너지듯이 예수 없는 인격이나 생활은 무너지게 됩니다.
① 권력자도 무너지게 됩니다.
② 경제가도 무너지는 날이 있습니다(잠 23:4-5).
③ 세상 명예 높으신 분도 무너지게 됩니다.
④ 무너지게 될 때에 그 소리가 요란합니다. 예수 없는 곳은 이렇게 무너지게 됩니다.

셋째, 우리의 인생 집은 반석 위에 세워야 합니다. 예수 그리스도는 반석이 되십니다.
미국 뉴욕에 엠파이어스테이트 빌딩(Empire state building)은 거대한 암반 위에 세웠기에 든든하다고 했습니다.
1) 지금까지 어디에다가 인생을 건축했습니까?
세상을 믿고 세우지 마세요. 무너집니다(계 14:8).
2) 우리의 영원한 집터는 예수 그리스도이십니다.
① 예수 위에 세워야 합니다.
② 믿음의 영적 자재를 사용해야 합니다.
이와 같은 영적 건축에서 영원한 승리의 성도들이 되시기를 주의 이름으로 축원합니다.
결론: 우리 인생은 그 건축에 대해서 시험할 때가 옵니다.

내가 네게 어떻게 하랴
(호세아 6:4~11)

오늘 본문의 말씀을 보면 이스라엘 백성이 타락한 모습을 볼 수 있습니다. 정치적으로, 종교적으로 깊이 타락했습니다. 하나님을 배신하고 바알 신을 섬기며, 윤리적으로 성적으로 타락했습니다. 이러한 때에 호세아가 이스라엘 백성들에게 인애가 없음을 탄식하며 회개를 촉구합니다. "내가 네게 어떻게 하랴"는 말은 도대체 어떻게 하면 좋겠느냐는 것입니다. 그들에게 인애가 항상 없었던 것은 아닙니다. 그들은 타락했을 때에도 하나님을 향한 제사만큼은 그친 적이 없습니다. 그러나 하나님 볼 때는 가증스럽기 짝이 없었습니다.

하나님께서 원하시는 것은 제사가 아니었습니다(6절). 이 말은 하나님은 제사 자체를 싫어하신다는 뜻이 아니고 그만큼 인애가 중요함을 강조하는 말입니다. 이스라엘에게 인애가 없었던 이유는 무엇입니까? 하나님을 몰랐기 때문입니다. 하나님과의 올바른 관계를 맺지 못했기 때문입니다. 그래서 본문 3절의 말씀을 보면 "우리가 여호와를 알자 힘써 여호와를 알자"라고 외치고 있습니다. 하나님을 진정으로 아는 자는 말씀대로 살고 사랑을 실천하게 됩니다(요일 2:3-5, 요일 4:7-8, 요 13:34-35). 그런데 많은 사람들이 하나님을 모릅니다. 아니 자세히 알려고 하지도 않았습니다.

본문에서 하나님께서 지적하신 죄는 두 가지입니다. 하나는 이스라엘 제사장들의 죄이고, 다른 하나는 이스라엘 백성들에게 깊이 만연되어 있는 죄입니다.

첫째, 제사장들이 사람을 죽이고 재물을 강탈했습니다.

본문 8,9절을 보겠습니다. "길르앗은 행악자의 고을이라. 피 발자취가 편만하도다. 강도떼가 사람을 기다림같이 제사장의 무리가 세겜 길에서 살인하니, 저희가 사악을 행하였느니라"

여기서 길르앗이나 세겜은 도피성입니다(민 35:9-, 수 2:7-9). 도피성은 의도적으로 살인한 것이 아니라 부지불식간에 살인한 자의 생명을 지켜주기 위해서 만든 성입니다. 그래서 살인자라도 이곳에 피하면 보호를 받을 수 있었습니다. 대제사장이 죽을 때까지 거기서 살 수 있으며, 대제사장이 죽으면 무죄로 풀려

나게 되어 있습니다.

그런데 길르앗과 세겜에서 어떤 일이 일어났습니까? 사람을 죽이는 일이 일어났습니다. 가장 안전하고 평화로워야 할 도피성에서 살인이 발생하는 것입니다. 제사장들이 창부살인업자가 되었습니다. 제사장들이 세겜을 지나가는 사람들을 죽이고 그 재물을 강탈했습니다. 사람들은 그들이 어떻게 죽었는지 모릅니다. 설마 제사장들이 그들을 죽였다고 생각지도 못합니다. 그러나 하나님은 제사장의 무리들이 사람을 죽이기 위해서 길에서 매복하고 있었던 것을 알고 계셨습니다. 본문 7:1절을 보면 밤중에는 남의 집을 터는 도적떼가 들끓고 낮에는 노상 강도가 득실거렸습니다. 한마디로 무법 천지였습니다.

둘째, 이스라엘 백성들의 죄는 우상 숭배였습니다.

이 우상 숭배는 항상 음란과 방탕을 수반합니다. 본문 10절에서 이스라엘의 집은 이스라엘 사람들이 하나님께 예배하는 성전을 말합니다. 그런데 성전에서 타락했습니다. 그것도 성적으로 타락했습니다. 그들의 음행을 단적으로 보여주는 말이 있습니다. 7:4절에 "달궈진 화덕"입니다. 더러운 정욕으로 불타는 심령을 상징합니다. 망해가는 이스라엘의 말기적 모습을 볼 수 있습니다.

하나님은 인애가 없이 타락해 버린 이스라엘 백성들을 향해 안타깝게 심판을 예고하십니다. "에브라임아 내가 네게 어떻게 하랴? 유다야 내가 네게 어떻게 하랴?" 내가 심판을 하지 않고는 견딜 수 없다는 주님의 절규입니다.

하나님을 아는 참 신앙의 회복을 하지 않으면, 하나님이 진정으로 원하시는 인애를 회복하지 않으면, 임박한 하나님의 진노를 피할 수 없습니다.

호세아의 이 말씀은 오늘 우리들에게 하시는 말씀입니다. 우리는 하나님께로 돌아가야 합니다. 하나님을 힘써 알아야 합니다. 하나님을 참으로 경외하고 사랑하는 여러분 되시기를 바랍니다.

하나님께서 제사를 원치 않고 인애를 원하신다는 말씀을 꼭 기억하시기 바랍니다. 하나님이 원하시는 것이 형식이 아닙니다. 진실입니다. 우리의 삶 자체입니다.

결론: 우리가 끊임없이 하나님과 멀어지는 삶을 살 때, 하나님은 탄식하며 말씀하십니다. "내가 네게 어떻게 하랴"

경건 연습에 힘써라
(디모데전서 4:6~10)

사람이 살아가면서 배워야 하고 연습해야 할 일이 많이 있는데 평생에 걸쳐서 하는 일이 있다면 경건입니다. 경건 연습은 완성이 없기 때문입니다. 다만 목표를 향해서 부지런히 달려가며 배우는 것입니다(딤후 1:14). 높은 봉우리 히말라야 산도 한 걸음부터 올라가게 되고 마라톤 선수가 완주할 때에도 한 걸음부터 뛰어야 하듯이 우리는 경건 연습에 한 걸음부터 해야 합니다. 세상적인 일은 약간의 유익과 썩을 면류관이라고 한다면 영적이고 신령한 역사들은 썩지 않는 일이기 때문에 중요한 것입니다(고전 9:25-26). 여기에는 인내(忍耐)가 필요합니다.

영국이 산업혁명의 여파로 피폐해 갈 때에 옥스퍼드(Oxford)대학을 중심으로 영적 경건 운동을 벌이던 요한 웨슬레의 운동은 영국은 물론이고 유럽에 퍼지게 되었습니다. 우리는 성경으로 돌아가서 경건의 본을 보여야 하겠습니다.

첫째, 경건의 생활은 바르고 성실한 예배 생활부터 시작되어야 합니다.

성도의 제일 중요한 생활 가운데 하나가 예배 생활입니다. 올바른 예배는 경건의 최고봉이기 때문입니다.

1) 바르고 성실(誠實)한 예배 생활이 중요합니다.
   왜냐하면 인위적이고 요식 행위의 예배들이 있기 때문입니다. 예수님은 신령한 예배를 강조했습니다(요 4:23-24).
   ① 참 예배는 그릇된 생활을 뉘우치고 회개하는 데 있습니다. 회개하면 영혼이 사는데 현대인들은 회개가 빈약합니다(요일 1:9, 시 1:18).
   ② 믿음으로 드려지는 예배가 참 예배요, 여기에서 경건 생활이 싹이 나게 됩니다. 가인과 아벨의 예배를 비교해야 하겠습니다(창 4:4-, 히 11:4)
   ③ 값이 치루어진 예배입니다(삼하 24:24). 다윗은 아리우나 타작마당에서 드렸던 예배를 생각해 봅니다. 다윗은 여기에서 인구조사의 그릇됨을 회개했습니다. 하나님 앞에 참된 경건입니다.
2) 참예배가 부실하면 경건이 성립될 수 없습니다.

① 현대교회가 경건이 약화된 것은 예배의 신실성이 무너지기 때문입니다. 갈멜산에서 무너진 제단을 다시 수축하던 엘리야처럼(왕상 18:30) 예배생활이 올바르게 성립될 때에 경건이 나옵니다.
② 복잡한 현대생활 가운데에서도 경건하게 예배 생활이 회복되어야 하겠습니다.

둘째, 성도의 참다운 경건생활은 매사에 절제에서부터 시작됩니다.

대형사고의 뒤에는 언제나 무절제가 원인이 됩니다. 과식, 과음, 과속, 과도 이런 용어들 뒤에는 절제를 요구하는 말입니다. 성령의 아홉 가지 열매 중에는 마지막이 절제입니다(갈 5:22, 잠 25:28, 고전 9:25).
 1) 신앙생활의 승리, 경건의 연습에는 절제해야 할 일들이 많습니다.
  ① 자기 감정을 절제해야 합니다. 작은 것이라도 절제해야 경건이 연습됩니다(잠 16:32, 잠 14:29, 약 1:19, 민 20:11).
  ② 물질 생활에도 절제할 때에 경건이 연습됩니다. 현대인들은 물질 때문에 영혼이 망하는 일들이 있습니다.
  ③ 이성관계를 절제해야 합니다(창 39:8-9). 다윗을 거울로 삼아야 합니다(삼하 11:1)
  ④ 말(언어)에 절제가 필요합니다.
  ⑤ 육신적이고 세상적인 향락을 조심해야 합니다.
 3) 절제 속에 경건의 싹이 트게 됩니다. 절제는 경건의 지름길로 가는 통로입니다.

셋째, 참된 경건은 하나님의 말씀을 실천하는데 있습니다.

행하는 자가 되라고 했습니다(약 1:22, 마 7:24-29).
 1) 하나님 말씀을 행동해야 합니다.
  ① 힘써서 행할 때에 경건은 긍정적으로 따라오게 됩니다.
  ② 경건 속에서 또한 성도의 신앙이 성장하고 열매가 맺습니다.
 2) 이제는 무엇보다도 성도들이 경건을 세상에 보여야 하겠습니다.

타락 일변도로 추락하는 세태에서 경건으로 무장하는 그리스도인들이 되시기를 축원합니다.

결론: 경건은 완성이 없습니다. 완성을 향해서 나아가는 생활입니다.

디오드레베와 데메드리오
(요한3서 1:9~12)

세상에 살아가면서 배운다는 것은 끝이 없는 것 같습니다. 문제는 사람이 어떤 것을 배웠느냐에 따라서 인생이 달라지기 때문에 선한 것을 배웠느냐, 악한 것을 배웠느냐에 따라서 천국과 지옥에까지 달라지는 경우들도 있습니다.

컴퓨터 시대요, 정보화 시대를 맞이한 현대 사회에서 볼 때에도 악한 것은 더욱 독버섯과 같이 빨리 전파, 보급되지만 선하고 의로운 것들은 보급과 발달이 느리게 되는데 이것을 역사학자인 아놀드 토인비 박사는 토끼와 거북이로 비유해서 말한 적이 있습니다.

원죄 아래 있는 인간은 악에 쉽게 물들어 있습니다. 좁은 교회 안에서도 선한 일꾼이 있는가 하면 악한 자도 있는데 "선한 것을 본받으라"라고 합니다(11절). 악한 자들도 있다고 합니다(딤전 1:20, 딤후 3:8, 2:17). 본문에서 거부해야 할 디오드레베가 있고 본받아야 할 데메드리오가 있음을 말하고 이 두 사람에게서 복음적 교훈을 배우게 됩니다.

첫째, 이 사람들을 통해서 무엇을 배우게 됩니까?

11절에 "선한 것을 본받으라" 했습니다. 데메드리오는 "뭇사람에게도 증거를 받았으며 우리도 증거하노니" 했습니다. 문제는 데메드리오에 관한 인물에 대해서 정확한 정보가 없지만 이 사람이 교회 전체에 인정받는 충성스러운 사람이었다는 것입니다. 1절에 나오는 가이오란 사람은 뭇사람들에게서 인정받았던 사람임을 성경이 말씀해 줍니다.

1) 어느 시대 어느 교회든지 간에 주의 종에게 인정받는 신앙이 중요합니다.
   ① 학교에서 선생님에게 인정받는 학생과도 비교됩니다.
   ② 구약에도 신약에도 바른 신앙의 성도들은 주의 종들에게 인정받게 되었습니다.
2) 다른 사람들에게도 인정받는 성도가 되어야 합니다.
   ① 교회 안에서 다른 성도들 간에 인정받는 신앙인격(信仰人格)이 중요합

니다.
③ 교회 안에는 이런 사람들로 가득 채워지고 많아야 합니다. 이 교회는 좋은 교회입니다. 그러나 디오드레베는 교회의 장애가 되었습니다.
3) 우리교회는 꼭 필요한 사람들이 가득해야 하겠습니다.
① 이 사람은 믿음이 있는 사람입니다.
② 겸손하게 일하는 일꾼의 자질이 된 사람입니다. 말세 때에 할 일을 감당해 나가는 일꾼이 되시기 바랍니다.

둘째, 본받아서는 안될 일이나 인물이 있습니다.
(9절) 디오드레베가 그 종류의 사람입니다.
1) 디오드레베라는 사람의 나쁜 특징이 있습니다(9, 10절).
① 으뜸 되기를 좋아했던 사람입니다. 오히려 예수님은 말씀하시기를 '섬기는 자'가 되라고 했습니다.
② 사도 요한을 접대하지 아니할 뿐 아니라 접대하고자 하는 사람에게 방해했습니다. 교회는 서로가 봉사, 대접해야 합니다(마 7:12).
③ 망령된 말을 하게 되었고 사람들에게 상처를 주었습니다.
2) 이런 사람은 본받지 말아야 합니다.
① 아합왕과 이세벨은 멀리해야 합니다(왕상 21:1).
② 사르밧 여인은 본받아야 할 인물입니다(왕상 17:1).

셋째, 하나님은 모두 아시고 계십니다.
1) 악한 자의 악을 아십니다(욥 11:11, 시 26:4).
① 악의 길은 망합니다(시 1:6).
② 나사로의 집에서 있었던 마리아의 헌신과 기름, 유다의 그릇된 마음도 주님은 아셨습니다.
2) 데메드리오의 행한 일도 하나님은 아십니다.
　결국 선한 결과는 천국 상급이지만 악한 자의 악은 지옥 형벌입니다(마 25:4, 본문 11절下). 결산대 앞에서 상급 받는 축복이 있게 되기를 축원합니다.
결론: 오늘날에도 교회에는 두 종류의 사람으로 섞여 있습니다.

여호와 앞에 무릎 꿇은 사람들
(시편 95:1~11)

세상에는 인종, 종교, 사상, 생활습관 등 다양한 인간들이 살아가고 있습니다. 그러나 하나같이 공동된 점은 모두가 하나님의 축복과 은혜 아래 살아간다는 점입니다. 하나님의 사랑을 받지 않은 사람이 없습니다(요 15:9). 그러나 하나님의 은혜와 사랑에 대해서 감사하는 사람들은 많지가 않습니다. 본문에서 '경외한다' 는 말은 영어에서는 신앙(Faith)인데, 히브리어의 바라크(barak)로서 '무릎을 꿇다' 는 말에서 나왔습니다. 예배와 기도에서마저 이기주의, 자기중심적인 방향으로 흘러가는 시대에 다시 한번 주의 말씀에 귀를 기울여서 하나님께 무릎을 꿇는 성도들이 되어야 하겠습니다. 신앙의 열조들 즉 아브라함, 이삭, 야곱 모두가 무릎을 꿇었던 사람들이었습니다.

첫째, 무릎을 꿇는 사람은 하나님께 경배하기 위한 목적이 되어야 합니다.

(6절) "오라 우리가 굽혀 경배하며 우리를 지으신 여호와 앞에 무릎을 꿇자" 하였는데, 여기에서 '경배한다' 는 예배를 뜻합니다.

1) 왜 예배를 드려야 합니까?

① 하나님은 우리를 지으신 창조주이시기 때문입니다. 마땅히 예배드리는 것이 인생의 본분입니다.

② 우리를 영원한 죄에서 구원하셨기 때문입니다(롬 5:8).
우리가 아직 죄인 되었을 때에 십자가 위에서 피 흘려 죽으셨고 하나님이 우리를 사랑하심을 보이셨습니다. 마땅히 신령과 진정으로 예배해야 합니다(요 4:24).

③ 우리에게 일용할 양식을 주셨기 때문입니다(시 136:25). 요즈음 가뭄 때문에 걱정들이 많습니다. 농사짓고 곡식이 되게 하는 것은 하나님 손에 있습니다.

2) 예배하기 위해서는 반드시 무릎을 꿇어야 합니다.
지금은 의자에 앉아서 편히 예배드리지만 구약이나 초대교회 당시에는 무릎을 꿇어서 드렸습니다.
① 의자에 앉아 있지만 마음만이라도 꿇는 겸손의 자세가 중요합니다. 그리고 하나님 말씀에 아멘 하여 하나님께 순종하며 나가야 합니다.
② 겸손히 무릎을 꿇었던 사람들을 보십시오. 엘리야(왕상 18:42)도, 히스기야 왕(왕하 19:14)도 꿇었습니다. 종교개혁자 마틴 루터(Martin Luther)는 "종교 지도자일지라도 교만한 마음으로 예배드리면 예배를 떠나서 도덕 생활까지 진흙탕이 되어 버린다" 하였습니다. 다윗은 "땅에서 일어나 몸을 씻고 기름을 바르고 의복을 갈아입고 여호와 전에 들어가 경배" 했습니다(삼하 12:20).
③ 예배 속에서 네 가지가 필요합니다. 하나님 임재의 체험, 회개의 역사, 사명의식, 하나님께 영광, 이것입니다(사 6:1-7).

둘째, 하나님 말씀에 무릎을 꿇는 자가 되어야 합니다.

"대저 저는 우리 하나님이시오 우리는 그의 기르시는 백성이며 그 손의 양이라 너희가 오늘날 그 음성 듣기를 원하노라" (7절) 했습니다.
1) 하나님 말씀 앞에서 두렵고 떨리는 마음이 있어야 합니다.
① 이스라엘 백성들은 그렇지 못했습니다(8절). 사울이나 기타 말씀을 교훈으로 삼아야 합니다(삼상 2:30).
② 말씀을 귀히 들을 때에 복이 됩니다(삼상 15:23, 신 30:20, 살전 2:13).
2) 말씀 앞에 무릎을 꿇을 때에 복이 됩니다.
① 말씀은 영원하기 때문입니다(벧전 1:24).
② 말씀은 살아서 영원합니다(히 4:12).

셋째, 기도하는 사람은 반드시 무릎을 꿇어야 합니다. 마음의 문제이기 때문입니다.

1) 형식적인 기도나 제물은 통하지 않습니다.
① 미사여구가 문제가 아닙니다.
② 제물이 문제가 아닙니다(사 1:11-12, 말 1:10).
2) 기도와 신앙이 하나님께 연계되어야 합니다. 이곳에 축복이 있습니다.
마음을 다해서 무릎을 꿇는 성도들이 되시기를 축원합니다.
결론: 교만은 멸망의 선봉입니다.

이 땅의 그루터기 신앙인들
(이사야 6:9~13)

하나님의 복음이 지금까지 시대 시대마다 전파되고 부흥해 오면서 부흥을 이어온 사람들이 있습니다. 이들을 가리켜서 그루터기 신앙인들이라고 말해 보았습니다. 이 땅에 하나님의 복음이 전파된 이후에 교회사적으로 유래를 찾기 힘들만큼 부흥성장이 되었지만 이에 못지 않게 자유주의자들이나 비복음적인 이단자들이 어지럽게 들끓고 있는 때에 우리는 이 세대에 그루터기 신앙인들이 되어야 합니다.

노아 홍수 때에는 노아가 그루터기였고(창 6:5-), 남쪽 유다가 멸망할 때에는 1명이 있었습니다(렘 5:1). 그러나 악한 세대에도 하나님께서는 바알에게 무릎을 꿇지 아니한 자 칠천 명을 남겨 두셨다고 했습니다(왕상 19:18, 롬 11:4). 상수리나무나 밤나무가 베임을 당해도 다시 싹이 나듯이 이 땅의 그루터기 신앙인들은 때때로 고난이 닥쳐와도 바른 신앙을 사수할 사람들이 있습니다. 2,700년 전의 이사야 시대의 그루터기 신앙인들입니다.

첫째, 그루터기 신앙인은 죄와 타협하지 않고 하나님의 말씀대로 살아가려는 사람들입니다.

1) 죄가 만연할수록 우리는 그루터기 신앙인이 되어야 합니다.
① 소돔성에는 의인 10명이 없었습니다(창 18:32). 의인 10명이 없었기에 멸망당했습니다.
② 의인이 없을 때에 하나님은 심판하십니다.
③ 예수님은 좁은 길로 가라고 하였습니다(마 7:13). 그루터기 신앙인은 좁은 길로 가게 됩니다. 거짓 선지자와 세상 사람들은 넓은 길로 가게 됩니다(마 7:15). 그래서 열매를 보고서 나무를 알게 된다고 했습니다.
④ 그루터기 신앙은 말씀을 행하는 사람입니다. 말씀을 행할 때에 그루터기 신앙입니다(마 7:24).
2) 그루터기 신앙은 그 숫자가 문제가 아닙니다.
이 세상은 다수주의가 통과되지만 하나님은 다수를 보시지 않습니다.

① 다수주의가 다 잘못된 길로 간다고 해도 그루터기 신앙은 외길을 가게 됩니다. 민수기 14-15장에서 우리는 보게 됩니다. 여호수아와 갈렙은 외길이었고 믿음의 그루터기입니다.
② 어렵고 힘들 때가 와도 우리는 이 길을 가야 합니다. 예수 안에서 믿음으로 그루터기 신앙의 길을 가는 성도들이 되시기를 축원합니다.

둘째, 그루터기 신앙은 고난과 시련과 역경의 길도 마다하지 않는 신앙입니다.

1) 신앙생활에서 그루터기 신앙은 때때로 외롭고 어려운 난제의 생활입니다.
① 진리를 따라 살려는 사람이 많지 않기 때문입니다. 유대인들은 바벨론의 70년간 포로생활에서 바벨론에 동화되었고 겨우 돌아온 숫자는 42,360명이었습니다. 다니엘과 세 친구들의 신앙이 모두의 길이 아니었습니다.
② 볼 때에 그루터기 신앙은 그 수가 적습니다. 그래서 의로운 길입니다. 그래도 그루터기 신앙인은 어느 시대나 있습니다. 중국이 공산화된 이후, 북녘에도 이런 신앙인은 지금 숨어 있습니다.
2) 힘든 길이지만 때때로 하나님은 그들에게 말씀하십니다.
① 사드락과 메삭과 아벳느고를 보십시오(단 3:16).
② 이 세대에 우리가 그루터기가 되어야 합니다.

셋째, 그루터기 신앙에게는 새봄이 오면 새싹이 나옵니다.

1) 그루터기 신앙은 베임을 당해도 새싹이 나옵니다.
① 예수 그리스도에게서 배우게 됩니다(사 11:1).
② 예수 그리스도의 메시야 왕국의 도래가 올 것입니다.
③ 예수 그리스도에게 최대의 소망이 있습니다(요 18:36, 계 21:1).
2) 예수 그리스도 안에서의 그루터기 신앙에는 반드시 분명하고 확실한 소망이 있습니다.

이 악한 세대에 우리교회 성도들이 모두가 그루터기 신앙으로 승리케 되시기를 주님의 이름으로 축원합니다.

결론: 그루터기는 베임을 당해도 다시 싹이 나옵니다.

일어나 빛을 발하라
(이사야 60:1~7)

하나님께서 우리에게 주신 축복은 너무 많아서 계산대에 올려 놓고 계산할 수 있는 측량기는 세상에 없습니다. 평생토록 모두 받아도 다 받지 못할 축복들이 성경에는 약속되어 있습니다. 그래서 404장 찬송가 작사자인 프레데릭 레만 (F.M. Lehman)은 "하늘을 두루마리 삼고 바다를 먹물 삼아도 한없는 하나님의 사랑 그 어찌 다 쓸까?…성도여 찬양하세" 하였습니다. 세계 민족 중에 제일 큰 축복을 받았지만 하나님을 저버리게 될 때에 죄값으로 인해서 고난이 오게 되었고, 고난의 내용이 바벨론에 포로되는 일이었습니다. 이때에 낙심하게 되고 낙심 가운데 있는 그들에게 하나님은 이사야 선지자를 통하여 일어나 빛을 발해야 한다고 격려와 축복의 약속을 하였습니다(사 49:14-16, 겔 34:11). 모든 것이 침체상태 가운데 있는 이들과 성도들에게 위로와 새 힘을 얻는 기회가 되시기 바랍니다.

첫째, 하나님께서 모든 것을 회복시켜 주실 것을 약속했습니다.

하나님께서는 그의 백성들에게 회복시켜 주실 것을 약속해 주셨습니다(호 6:1, 1:15). 일어나 빛을 발하라는 말씀에서 회복의 축복을 보게 됩니다.

1) 이스라엘 민족의 주권의 회복입니다.

"네 눈을 들어 사면을 보라 무리가 다 모여 네게로 오느니라 네 아들들은 원방에서 오겠고 네 딸들은 안기워 올 것이라"(4절)

① 유대민족이 70년 만에 바벨론에서 돌아올 것을 말씀했습니다. 많은 눈물을 흘렸던 흔적을 봅니다(시 126:1-6). 느헤미야, 에스더, 에스라, 다니엘에서 보여줍니다.

② 포로되어간 이유는 하나님을 배반하고 등졌기 때문이라(사 1:2, 렘 5:1)고 했습니다.

③ 역사의 열쇠는 하나님이 가지고 계십니다(삼상 2:6). 살리시기도, 죽이시기도, 높여주시기도, 낮게 하시기도, 부유하게도, 가난하게도 하시는 주권자이십니다.

2) 이스라엘 민족의 권위의 회복입니다(6절).
① 이스라엘 민족의 실추된 권위를 회복시켜 주시겠다는 약속입니다. 그러므로 빛을 발하라는 말씀입니다.
② 하나님께서 우리에게도 실추된 권위를 회복시켜 주시기를 원합니다. 가정에서, 사회에서, 교실에서는 선생님의 권위가 회복되어야 합니다.

둘째, 하나님께서는 풍부한 축복을 약속했습니다(5절).
"바다의 풍부가 네게로 돌아오며 열방의 재물이 네게로 옴이라" 했습니다.
1) 이스라엘 민족의 경제 축복의 약속입니다.
① 포로 때에 모두 잃어 버렸습니다(단 5:22).
② 그런데 하나님께서 다시 회복시켜 주신다는 약속입니다. 그래서 빛을 발하라는 말씀입니다.
2) 우리 민족에게 바다의 풍부가 돌아오기를 바랍니다.
① 경제적 축복입니다. 목적은 하나님의 영광과 복음을 위한 선교를 위해서 사용하기 위해서입니다. 미국의 고아 출신인 킴손(Kimson) 사장은 친구가 묻는 질문에 축복의 비결 네 가지를 말했습니다. 하나님을 믿고 주일 성수 할 것, 술을 마시지 말 것, 십일조 할 것, 어떤 일에든지 부지런히 일 할 것들이었습니다.

셋째, 하나님은 이스라엘 민족에게 축복의 하나님이심을 약속하셨습니다(7절).
"내 단에 올라 기꺼이 받음이 되리니 내가 내 영광의 집을 영화롭게 하리라" 했습니다.
1) 영적인 축복입니다.
① 다윗을 통한 예수 그리스도의 약속입니다.
② 물질적 축복입니다. 지금은 유대인들이 부자가 많습니다.
2) 우리교회 성도들에게 축복이 약속된 것으로 믿습니다.
① 예수 안에서 사는 축복입니다.
② 경제적인 축복입니다. 예수님이 약속했습니다(고후 8:9).
그러므로 일어나 빛을 발하게 되시기를 축원합니다.
결론: 하나님은 우리에게 빛을 발하라 하십니다.

어느 앉은뱅이의 변화
(사도행전 3:1~10)

인생은 나면서부터 계속적으로 변화 속에서 살아갑니다.
안병욱 교수는 사람은 평생에 다섯 번을 변해야 한다는 것입니다. 첫째는 부모를 통해서 태어남이고, 둘째는 사랑하는 남녀의 만남에서 변화되고, 셋째는 하나님을 만나는 변화이고, 넷째는 죽을 때 새로워짐인데 죽은 것이 아니라 영원한 세계의 시작이며, 다섯째는 자기 소명을 깨달아서 살아가는 변화라고 하였습니다.
오늘 본문에서 성전 미문에 앉은 앉은뱅이는 구걸하는 사람이었는데, 그가 나아서 이제는 완전한 인생의 모습을 보여줍니다. 교회에 나오면서도 지엽적인 것에만 매달리는 자리에 있지 말고, 중심적인 변화의 시간이 필수적으로 이루어져야 하겠기에 본문에서 몇 가지 교훈을 얻게 됩니다.

첫째, 성전 미문에 앉은뱅이는 완전히 변화되었습니다.
조금 변화된 것이 아니라 완전히 변화되어야 합니다.
1) 육신적인 것에 변화가 왔습니다. 본래 하나님은 우리 인간을 건강하게 창조하셨습니다.
① 육신의 질병은 몇 가지 원인에서 기인합니다. 하나는 죄 때문입니다(요 5:14). 또 하나는 하나님의 영광을 위해서 입니다(요 9:3). 또 하나는 자기 실수와 부주의 때문입니다.
② 육신적인 질병이 치유되고 변화되게 되었습니다. 성경에는 많은 질병의 치유가 있습니다(막 16:17).
2) 교회생활 신앙생활에 변화 받게 되었습니다.
앉은뱅이가 뛰어 서서 걸으며 그들과 함께 성전으로 들어가서 걷기도 하고 뛰기도 하며 하나님을 찬미했습니다.
① 변화될 사람이 많이 있습니다. 예배에 관망만 하는 사람, 부모에게나 가족에 의해서 끌려서 나온 사람, 위안이나 바라고 나오는 사람, 모두 변화 받아야 합니다.

② 성경에서 교회는 예수님의 몸이라고 했습니다. 예수님과 밀접한 관계 속에서 살아야 합니다. 그런데 이 앉은뱅이는 성전 미문에 앉아 구걸이나 하고 앉아 있었습니다. 변화 받아야 예수님의 교회와 깊은 관계가 수립됩니다.
3) 인생관 내지 가치관이 변화되었습니다.
① 이제는 변화 받은 신앙에서의 인생관이요, 가치관입니다.
② 요식 행위에 속지 말아야 합니다. 변화 받지 않은 사람은 천국도 없고 영원히 불쌍한 존재일 뿐입니다.

둘째, 이 앉은뱅이는 어떻게 변화 받았는지 말씀해 줍니다.

마당만 밟던 사람(사 1:11)이 변화 받은 방법이 있습니다.
1) 기독교는 변화의 종교입니다.
① 교회에는 수많은 사람들이 있습니다. 행복해 보이는 사람, 병든 사람, 가난한 사람, 잘난 사람, 그래서 많은 사람을 만나게 됩니다.
② 이 앉은뱅이도 많은 사람을 만났습니다.
2) 중요한 것은 이 사람이 예수를 만났다는 것입니다.
① 베드로, 요한에게서 몇 푼 얻을 것이 아닙니다.
② 예수를 얻게 되었습니다. 예수를 만나면 오늘도 변화 받게 됩니다. 말씀 속에 역사하시는 예수를 만나시기 바랍니다.

셋째, 이제는 내가 만난 예수 안에서 살아가야 합니다.

군중 속에 고독을 느꼈던 이 앉은뱅이가 예수를 만나서 변화 받아서 예수 안에서 살아가게 되었습니다.
1) 역사 속에서 변화 받은 사람들을 생각해 보십시오.
어거스틴, 삭개오, 수가성 여인, 오네시모……
2) 이 속에 내가 포함되어야 합니다.
여러분 모두에게 변화 받은 속에서 승리의 인생 여정이 되시기를 축원합니다.
결론: 변화 받아야 합니다.

성별된 새 사람이 되라
(예레미야 4:22~32)

성경에는 믿는 성도들에 대하여 옛사람을 벗어버리고 새롭게 지으심을 받은 새사람을 입으라는 말씀이 가득합니다. 불과 몇 달 전만 해도 새 천년(New Millenium)이 온다고 떠들썩하였고 새 천년이 오게 되면 금방이라도 어떤 일이 벌어질 듯이 야단들이었지만 새 천년이 시작되어 몇 달이 지난 지금에 와서보면 세상이 많이 발달했다고 하는 것과 그만큼 죄악이 심각하게 그 도수가 높아지는 위험한 시대가 되었다는 것밖에 변한 것이 없습니다. 많이 발달할수록 죄악이 더욱 관영한 시대가 올 것이 사실이며 현실인바 주의 교회는 이런 시대에 거룩되고 구별되고 구별되게 살아야 함을 성경이 밝혀주고 있습니다(롬 6:4, 12:2 13:12, 엡 5:8, 벧전 1:3, 레 11:44, 살전 4:3, 고전 3:16). 더욱이 모든 것이 해이해지기 쉬운 때에 정신차리고 도덕적 추락(Morality fall)에 말려들지 않기를 힘써야 할 때입니다.

첫째, 성별된 새 사람이 되기 위해서는 더러운 옛사람의 옷을 과감히 벗어 버려야 됩니다.
  1) 과거의 옷을 벗어버려야 합니다(창 35:1).
  ① 야곱이 벧엘에 올라가려 할 때에 주신 세 가지 말씀이 있습니다. 이방신을 버리고, 자신을 정결케 하고, 의복을 바꾸어 입는 일이었습니다.
  ② 죄에서 오염된 모든 과거의 것을 벗어던져야 합니다. 예수 안에서만 씻을 수 있습니다.
  ③ 예수 믿는 사람들의 특권이기도 합니다(골 3:8-10). 땅에 있는 지체를 죽이라(골 3:5) 했습니다.
  2) 새로운 옷으로 갈아입어야 합니다.
  ① 예수 그리스도 안에서 새롭게된 생활이 필요합니다. 말 하나, 행동 하나가 변화된 모습이어야 합니다.
  ② 성도의 입에서 이제는 공평과 감사와 찬송과 영광된 모습이 나타나야 합니다. 이것이 성별된 예수 안에서의 삶이기 때문입니다.

둘째, 성별된 새 사람이 되기 위해서는 물과 성령으로 거듭남이 필수적입니다(born again).
   1) 여기에는 지위 고하가 문제가 될 수 없습니다(요 3:1-8).
   ① 지위가 높은 사람, 낮은 사람, 남녀가 구분이 없습니다. 거듭나야 합니다. 육은 육이요, 영은 영이기 때문입니다(요 3:6-8).
   ② 누구든지 거듭나야 한다고 했습니다(고후 5:17).
      누구든지 그리스도 안에 있으면 새로운 피조물이라 이전 것은 지나갔으니 보라 새것이 되었도다 하였습니다.
   2) 거듭난다는 것은 옛것이 십자가에 죽고 장사지낸바 된 것을 뜻합니다.
      "이제 내가 그리스도와 함께 십자가에 못박혔나니 그런즉 이제는 내가 산 것이 아니요 오직 내 안에 그리스도께서 사신 것이라"(갈 2:20) 했습니다.
   ① 혈기를 죽여야 합니다.
   ② 욕심도 버려야 합니다.
   ③ 부정된 모든 것을 버려야 합니다. 분을 버리고 도적질도 버려야 합니다. 거듭난 성도이기 때문입니다.

셋째, 성별된 사람은 축복된 새 생활로 연결되어야 합니다.
   이것이 예수 그리스도 안에서 생활이기 때문입니다. 시편기자는 시편 1편에서 복을 말씀했습니다. 의인의 길은 여호와께서 인정하시나 악인의 길은 망합니다.
   1) 새 시대에도 성도의 생활은 말씀 속에 사는 축복입니다.
   ① 악의 길을 좇지 아니합니다.
   ② 죄인의 길에 서지 아니합니다.
   ③ 오만한 자의 자리에 앉지 아니합니다.
   2) 축복된 길을 가게 됩니다.
   ① 오직 여호와의 율법을 즐거워하는 삶입니다.
   ② 그 율법을 주야로 묵상합니다.
   여기에는 결과가 아름답습니다. 시냇가에 심은 나무와 같습니다. 결실이 그치지 아니합니다. 옛사람을 벗어버리고 예수 안에서 축복된 성도의 삶이 되시기를 축원합니다.
   결론: 옛 사람은 망하는 것입니다. 새 사람을 입어 승리해야 합니다.

주의 평안을 마음에 가진 자
(시편 119:161~168)

현대사회는 옛날에 비교해서 훨씬 더 부유함과 더 좋은 환경과 발달된 시설 속에서 지식이 더해가고 교통수단이 빠른 시대에 살아가며 온갖 정보들이 홍수를 이루는 정보화 시대에 살아갑니다(단 12:4). 그러나 반비례로 사람들의 마음 속에는 평안대신 근심과 걱정과 초조 가운데 살아가는 것이 현실입니다. 소위 '외화내허병'에 걸린 시대라고 볼 수 있을 것입니다. 청소년들이 마음 둘 곳이 없어 방황하는 모습에서 비롯해서 크게는 세계는 전쟁의 전야와 같이 시끄러운 시대에 살아갑니다. 영어의 평화(Peace)는 라틴어의 팍스(Pax)에서 온 말인데 이는 전쟁에서 죽이고 찾아온 평화를 뜻합니다. 그래서인지 이스라엘 민족은 전통적으로 팍스(Pax)대신 샬롬(Shalom)을 사용했습니다. 메시야이신 예수 그리스도를 믿으며 예수 안에서의 평안을 뜻합니다. 본문에서 주의 말씀을 듣기를 원합니다.

첫째, 어떻게 할 때에 마음에 평안이 주어집니까?

진정한 평안은 죄를 멀리할 때에 주시는 복입니다.

1) 죄 때문에 평안이 깨어졌기 때문입니다(창 1:31).

하나님께서 본래부터 좋게 창조하셨고 평안을 주었습니다. 그러나 죄 때문에 이 모든 것이 깨어지게 되었습니다.

① 에덴동산에서의 평화가 죄 때문에 깨어졌습니다.
② 죄지은 아담은 무화과 밑에서 숨게 되었습니다(창 3:8).
③ 죄지은 후에 고생의 길이 열리게 되었고 행복은 닫히게 되었습니다(창 3:17). 그리고 하나님의 형상을 상실하게 되었습니다. 죄를 멀리해야 합니다. "내가 거짓을 미워하며 싫어하고 주의 법을 사랑하나이다"(시 119:163) 하였습니다.

2) 죄값은 개인뿐 아니라 가정이나 국가적 차원에도 평안을 제거해 버리는 악입니다.

① 아담 이야기로 끝나지 않았고 가인에서 봅니다. 동생 아벨을 죽이는 결과

가 되었습니다. 밭을 갈아도 효능이 정지됩니다(창 4:8,11).
② 가정에나 국가에도 그렇습니다.
아간의 행한 일에서 유래를 찾을 수 있습니다(수 7:24). 그렇기에 시편기자는 "내가 주께 범죄치 아니하려 하여 주의 말씀을 내 마음에 두었나이다"(시 119:11) 했습니다.
3) 죄를 멀리해야 합니다.
① 로마서 1:28의 죄들을 멀리해야 합니다.
② 죄값은 결국 사망에 이르게 합니다(롬 6:23).

둘째, 진정한 평강은 하나님의 은혜 아래 있을 때만 가능합니다.
1) 성도에게는 주의 은혜 아래에서만 평안이 있습니다.
① 다윗이 제일 무서워했던 것은 주의 성신을 거두어 가시는 일이었습니다(시 51:11).
② 성도에게는 은혜의 말씀 속에서 평강이 옵니다(행 16:25, 빌 4:1, 4:4).
2) 성도에게는 은혜의 말씀 속에서 평강이 옵니다.
① "내가 주의 구원을 바라며"(166절).
② "내 심령이 주의 증거를 지켰사오니"(167절)했습니다.

셋째, 참 평안은 하나님을 사랑하게 될 때에 옵니다.
"주의 법을 사랑하는 자에게 큰 평안이 있으니 저 희에게는 장애물이 없으리이다"(165절) 했습니다(사 45:7 참조).
1) 하나님을 사랑할 때 평안이 옵니다.
① 이 세상이 주는 평안이 아닙니다(요 14:23).
② 현대교회가 평안이 없는 이유는 하나님을 사랑하는 사랑이 식어졌기 때문입니다.
2) 하나님을 사랑하세요. 평안이 찾아오게 됩니다. 여기에는 축복이 약속되어 있습니다(잠 8:17 참조).
3) 하나님을 사랑할 때에 모든 것이 좋아집니다(롬 8:28).
우리교회 성도들에게 예수 그리스도 안에서 참 평안이 주어지는데 팍스(Pax)가 아닌 샬롬(Shalom)이 주어지게 되기를 축원합니다.
결론: 예수 안에서만 참 평안이 있습니다.

실패의 원인과 그 해결책
(룻기 1:1~5)

인생이 살아가는 곳에는 언제나 마치 바닷가의 파도가 큰 것 작은 것 할 것 없이 일어나게 되듯이 언제나 믿을 수 없는 상황들 속에서 살아가게 됩니다. 산 넘어 산이요, 강 건너 또 강이 나타나듯이 인생문제가 쉽지 않음을 삶의 현장에서 보게 됩니다. 무엇보다 가정들이 무너지고 있는 현대사회 속에 우리가 진정으로 추구하는 것이 무엇인지 다시 생각해 보고 가정에서 찬송과 기도와 예배가 살아 움직이는 곳이 되게 해야 합니다.

본문에서 베들레헴(떡집)에 살던 엘리멜렉 가족이 흉년 때문에 모압으로 내려가게 되었고 그곳에서 10여 년을 잘 살았지만 결국 가장인 엘리멜렉과 두 아들이 죽고 그곳에서 결혼한 두 자부와 나오미만 남게 되었는데 나오미가 뒤늦게 깨닫고 룻과 함께 베들레헴으로 오게 됩니다. 여기에서 큰 교훈을 얻게 됩니다.

첫째, 본문은 성민이 실패한 원인을 배우게 됩니다.

성공한 곳에는 언제나 성공의 원인이 있고, 실패한 곳에는 언제나 실패한 원인이 있기 마련입니다. 엘리멜렉 가족의 실패의 원인은 분명합니다.

1) 살아가는데 생활 터전의 선택이 잘못되었습니다(1:1).

"유다 베들레헴에 한 사람이 그 아내와 두 아들을 데리고 모압지방에 가서 우거하였는지라" 했습니다. 살기가 힘들더라도 그냥 베들레헴에 살았어야 했습니다.

① 성도가 어렵더라도 반드시 가지 말아야 할 곳이 있습니다.
② 성도는 선택해야 할 것이 있고 선택하지 말아야 할 것이 있습니다.

2) 살아가는데 있어서 사람을 선택하는데 잘못하였습니다.

① 이방여인을 맞아들인 것입니다. 두 아들의 실패도 여기에 있습니다. 믿지 않는 자와 멍에를 같이하지 말라(고후 6:14)고 했습니다.
② 성도가 세상에 담을 쌓고 살수는 없지만 언제나 근신해야 합니다. 영육이 함께 망하는 길도 있기 때문입니다.

3) 살아가는데 신앙 중심이 아니었습니다. 성도는 언제나 신앙 중심적

이어야 합니다.
① 아브라함의 예를 보겠습니다(창 13:10).
② 성도의 생활은 최우선 순위가 신앙적이어야 합니다.
③ 예루살렘을 떠나면 곧 강도를 만나게 되기 때문입니다(눅 10:30).

둘째, 나오미를 통해서 실패를 극복해 나가는 해결책을 배우게 됩니다.
1) 실패에서 만든 장소를 벗어나 떠났습니다.
① 성도가 실패했거든 빨리 그곳을 떠날 줄 알아야 소망이 있습니다. 마치 탕자가 돼지울에서 자기 집으로 돌아오듯 해야 합니다(눅 15:17).
② 하나님께서는 언제나 감동감화 하십니다.
2) 나오미는 결국 자기의 인생을 좌우하시는 분이 하나님이심을 깨닫게 되었습니다.
① 인생사가 하나님께 있습니다(잠 16:9, 시 127:1). 본문에 "전능자가 나를 심히 괴롭게 하셨다"(1:20)했습니다.
② 매사에 하나님께 맡기고 살아야 합니다(시 37:5). 여호와께 모든 주권이 있기 때문입니다(삼상 2:6-).

셋째, 실패와 낙망 뒤에 하나님께 돌아오게 될 때에 다시 회복의 길이 열리게 됩니다.
비록 남편과 두 아들을 잃었지만 돌아오게 되었습니다.
1) 무너진 가정이 다시 소생케 되었습니다.
① 룻이 보아스를 만나서 결혼하게 되었고 가족이 형성됩니다. 결국 예수님 족보에 나열되었습니다(마 1:5-6).
② 효부 룻이 되었습니다.
2) 나오미의 생애가 보장되었습니다.
① 룻과 보아스를 통해서 경제적 문제가 해결되었습니다.
② 절망 가운데서 새로운 생애가 이어지게 되었습니다.
  -인생을 +인생으로 바꾸시는 하나님 앞에 돌아올때 회복됩니다. 실패와 낙심 가운데 있다면 다시 회생의 길이 열리게 되시기를 축원합니다.
  결론: 실패 뒤엔 사는 길도 있습니다.

그리스도인이 가져야 할 긍지
(사도행전 26:24~29)

사전에서 '긍지'(矜持 pride)란 말은 '어떤 믿는 바가 있어서 스스로 자랑하는 마음'이라고 설명되었습니다. 사람이 세상을 살아가면서 어떤 일을 하고 무슨 일에 종사하든지 긍지와 자부심을 가져야 합니다. 똑같이 일하면서 억지로 하는 일과 긍지와 자부심을 가지고 일하는 것은 큰 차이가 있습니다.

본문에서 바울은 복음을 전하다가 잡혀서 로마로 호송되어가는 길에 총독 베스도 앞에서 말할 수 있는 기회가 주어지게 되고 그때에 기록된 말씀이 본문의 상황입니다. "이렇게 결박한 것 외에는 나와 같이 되기를 하나님께 원하노라 내가 미친 것이 아니요 참된 말을 하나이다" 죄수 아닌 죄수로서 로마에 가지만 바울은 당당하였고 자부심도 충만했습니다. 이 세대에 그리스도인이 가져야 할 긍지입니다.

첫째, 하나님의 자녀가 된 신분 변화에 대한 긍지입니다.

바울의 현실은 총독 앞에 심문 받는 자리입니다. 사느냐 죽느냐 기로에 놓여진 때였습니다. 그러나 분명하게 하나님의 자녀로서의 긍지가 돋보입니다.

1) 과거에는 하나님 앞에 죄인이었습니다(엡 2:1-).

과거에는 의인인 체하는 죄인이었으나 이제는 겉으로는 죄인이나 변화된 의인이 되었습니다.

① 허물과 죄로 죽었습니다.
② 이세상 풍속을 따르는 신분이었습니다.
③ 공중의 권세 잡은 자를 따르게 되었습니다.
④ 마귀를 따라가는 신분이었습니다(마 25:41, 롬 6:23).

2) 육체적 신분 역시 화려했습니다.

① 난 지 8일만에 할례를 받았습니다.
② 이스라엘 족속이요, 베냐민 지파요, 히브리인 중에 히브리인이었습니다.
③ 율법적으로 하자가 없었습니다.

3) 예수님을 영접하므로 변화되었습니다(요 1:12).

① 믿음의 방법으로 죄사함을 받게 되었습니다(롬 8:15).
② 믿는 자의 신분이 바뀌게 됩니다.
③ 예수 안에 있으면 신분이 바뀌게 됩니다. 바울은 이런 긍지 속에서 지금 베스도에게 당당하게 말합니다.

둘째, 이제는 하나님의 일을 하는 사명자로서 긍지입니다.
전에는 열심을 내기는 했으나 사망으로 가는 일이었습니다.
1) 이제는 사명 위해서 달려가게 되었습니다. 육체에게 유익하던 모든 것을 버리게 되었습니다(빌 3:7).
① 사명을 위해서 모든 것을 버렸습니다. 까뮈와 슈바이쳐 박사는 같은 때(1950년대)에 노벨상을 받은 사람들입니다. 까뮈는 문학상을 슈바이쳐는 의학상을 탔습니다. 그런데 까뮈는 그 돈으로 개인의 안락을 위해 살다가 교통사고로 죽었고, 슈바이쳐는 아프리가 흑인을 위해서 병원시설에 투자해서 일하다가 죽었습니다.
② 바울은 사명 위해서 목숨까지 바치게 되었습니다(행 20:23).
2) 구원받은 성도는 긍지와 자부심이 분명해야 합니다.
① 이사야 선지자 역시 변화 후에 순교까지 사명 의해서 살았습니다.
② 바울이나 우리의 믿음의 선진들은 사명에 긍지가 있었습니다.

셋째, 그리스도인은 하나님의 자녀로서 책임있는 삶이 되어야 합니다.
1) 성도로서 긍지가 중요합니다.
① 하나님의 자녀의 긍지입니다(빌 3:17 -).
② 천국 시민권과 사명자로서 살아갈 때에 분명히 상급이 있기 때문에 긍지가 있습니다.
2) 예수 믿는 성도는 어디에 있는지 무슨 일에 종사하든지 긍지를 가지고 자부심 속에서 그리스도의 빛을 나타내며 일해야 합니다.
① 하나님께 영광되게 살아야 합니다(빌 1:20).
② 믿음과 감사 속에서 일해야 합니다.
성도들이 이 긍지와 자부심 속에서 승리케 되시기를 주님의 이름으로 축원합니다.
결론: 예수 안에 있는 삶이라면 당연히 긍지와 자부심 속에 살아야 합니다.

예수 그리스도로 옷 입으라
(로마서 13:11~14)

사람이 세상을 살아갈 때에 필수적으로 필요한 것들이 있는데 그것은 먹는 문제요, 입는 문제요, 살아가는 집이라고 봅니다. 제일 중요한 것이 먹는 문제이겠지만 체면문화에 젖은 우리는 의·식·주라고 해서 먹는 문제보다 입는 문제를 제일 우선 순위에 올려놓았는지 모릅니다. 그래서 섬유계통이 한국에서 발달되다보니 세계에 나가보면 한국제품(made in Korea)이 많이 있습니다.

옷의 역사를 성경에서 보면 범죄한 아담이 무화과 잎으로 몸을 가리었고 후에 하나님께서 짐승의 가죽으로 옷을 입혀 주시게 되었는데, 물론 이것은 구속사적인 뜻에서의 의미가 되겠지만 최초의 옷은 동물성 옷이 아니라 예수 그리스도 안에서의 영적인 옷을 말합니다.

라오디게아 교회는 이 옷을 입고 있지 아니했습니다. 오히려 육의 옷을 멋지게 입었지만 영적인 옷은 입고 있지 아니해서 책망을 받게 되었습니다(계 3:17下). 말세를 만난 성도들은 반드시 영적인 옷을 입어야 합니다.

첫째, 상징적으로 볼 때에 성도가 입고 있는 옷은 그리스도인이라는 신분을 나타내 주기 때문입니다.

사람은 시대마다 입는 옷에 따라서 그 신분이 판별된 때가 있습니다. 지금도 제복에 따라서 그 사람의 신분이 나타나게 됩니다. 예수 그리스도 안에서 옷 입는 것은 무엇입니까?

1) 예수 그리스도로 행동하라는 뜻입니다. 옷은 신분이기 때문입니다.
① 그래서 믿는 성도는 언제나 그 행동에 조심해야 합니다. 예수 그리스도의 신부들은 깨끗한 옷을 입습니다(계 19:7-8).
② 옷이 더러워졌으면 빨리 빨아서 입어야 합니다. 성도이기 때문입니다(계 7:13-14, 22-14).
2) 예수 그리스도 안에 있는 사람들은 빛 가운데서 사는 사람들입니다.
① 어두운 데 있으면 정체가 드러나지 않지만 밝은 데 나오게 될 때에 잘 드러나게 됩니다.

② 성도는 예수로 옷 입고 환한 곳에서 생활해야 합니다. 세상에서 빛이기 때문입니다(마 5:14, 엡 5:8-9). 그리스도인인 나 한 사람이 문제가 아니라 전체에서 그 영향이 미치기 때문입니다.

둘째, 상징적으로 옷은 그 사람의 품위를 나타내 줍니다.

입고 있는 옷에 따라서 그 사람의 직업이나 인품이 그대로 나타나게 되기 때문입니다. 그래서 성도는 매사에 그 생활에 주의를 하야 합니다.
1) 예수 믿는 사람은 예수로 옷 입되 예수 믿는 품위를 가져야 합니다.
① 말 한마디에서 품위가 있습니다(엡 4:29, 벧전 3:3). 성도는 그리스도인으로서의 품위가 있습니다.
② 그리스도인으로서 품위에 금이 가면 회복에 힘이 듭니다.
2) 그리스도인은 외모보다 내면을 더 가꾸어야 합니다.
① 겉이 중요하기보다 그 마음이 중요하기 때문입니다.
② 그래서 속사람을 단장하라고 했습니다(딤전 2:9, 벧전 3:3). 성도는 그리스도인으로서 품위가 있습니다.

셋째, 상징적으로 볼 때에 옷은 몸을 보호해 주는 의미가 있습니다.

우리에게 옷이 없다면 살갗이 말이 아닐 것입니다.
1) 옷은 몸을 감싸서 보호해 줍니다.
① 날씨에 따라서 옷이 몸을 보호합니다.
② 자신의 인격이나 생활까지 보호해 줍니다.
2) 예수 그리스도 안에 있는 때만이 하나님의 보호를 받게 됩니다.
① 현실에서도 보호를 받게 됩니다.
② 세상 마지막 끝날 때에도 예수 안에 옷 입은 사람만이 보호를 받게 됩니다.

그러므로 예수 안에서 옷 입는 일은 필수적입니다. 이 세대에 라오디게아 교회처럼 벗고 있지 말고 영적 옷을 입고 있게 되기를 축원합니다.

결론: 예수로 옷 입어야 합니다.

흉년 때를 대비한 영적 저축생활
(창세기 41:25~31)

사람이 살아가면서 언제나 좋은 일만 있는 것이 아니기 때문에 사람들은 좋은 날에 미래의 흉한 일을 대비해서 준비합니다. 이런 일은 비단 사람뿐만 아니라 개미의 세계에서도 배울 수 있는데, 성경에는 개미에게 가서 지혜를 배우라(잠 6:6) 했습니다. 사람이 미래를 준비하는 일 중에는 은행에 저축한다든지 각종 보험을 든다든지 하는 방법들이 있습니다. 이는 모두가 미래에 나쁜 일이 있을 때를 대비하는 일들입니다.

본문에서 바로 왕은 요셉의 꿈 해몽을 듣고 7년 흉년을 대비해서 요셉을 총리로 삼아 철저하게 미래를 준비했습니다. 언제나 미래를 준비하는 일은 현재 좋은 일이 있을 때에 해 두어야 합니다. 그때가 지나면 늦기 때문입니다. 그러면 우리 믿음의 성도들은 미래를 위해서 무엇을 저축해야 할까요?

첫째, 축복 받고 응답 받도록 기도 저축을 많이 해야 합니다.

현재에 아무런 일이 없을지라도 기도 저축을 많이 해 놓아야 하겠습니다.
1) 기도 저축은 많이 해 둘수록 좋은 결과가 있습니다.
① 성경에는 기도에 관한 기사가 많이 있습니다. 기도 외에 다른 길이 없습니다(막 9:29, 시 94:9, 마 7:7, 계 8:3, 단 6:3).
② 현재 평안하고 아무런 어려움이 없는데 무슨 기도가 필요하겠느냐고 할지 모르나 현재 문제가 없다면 더 기도해야 합니다.
2) 기도 저축을 많이 해서 위기 때에 응답 받은 사람이 있습니다.
① 한나는 기도의 여인이었고 응답의 축복을 받았습니다.
② 히스기야는 기도해서 위기 때에 응답 받았습니다. 국가가 위태로울 때, 자신의 병으로 위태로울 때에 응답 받았습니다(왕하 20:1-).
3) 무엇을 위해서 기도해야 합니까?
① 자기 자신의 미래를 위해서 기도해야 합니다. 시험이 왔을 때에 대처하기보다 미리 기도로 무장해야 합니다.
② 평상시에 가족을 위해서 기도로 준비해 놓아야 합니다.

③ 교회가 복음에 크게 전파되기 위해서 기도해야 합니다. 바울은 전도인을 위해서 기도하라 했습니다.
④ 국가와 민족을 위해서 평상시에 기도해야 합니다. 국가가 어려워지면 신앙생활도 할 수 없고 선교의 문도 닫히게 됩니다. 7년 흉년이 오기 전에 기도를 저축해야 합니다.

둘째, 헌금해서 물질적 축복을 저축해야 합니다.

1) 예수님은 미래의 천국 상급을 위해서 저축하라고 하셨습니다(마 6:19). 부자 청년은 천국에 쌓지를 못했습니다(마 19:16-). 네 소유를 팔아 가난한 자를 위해서 베풀라고 하셨습니다(마 19:21).
① 믿음의 성도들은 물질적 축복과 상급을 위해서 심어야 합니다. 고린도후서 8-9장은 헌금론인데 사도 바울도 심으라고 강조했습니다. 적게 심으면 적게 거두고 많이 심으면 많이 거두게 됩니다(고후 9:6).
② 하나님께서 필요하실 때에 복음 위해서 심으면 하나님이 귀히 쓰십니다. 주가 쓰시겠다고 하실 때에 드릴 수 있어야 합니다(마 21:4).
2) 직접 타인을 위해서도 많이 심어야 합니다.
① 할 수 있으면 타인을 돕는 자가 되어야 합니다(눅 6:38, 잠 19:17).
② 때가 되면 거둘 때가 옵니다. 7년 흉년 때가 곧 옵니다.

셋째, 천국 은행에 전도의 열매를 저축해야 합니다.

1) 많이 해서 상급을 받아야 합니다. 축복과 상급이 따라 옵니다.
① 건강 축복이 옵니다.
② 재물 축복이 옵니다.
③ 평안이 옵니다.
2) 지금은 영적인 피폐의 시대입니다.
① 아이들을 바르게 키워야 하겠습니다.
② 이웃을 예수님께로 인도해야 합니다. 천국에서 빛나는 상급이 있습니다(단 12:3). 미래를 위해서 7년 환난 전에 전도의 저축을 하시기를 축원합니다.
결론: 저축은 할 수 있을 때에 해야 합니다.

정상적인 궤도에 진입한 신앙(1)
(말라기 3:7~12)

지구를 떠나서 우주로 쏘아올려진 물체가 우주공간에 정상적인 궤도에 진입할 때까지는 지구인력을 벗어나야 합니다. 지구인력에 끌려서 올라가지 못한다면 떨어지고 말게 될 것입니다. 그래서 로켓의 추진력에 의해서 힘차게 쏘아올려지게 되듯이 성도가 천국의 백성으로써 힘차게 정상적인 본궤도에 올려지기 위해서는 성령의 능력에 의해서 행하여지는 것들의 많이 있는데 그 첫번째 사건을 오늘 말씀에서 배우게 됩니다.

첫째로, 신앙생활이 정상적인 궤도에 진입하기 위한 요소가 있습니다.
1) 먼저 물과 성령으로 거듭나야 하는 것은 제일 급선무입니다. 왜냐하면 물과 성령으로 거듭나야 하나님 백성이기 때문입니다.
2) 물과 성령으로 거듭났으면 해야할 일들이 있는데 그 중에 하나가 십일조생활입니다.
　오늘 본문에서 이스라엘 백성이 십일조에 등한히 할 때 하나님께로 돌아오지 않은 것과 같다고 하셨습니다. 그러므로 십일조를 해야 합니다. 이것은 하나님의 것이기 때문입니다.
① 십일조를 생활화해야 합니다. 그래야 교회가 부흥되어 갑니다. 그리고 개인의 신앙이 성숙하게 됩니다.
② 개인의 신앙에 성숙이란 신앙의 본궤도에 진입했다는 증거입니다.
③ 그리고 여기에 하나님이 예비하신 축복이 있습니다. 십일조 해서 축복받은 사람들이 많이 있습니다. 록펠러(JohnDavison Rocke-feller), 콜게이트(Colgate), 카네기(Andrew Carnegie) 등 수많은 사람들이 말합니다.

둘째로, 십일조 할 때에는 방법이 있습니다.
1) 믿음으로 드려지는 헌금이 되어야 합니다.
① 내가 하나님 백성이 되었다는 뜻입니다.
② 십일조는 하나님의 것을 인정해 드리는 것입니다.

2) 소망 가운데 드려야 합니다. 마치 씨를 뿌리는 농부와 같습니다.
3) 그리고 여기에는 반드시 정성이 요구됩니다.
  이스라엘 백성들은 병든 것, 저는 것, 눈먼 것을 드렸더니 하나님께서 받으시지 아니하셨다고 합니다.

셋째로, 정상적인 신앙의 궤도인 십일조에 축복의 약속이 있습니다.
십일조에는 반드시 축복이 있습니다.
1) 기한 전에 열매가 떨어지지 않게 하십니다.
2) 황충이(먹는 자)는 금하여 주십니다.
3) 하늘 문을 여시고 쌓을 곳이 있게 축복해 주십니다.
4) 땅이 아름다워지므로 열망의 자랑거리가 됩니다. 여기에서 하나님을 시험(Test)해보라 하였습니다.

결론적으로, 우주선이 지구인력권을 벗어나야 하듯이 세상적인 생각을 벗어버리고 여기에 동참해야 합니다.

정상적인 궤도에 진입한 신앙(2)
(이사야 58:13~14)

정상적이란 말을 어떤 목적을 이루는 과정에서 무난히 이루어가는 상태를 말합니다. 우리는 신앙상태도 천국을 향해 가기 때문에 정상적인 상태에 있어야 합니다. 그 가운데 하나가 주일성수 문제입니다. 주일에는 발을 금하여 사사로운 오락에 치우치지 말아야 하겠고, 주일은 즐거운 날이 되어야 하며, 주일은 존귀한 날로 여겨야 하겠고, 사사로운 길에 나가지 말아야 합니다. 이렇게 하는 것이 주일성수에 정상적인 궤도에 진입한 사람이니 여기에 하나님의 축복이 약속되어 있습니다.

첫째로, 주일성수 문제는 하나님의 명령이며, 축복입니다.
1) 먼저 주일성수는 하나님의 명령입니다.
① 창조론에서 명령하셨습니다(창 2:2).
② 십계명에서 명령했습니다(출 20:8).
③ 구약의 안식일이 신약의 주일이 되었습니다(골 2:16-18, 히 8:6, 13).
2) 주일성수에 하나님의 축복이 약속되어 있습니다.
① 이 날은 쉬는 날입니다. 예배가 중심되어서 영과 육이 모두 쉬게 됩니다.
② 주일성수 할 때에 여호와 안에서 즐거움이 있을 것이다 했습니다. 예수 안에서 진정한 기쁨이 있는 날이 주일입니다.

둘째로, 주일성수는 아무나 하는 것이 아닙니다.
택하신 아브라함의 백성들이 안식일을 지켰듯이 신약시대에도 마찬가지입니다.
1) 하나님의 백성된 성도가 지키는 날입니다(겔 2:10). 주일은 하나님 백성의 표였습니다.
① 이 날은 의무가 아니라 복인바 내가 하나님의 백성이 되었다는 증거입니다.
② 예수 안에서 내가 하나님의 백성이 되었으니 감사함으로 지켜 나가십시오.
2) 주일성수는 복받는 날입니다. 그래서 남녀노소 모두가 나와서 예배

하며 하나님께 영광을 돌려야 합니다. 온가족 전체가 나와야 하겠습니다.

셋째로, 주일성수는 영생의 축복과 부활의 소망이 있는 사람들이 지키는 날입니다.
1) 예수 그리스도 안에서 내가 구원을 받았습니다. 구원의 감격이 있는 날입니다.
   ① 초대교회 성도들이 그랬습니다.
   ② 천국의 소망이 넘치게 되어 있습니다.
2) 예수님이 부활하신 날인 만큼 이 날에는 또한 부활의 참 소망이 있는 날입니다.
   ① 부활의 소망을 가진 사람이 지키는 날입니다(요 11:25).
   ② 예수 안에 있는 사람이 지키는 날입니다.

결론적으로, 주일은 영원한 안식의 그림자입니다. 모두가 정상적인 궤도에서 신앙생활에 승리케 되기를 축원합니다.

정상적인 궤도에 진입한 신앙(3)
(시편 147:7~20)

이방인의 제사는 헛된 것(시 135:14)이지만 성도의 감사행활은 '정상적인 궤도에 진입한 신앙' 이라고 하겠습니다.

그래서 하나님께서는 이스라엘 백성들에게 최소한의 감사로써 추수감사절과 맥추감사절을 지키라고 하셨습니다. 또한 범사에 감사하는 것은 하나님의 뜻입니다(살전 5:18).

감사하는 사람이 하나님을 기쁘시게 합니다(시 50:14-). 오늘 시편에서 맥추감사절기에 따른 감사의 교훈을 배우겠습니다.

첫째로, 감사하는 신앙이 하나님을 기쁘시게 합니다.
1) 감사는 하나님께 영광이 되기 때문입니다(시 50:23).
① 믿음이 있어야 되고(히 11:6).
② 영에 속해야 하나님이 기뻐하시며(롬 8:8).
③ 감사해야 하나님이 기뻐하십니다(시 147:6-11).
2) 감사하는 것은 더 큰 축복을 받는 창고와 같습니다.
① 누가복음 17장에서 열명의 나환자가 나음을 입었을 때에 오직 한 명만이 감사할 때 구원의 약속까지 받게 되었습니다.
② 요한복음 12:1-8에서 마리아는 향유병을 깨뜨려서 감사하게 될 때에 그의 이름이 온 천지에 퍼지게 되었습니다. 금번 맥추감사절에 우리는 원망과 불평 대신에 감사와 찬송의 생활을 배워야 하겠습니다.

둘째로, 무엇을 감사해야 할지 그 감사의 내용을 알아야 합니다.
모든 것이 감사의 내용이겠지만 간추려 봅니다.
1) 내가 믿음으로 구원받은 것에 대한 감사입니다. 개인적으로 날마다 해야 할 감사의 조건이 됩니다.
2) 가정에서 감사생활을 해야 합니다.
① 자녀교육 문제도 감사 가운데 해야 합니다.

② 직장과 사업문제도 감사해야 합니다.
③ 일용할 양식을 주신 것을 감사해야 합니다. "저가 구름으로 하늘을 덮으시며 땅을 위하여 비를 내리시며 산에 풀을자라게 하시며 들짐승과 우는 까마귀 새끼에게 먹을 것을주시는도다" 했습니다.
④ 성도의 미래에까지 책임져 주시는 분에게 감사해야 합니다(시 121:5-8).

셋째로, 감사하는 신앙이 성숙한 신앙입니다.

성숙이란 정상적인 궤도에 진입한 것을 의미합니다.
1) 여기에는 몸과 믿음으로 감사하게 됩니다.
2) 물질도 감사의 표현을 하게 됩니다.
3) 이 성숙한 신앙에 축복이 있습니다(13).
① 저가 네 문빗장을 견고케 하시고
② 자녀에게 복을 주시고
③ 경내를 평안케 하시고
④ 아름다운 밀로 배부르게 하십니다.

하나님의 은혜를 무엇으로 표시하겠습니까. 감사로 성숙한 신앙이 되시기를 축원합니다.

결론적으로, 정상적인 궤도에 진입한 신앙은 감사생활입니다.

정상적인 궤도에 진입한 신앙(4)
(마태복음 7:24~29)

매년마다 장마철이 오면 둑이 무너지고, 가옥이 무너지는 현상들이 있지만 더욱이 부실 공사로 인하여 많은 인명들이 희생하게 되고 재산피해가 오는 현실을 직면하면서 우리의 영적인 면은 짚고 넘어가지 않을 수 없다고 하겠습니다. 집은 짓는 일이나 우리의 신앙생활이 같기 때문입니다. 예수님께서 말씀하신 일과 비교해가며 우리 자신의 영적 건축에 정상적인 건축이 요구되는 때입니다. 우리의 영적인 건축을 어떻게 해야 합니다(고전 3:11).

첫째로, 정상적인 신앙 건축은 말씀 위에 해야 합니다.
높은 빌딩(Building)일수록 터전이 좋아야 하듯이 우리의 신앙의 기반은 하나님 말씀이어야 합니다.
1) 신앙생활에는 기초가 좋아야 합니다.
① 기초입니다. 즉 기초가 바로 놓아져야 합니다. 이 기초는 반석되신 예수 그리스도입니다(벧전 2:4-5). 산돌이신 예수 그리스도입니다(마 21:42). 모퉁이의 머리돌이신 예수 그리스도입니다(고전 3:11). 이 터는 곧 예수 그리스도시라 했습니다. 신앙의 기초이신 예수 그리스도의 터위에 세워야 합니다. 다른 것에 기초가 될 수 없습니다.
② 자재가 좋아야 합니다(고전 3:12). 이 자재도 처음부터 끝까지 하나님의 믿음입니다.
2) 집은 짓고 나면 시험이 있듯이 우리의 신앙도 그러합니다.
① 설계도대로 지어야 합니다(창 6:22, 출 39:42).
② 공력이 나타나게 되듯이 정성을 다해서 지어야 합니다.

둘째로, 반석 위에 세운 슬기롭고 지혜로운 건축자들이 있습니다.
1) 구약에서 봅니다.
① 에녹은 하나님과 동행하면서 인생을 지어 나갈 때에 지혜로운 자가 되었습니다(창 5:22).

② 노아는 시대적으로 패괴할 때에 하나님과 동행하므로 인생을 반석 위에 세운 지혜로운 삶이 되었습니다(창 6:8). 그런데 말세에는 노아의 때와 같다고 하였습니다(마 24:37). 그밖에 많은 사람들을 보게 됩니다. 요셉, 모세, 욥, 다니엘 등의 사람들은 우리의 신앙의 모범(Model)입니다.
2) 신약에서 봅시다.
① 요셉과 마리아를 들 수 있습니다(마 1:19).
② 백부장 고넬료를 들 수 있습니다(행 10:1-).

셋째로, 내 영적생활을 진단해야 합니다.
예수님이 동행 중에 있겠거니 하는 막연 신앙이 아니라 확인(Cheking)해야 합니다.
1) 크고 중요한 부분부터 점검해야 합니다.
① 나의 구원과 직결됩니다(요 5:20).
② 내가 하나님의 영광을 위에서 살고 있는가?
③ 하나님 말씀 위에 바르고 견고하게 세워져 있는가?
④ 천국의 소망은 확실한가?
2) 부실 부분이 발견될 때에 빨리 회개하고 바르게 세워야 합니다. 그래야 사고없이 안전하게 됩니다.

결론적으로, 모래 위에 지은 모래성 집은 무너지게 됩니다.

정상적인 궤도에 진입한 신앙(5)
(베드로전서 4:10~11)

정상적인 신앙에 진입한 신앙의 요소 가운데 또 하나의 중요한 것은 선한 청지기의 생활입니다. 구원받은 하나님의 백성은 천국 백성이요 천국의 시민들이기 때문에 한 가족으로 헌신하고 충성하는 일은 중요합니다.
　베드로전서 4장에는, 말세의 성도들에게 몇 가지를 당부하였습니다.
　첫째로, 정신을 차리고 기도하라 하였습니다.
　둘째로, 열심으로 서로 사랑하라 하였습니다.
　셋째로, 서로 손대접하라 하였습니다.
　넷째로, 선한 청지기가 되라 하였습니다.
　우리 모두는 그리스도의 일꾼입니다(고전 4:1-2).

첫째로, 구원받은 성도는 모두가 청지기들입니다.
1) 예수 안에서 한 가족이요, 한 식구입니다.
　　여기에는 예외도 없고 열외도 없습니다(엡 2:19).
① 하나님의 가족이기 때문입니다.
② 여기에 축복과 상급이 준비하고 있습니다(갈 3:9).
③ 여기에서는 언제나 교회의 한 식구임을 잊지 마십시오. 성령과 사랑 안에서 하나입니다(엡 4:1).
2) 하나님의 백성으로서 선한 청지기가 되어야 합니다.
① 개미의 세계, 꿀벌의 세계에서 배웁니다(잠 6:6, 30:24).
② 이제 우리의 삶은 언제나 청지기의 삶이 되어야 하겠습니다.
③ 교회의 일은 모두가 참여하게 될 때에 빛이 나게 됩니다.

둘째로, 선한 청지기는 영적운동을 해야 합니다.
하나님의 백성이 되었기 때문에 무엇인가 운동(Movement)을 해야 합니다.
1) 이 운동은 자발적인 운동입니다.
　신앙생활의 모든 것은 자발적이어야 합니다(고후 9:7, 출 35:21). 성령의 감동을 따라서 사는 사람입니다.
2) 선한 청지기의 자발적 모습이 성경에 말합니다.
① 아브라함의 늙은 종(창 24:45)
② 요셉의 애굽생활(창 39:)
③ 모세의 생애(히 19:24)
④ 베드로의 생애 등은 나를 그리스인들의 모범적인 청지기 생애를 보여주고 있습니다(갈 2:9).

셋째로, 선한 청지기는 분명한 축복과 상급이 있습니다.
1) 선한 청지기의 자세가 중요시 됩니다.
① 자발적인 자세입니다(눅 17:10).
② 겸손한 자세입니다(엡 4:2).
2) 여기에는 반드시 은혜와 축복이 있습니다.
① 먼저 모두가 인정하는 은혜입니다.
② 교회가 인정하고 목회자가 인정합니다(마 16:17).
3) 천국의 상급이 있습니다.
① 상급이 있습니다(계 22:12).
② 생명의 면류관이 있습니다(계 2:10).
③ 영광의 면류관이 있습니다(벧전 5:3).
④ 의의 면류관이 있습니다(딤후 4:7).
⑤ 썩지 않는 면류관이 있습니다(고전 9:25).
선한 청지기로서 정상적인 궤도에 진입한 신앙인들이 모두 되시기를 축원합니다.

결론적으로, 정상적인 신앙은 선한 청지기가 되는 것입니다.

정상적인 궤도에 진입한 신앙(6)
(마태복음 18:21~35)

인간이 세상에 태어나서 살 때에 죄 없고 실수 없는 사람은 하나도 없습니다(롬 3:10, 23, 욥 25:5, 엡 2:1). 모두가 허물과 죄 가운데 태어나서 살고 있습니다. 그래서 예수님이 이 땅에 오셨고 십자가에서 대속적 죽음을 당하셨습니다. 인간은 누구나 용서와 긍휼이 필요하며 적용의 대상입니다.

오늘 말씀에서 베드로는 형제의 잘못을 일곱번 용서라면 되겠느냐는 질문에 예수님은 일곱 번씩 칠십 번이라도 하라고 하셨습니다. 정상적인 궤도에 진입한 신앙은 내가 용서함을 받은 것처럼 나도 남의 허물을 용서하는 신앙입니다.

첫째로, 용서와 사랑의 사람이 정상적인 신앙입니다.
1) 본문에서 일만 달란트를 탕감받은 사람이 자기에게 일백 데나리온 빚진 자를 용서하지 못했습니다.
   결국 이 사람은 긍휼없는 심판을 받게 됩니다(마 5:7, 눅 6:36, 딤후 1:16, 잠 19:17, 약 2:13). "긍휼을 향치 않는 자에게는 긍휼이 없는 심판을 받으리라"(약 2:13) 했습니다.
2) 예수님의 답변은 용서와 사랑입니다.
① 주기도문에서 가르쳐주셨습니다. "우리가 우리 죄를 사하여 준 것같이 우리의 죄를 사하여 주옵시고" 했습니다.
② 간음하다 현장에서 잡힌 여인에게 돌로 때려 죽이는 심판을 내리겠다는 사람들에게 누구든지 죄 없는 자가 치라고 했을 때에 모두 가버리고 이 여인은 정죄하지 않았습니다(요 8:1-). 예수 그리스도의 정신은 용서와 사랑입니다. 그리고 긍휼과 자비 입니다.

둘째로, 본문에서 용서와 사랑의 기본적인 신앙을 교훈해 주셨습니다.
예수님의 용서와 사랑이 없었다면 우리는 모두 멸망의 대상이며, 이 자리에 앉아있지도 못하였을 것입니다.
1) 하나님은 사랑을 실천해 보이셨습니다.

① 예수님의 십자가에 대속적 죽으심이 하나님의 용서와 사랑의 증거입니다.
② 그리고 많은 성경구절이 하나님의 용서와 사랑을 강조했습니다(요일 4:8, 10, 롬 5:8, 요 3:16).
2) 예수님은 십자가에 죽으시면서도 우리의 죄를 위해서 기도하셨습니다. 스데반 집사님도 순교하면서 용서를 기도했습니다(행 7:60).

셋째로, 용서와 사랑을 실천해야 하겠습니다.
1) 이 사람은 하나님의 사랑과 예수 그리스도의 은혜와 성령의 역사를 따라서 사는 사람입니다. 이 신앙 따라서 살 때에 천국이 주어집니다.
2) 옆에 있는 이웃은 누구든지 하나님의 사랑과 긍휼을 받을 자임을 기억해야 합니다.
① 내가 먼저 용서해야 합니다.
② 내가 먼저 사랑해야 합니다.
② 내가 먼저 자비를 베풀어야 합니다.
이것이 정상적인 궤도에 진입한 신앙입니다. 이런 실천자들이 모두가 되시기를 축원합니다.

결론적으로, "너희는 가서 내가 긍휼을 원하고 제사는 원치 아니하는가 하신 뜻이 무엇인지 배우라"고 하였습니다(마 9:13).

정상적인 궤도에 진입한 신앙(7)
(누가복음 12:13~31)

　인간이 태어난 이후에 역사는 물질의 역사이지만 현대사회는 그 절정에 와 있다고 하겠습니다. 따라서 물질 때문에 야기되어지는 현금의 모든 사태를 보면서 우리 그리스도인들은 바른 물질관의 정립이 필요한 시대입니다.
　본문에서 예수님은 사람의 생명이 그 소유의 넉넉한데 있지 아니하다고 하셨습니다. "많은 재물보다 명예를 택할 것이요 은이나 금보다 은총을 더욱 택할 것이니라"(잠 22:1) 했습니다.

첫째로, 본문은 물질보다 생명의 근원되시는 하나님을 경외할 것을 교훈해 줍니다.
　1) 영육간에 명을 주신 하나님이십니다.
　① 돈 몇 푼 때문에 하나님 잃지 말아야 합니다.
　② 권력 때문에 하나님 잃지 말아야 합니다.
　③ 하나님이 없는 물질은 안개와 같습니다(약 4:13).
　2) 물질은 아무리 많아도 욕망이 만족이 없습니다.
　① 그래서 정함이 없는 물질에 소망을 두지 말라고 하였습니다(딤후 6:17).
　② 욕심이 결국 사망이 옵니다(약 1:15).
　③ 하나님이 없는 부자되지 말아야 합니다(잠 23:4).
　④ 지혜로운 자의 재물이 면류관과 같다고 하였습니다(잠 14:24).
　3) 황금 우상에 빠지지 말아야 하겠습니다. 말세에는 666의 부호에 조심해야 합니다(계 13:16).

둘째로, 재물 때문에 죄를 짓고 하나님과 멀어지지 말아야 합니다.
　국제적으로 우루과이라운드시대와 세계무역기구(WTO)시요, 국내적으로는 개혁시대이지만 범죄율은 더욱 커져만 가고 있습니다.
　1) 성도들은 경제 때문에 하나님을 잃지 말아야 하겠습니다.
　① 매사에 신앙중심이 되어야 합니다.

② 말세에는 롯의 처를 생각해야 합니다(눅 17:33).
2) 신앙중심의 삶이 되어야 합니다.
① 처지의 모든 것이 하나님의 것입니다.
② 욥의 신앙은 본받아야 합니다(욥 1:21, 합 3:17).

셋째로, 모든 물질은 하나님이 주신 것이니 바른 관리자가 되어야 합니다.

1) 교만이나 자만은 불신앙입니다.
2) 수입의 정당성이 중요합니다.
3) 성도가 탐심하면 잃는 것이 많습니다.

믿음, 양심, 분별력, 이웃 심지어 형제라도 잃게 됩니다. 결국 예수를 잃고 지옥에 갑니다(잠 21:6). "속이는 말로 재물을 모으는 것은 죽음을 구하는 것이니라 곧 불려 다니는 안개니라" 하였습니다.

칼빈(Calvin)은 "나의 소유가 천국과 아무런 관계가 있는 것이라면 한줄기의 연기와 같다" 했습니다. 정상적인 신앙의 궤도에 진입된 신앙은 대저 그의 나라와 그의 의를 구하는 사람입니다(마 6:33). 그렇게 되기를 주님의 이름으로 축원합니다.

결론적으로, 부자는 지옥에 갔습니다(눅 16장).

정상적인 궤도에 진입한 신앙(8)
(요한복음 14:11~14)

예수님은 우리에게 기도의 명령을 하셨고, 실질적으로 기도의 모범을 보여 주셨습니다(마 6:7, 히 5:7). 바울은 쉬지 말고 기도하라(살전 5:15-18)고 기록했습니다. 피어슨 박사(Dr. A.T. Pierson)는 "기도는 하나님과의 대화의 법칙"(The Law of First Mention)이라고 하였습니다.

본문에서 예수님은 우리에게 기도의 교훈을 말씀하시면서 기도의 응답의 확실성을 약속했습니다. 정상적인 궤도에 진입한 신앙은 기도의 신앙입니다.

첫째로, 기도는 하나님의 각종 능력을 체험케되는 열쇠입니다.

그래서 "구하라 그리하면 너희에게 주실 것이요 찾으라. 그리하면 찾을 것이요 문을 두드리라 그러면 너희에게 열릴 것이니라"(마 7:7).

1) 죄를 짓고 죄 가운데 있을 때에도 기도 가운데 죄 문제가 해결됩니다(시 51:1-).
2) 여러 가지 고난과 문제가 있을 때에도 기도 중에 역사가 이루어집니다(롬 8:28, 출 3:7, 창 21:14, 렘 33:2-3, 시 119:71).
3) 기도할 때에 믿음의 역사들이 나타나게 됩니다(약 5:15, 욘 2:1).
4) 기도하게 될 때에 국가적 위기에서 건지심을 입게 됩니다(에 4:16, 왕하 19:1-).
5) 기도할 때에 각종 질병이 떠나게 됩니다.

그래서 믿음의 기도는 "병든 자는 구원하나니"(약 5:15)했습니다. 따라서 기도는 하나님을 의지하는 겸손이요, 기도하지 않는 것은 교만의 첨단입니다.

둘째로, 기도는 하나님의 명령이요 축복의 원동력입니다.

1) 예수님께서 기도의 모범을 보여주셨습니다(막 1:35, 히 5:7).
2) 교회사는 기도의 역사(History)입니다.
① 구약교회도 기도의 역사입니다.

② 신약교회도 기도의 역사입니다.
③ 기도 없이는 어떤 역사가 일어날 수 없습니다.
3) 왜 기도해야 되나요?
① 능치 못하심이 없습니다.
② 믿음이 생겨납니다.
③ 하나님의 역사를 체험케 하십니다. 기도가 없는 것은 호흡이 단절된 것과 같습니다.

셋째로, 기도하게 될 때에 하나님과의 관계가 확인됩니다.
1) 내가 하나님의 자녀임을 확약합니다(사 43:1, 요 1:12).
2) 예수님의 이름으로 구하게 될 때에 주신다고 했습니다.
"너희가 내 이름으로 무엇을 구하든지 내가 시행하리니"라고 했습니다.
3) 모든 기도의 목적과 그 결과는 하나님께 영광을 돌리기 위함입니다.
① 개인적 영달이 아닙니다.
② 하나님의 뜻이 이루어지고 그분의 영광이 나타나기 위함입니다.

정상적인 궤도에 진입된 신앙으로 늘 기도 가운데 승리케 되기를 주님의 이름으로 축원합니다. 결론적으로, 하나님께서 기도 중에 모든 것을 허락해 주십니다.

정상적인 궤도에 진입한 신앙(9)
(에스더 4:13~17)

정상적인 궤도에 진입한 신앙에 관한 제 여덟 번째 말씀으로써 광복 50주년을 맞이하는 일천이백만 성도들이 해야 할 바른 국가관의 실현이 무엇인지를 본문을 통해서 은혜나누려 합니다. 민족의 위기가 닥칠 때에 모르드개와 에스더는 수산성에서 하만의 잔학무도한 살인극을 믿음으로 잠재웠던 기록의 말씀입니다. 정상적인 그리스도인의 삶의 태도는 어떠합니까?

첫째로, 참된 그리스도인은 '홀로' 가 아닌 '함께' 를 생각해야 합니다.
'뭉치면 살고 흩어지면 죽는다' 는 말이 있거니와 힘이 약하지만 힘을 합해서 사는 이 분들도 많이 있습니다(잠 4:11, 잠 6:6). 그런데 지금 이 사회 구성원들 가운데는 '함께' 가 아닌 '홀로' 만 생각하며 사는 사람들이 많습니다. "너는 왕궁에 있으니 모든 유다인 중에 홀로 된 자니라 생각지 말라"고 했습니다. 나 혼자가 아닌 민족의 생사가 달려 있기 때문입니다.
 1) 우리는 지금 개인주의에 빠져 있습니다.
    나만 살겠다는 무신론적인 개인주의는 민족을 살릴 수 없습니다(막 2:1-를 보십시오).
 2) 우리는 지금 이기주의에 빠져 있습니다.
    나만 살겠다는 이기주의는 남을 생각지 않고 '우리' 나 '국가' 를 생각치 않습니다. 그 결과 사회 구석구석에 사건이 일어나고 있지 않습니까? 예수 믿는 사람들은 나만이 아니라 이타주의에 입각해서 살아야 합니다. 예수님이 십자가에서 죽으실 때에 많은 생명이 살았습니다.

둘째로, 본문에서 왕궁에 있는 에스더의 사명을 깨우치고 있습니다.
"이 때에 네가 만일 잠잠하여 말이 없으면 유대인은 다른 데로 말미암아 놓임과 구원을 얻으려니와" 했습니다.
 1) 하나님의 섭리가 에스더를 왕궁에 있게 하심같이 이 위기 때를 위함인지 누가 알겠느냐. 오늘날 성도들은 이때에 정신차려야 하겠습니

다.
2) 에스더는 지금 사명을 다해야 할 위치에 있습니다. 민족의 운명이 에스더에게 있기 때문입니다.
3) 에스더는 사명을 행동화했습니다.
① 금식기도 했습니다.
② 죽으면 죽으리라 했습니다.
③ 왕 앞에 나아가게 되었습니다. 이 때에야말로 우리 교회들이 할 일을 해야 할 시기입니다.

셋째로, 본문에서 에스더에게까지의 중요성을 깨워주었습니다.
"네가 왕후의 위를 얻은 것이 이때를 위함인지 누가 아느냐" 입니다.
1) 자리값을 해야 합니다.
① 대통령의 자리값이 있습니다.
② 공무원의 자리가 있습니다.
2) 교회론적인 면에서 각종 직분의 위치가 있습니다(엡 4:12).
① 기도하는 사람의 자리가 있습니다.
② 짐을 지는 사람의 자리가 있습니다.
모두가 자기 자리만 바로 지키면 문제가 없습니다. 성도들이 바른 믿음 위에서 정상적이기를 축원합니다.

결론적으로, 국가, 가정, 교회 모두가 지금은 정신을 차려야 할 때입니다.

뒤를 돌아보지 않는 신앙
(누가복음 9:62)

세상을 살면서 시간적으로 과거를 뒤돌아보면서 반성하며 살아가는 것은 때때로 역사 발전에 중요한 일입니다. 그러나 과거라는 족쇄에 매여서 전진하지 못한다면 큰 문제가 아닐 수 없습니다. 예수님은 본문에서 세 사람의 예를 들면서 참된 제자의 도리를 말씀하셨습니다. 주님의 참된 제자의 길은 뒤를 돌아보아서는 안됩니다. "손에 쟁기를 잡고 뒤를 돌아보는 자는 하늘나라에 합당치 아니하니라" 하였습니다. 여기에서 우리 자신들의 상태를 살펴야 하겠습니다.

첫째로, 영적으로 뒤를 돌아보지 말아야 될 것을 경고해 주셨습니다.
유명한 신학자 클락크(Clark)는 "쟁기를 잡고 뒤를 돌아보면 밭이랑이 굽게 된다" 하였습니다. 고뎃(Godet)은 "일을 하면서 뒤를 돌아보며 다른 어떤 관심사에 눈을 팔게 되면 그는 다만 절반만 일하게 된다" 하였습니다.
1) 뒤를 돌아보았기 때문에 망하게 된 경우를 봅니다.
① 롯의 처의 경우입니다(창 19:26, 눅 17:29). 구사일생의 구원의 손길에 구원의 길에 들어갈 기회를 뒤를 돌아보게 되었기 때문에 놓쳐버리고 소금 기둥이 되었습니다.
② 출애굽한 이스라엘 민족의 경우입니다. 그들은 가나안을 향해서 가고 있는 도중에 계속 애굽을 회상하며 바라보고 뒤를 돌아보았기에 광야에서 망했습니다(히 3-4장, 고전 10:1-9).
2) 성도들은 이 세상에 머물 동안 세상을 바라보지 말 것이며, 뒤를 돌아보아서는 아니됩니다.

둘째로, 영적으로 뒤를 돌아보아서는 안될 일이 있습니다.
1) 예를 들면 다음과 같은 일들입니다.
① 어렵다고 해서 중도에 예수 믿는 일을 쉬는 일입니다. 예수 믿는 일에는 세상과 맞지 않는 일이 많이 있는데 모두 극복해야 합니다. 그래서 모두를 이겨야하고 극복해야 할 일이 많이 있습니다.

② 신앙생활에 방해되는 일 때문에 신앙생활을 빼앗기는 일입니다. 주초문제, 세상적 정욕문제는 모두 여기에 속합니다(눅 8:14). "가시떨기에 떨어졌다는 것은 말씀을 들은 자나 지내는 중 이생의 염려와 재리의 유혹과 일락에 기운이 막혀 결실치 못하는 자요" 하였습니다.
2) 그러므로 신앙에 승리하기 위해서는 모두 극복해야 합니다.
① 불신 가족 문제
② 세상 친구 문제
③ 개인적 성격 문제
④ 이 모든 일 외에도 많은 일들이 있습니다만 신앙생활에 뒤를 돌아보지 말아야 합니다. 그리고 믿음의 주요, 온전케 하시는 이인 예수만 바라보아야 합니다(히 12:2).

셋째로, 천성을 향해 가는 성도는 앞만 보아야 합니다.
1) 뒤를 돌아보면 밭이랑이 굽게 되듯이 개인신앙이 온전해질 수 없기 때문입니다. 나중에 주님나라에 우리의 생활기록부가 말해줄 것입니다.
2) 방패는 앞에만 있고 뒤에는 없기 때문에 뒤를 돌아보는 즉시 사탄의 유혹에 빠지기 쉽습니다.

결론적으로, 우리의 신앙은 평생을 달리는 경기선수와 같습니다.

신비한 성경을 바로 알자
(디모데후서 3:14~17)

　　이세상의 책의 역사는 인류의 역사만큼은 못되어도 꽤 오래 되었고 지금도 책들이 홍수처럼 쏟아져 출판되어 나오고 있습니다. 그러나 인간에게 영원한 생명을 주는 책은 오직 성경밖에 없습니다. 종교개혁자 마틴 루터(Martin Luther)는 "하나님께서 인간에게 주신 것 가운데 중요한 것은 하나님의 말씀을 인간의 언어로 성문화시켜 주신 것이다." 하였습니다. 그래서 그는 일반인들에게는 막혀 있는 성경을 독일어로 번역하여 반포했습니다(요 1:14). "말씀이 육신이 되어 우리 가운데 거하시매 영광을 보니 아버지의 독생자의 영광이요 은혜와 진리가 충만하더라" 했습니다.

첫째로, 성경은 자체가 신비로 가득차 있습니다.
 1) 일치하는 면에서 성경은 신비로 가득합니다.
　　1,600년에 걸쳐서 40여 명의 사람들이 성령의 감동하여서 기록한 말씀인 성경은 모든 면에서 일치합니다.
　① 통일성
　② 충족성
　③ 모든 것이 통일되어 있습니다.
 2) 영원한 말씀이기 때문에 신비합니다.
　　"모든 육체는 풀과 같고 그 도든 영광이 풀의 꽃과 같으니 풀은 마르고 꽃은 떨어지나 오직 주의 말씀은 세세토록 있도다"(전 1:24) 하였습니다.
 3) 주의 말씀은 심령들을 변화시키는 신비가 있습니다.
　　어떤 사람도 하나님의 말씀에서는 녹아집니다. "하나님의 말씀은 살았고"(히 4:12)했습니다.
 4) 성경은 자체적으로도 충족하기 때문에 다른 사상이 필요 없습니다.
　　오직 주의 말씀을 통해서 인간이 구원을 얻게 되기 때문입니다.

둘째로, 성경은 생명을 살리는 능력이 있습니다.

죄에 빠져 죽은 인생을 살리는 데는 오직 성경외에 다른 약이 없는 신비가 있습니다. 로버트(Robert)는 힘이 있으나 생명이 없고, 사람이 만든 조화는 정교하나 생명이 없어서 벌과 나비가 찾아들지 못함과 같이 세상의 모든 책들이 많이 있으나 오직 인간에게 영원한 영광을 주는 책은 성경뿐입니다(요일 5:13). 그러므로 우리는 이 생명의 양식인 성경의 신비를 바로 알고 믿고 나가야 하겠습니다.

셋째로, 신비한 성경속에 살아야 하겠습니다.

1) 성경에는 영생의 약속이 있습니다(요일 5:13, 요 5:24).
2) 성경에는 인생의 바른 길이 제시되어 있습니다(시 119:105).
3) 성경에는 예수 믿는 모든 도리가 기록되어 있습니다.
① 구원에 이르는 지혜와
② 교훈이 있습니다.
③ 책망도 있습니다.
④ 바르게 교정시켜 주기도 합니다.
⑤ 의로운 교육이 있습니다.
⑥ 하나님의 백성을 온전케 합니다.
⑦ 모든 선한 일을 하게 만듭니다.

이 신비한 책은 여러분의 인생의 길로 삼으시고 살아갈 때 영과 육이 축복이 임하게 될 줄 믿습니다.

결론적으로, 신비로 가득한 생명속에 살아야 하겠습니다.

히스기야 왕이 누린 축복
(열왕기하 18:1~8)

새 천년(New Millnium)이 밝아왔어도 옛 모습 그대로 1개월의 세월이 지나갔습니다. 여전히 해가 뜨고 해가 지게 되고, 눈이 오고, 바람이 불고 아침에 출근해서 저녁에 퇴근해야 하고, 학생들은 공부에 여념이 없고, 사업주들은 사업에 몰두하고, 농부들은 농사에 많은 신경을 써야 하는 세상입니다. 경찰들은 치안에 힘쓰고, 군인들은 전방 근무에 힘을 쏟아야 합니다. 이것이 인간의 살아가는 세상입니다. 이 모든 것들이 사람이 하는 것처럼 보이지만 사실은 하나님의 손에 있음을 우리는 믿습니다(시 127:1, 잠 16:9). 그러하기에 우리는 세상에 사는 동안에는 하나님께서 주시는 복을 받아야 됩니다. 본문의 히스기야 왕은 평생을 통해서 하나님께 복을 받을 사람입니다. 본문 7절에 "여호와께서 저와 함께 하시매 저가 어디로 가든지 형통하였더라" 했습니다.

첫째, 먼저 히스기야 왕의 신앙을 보겠습니다.
우리의 신앙은 이론에서 끝이 나는 것이 아니라 실제 생활까지 이어져야 합니다. 히스기야는 하나님 앞에 인정(認定)받는 신앙이었습니다.
 1) 히스기야 왕은 여호와 보시기에 정직히 행한 신앙입니다. 하나님은 사람의 중심을 보십니다(잠 16:2, 24:12, 삼상 16:7).
 ① 중심으로 우상을 부숴 버렸습니다. 하나님이 제일 싫어하시는 것이 우상입니다(십계명 1계명).
 ② 히스기야는 하나님을 의지한 신앙입니다. 세상에서 누구를 혹은, 무엇을 의지합니까?(시115:9, 시12:1) 이 신앙 가운데서 하나님을 떠나지 아니하였고, 하나님께서 주신 말씀을 지켜 나가게 되었습니다. 하나님을 의지하고 말씀을 따라가는 곳에 기적과 축복이 따르게 됩니다 (눅 5:1, 요 2:11).
 2) 히스기야 왕은 언제나 이 신앙으로 승리케 됩니다.
하나님은 지금도 살아계시며 역사 하시는데 자기에게 가까이 하는 사람에게 기적과 능력을 베푸시는 하나님이십니다(삼상 15:26).

둘째, 히스기야 왕은 받은 축복을 보겠습니다.

바른 신앙에는 축복과 기적이 따르게 됩니다. 그래서 성경에는 축복과 기적이 따르게 됩니다. 그래서 성경에는 심는 대로 거두게 된다고 하였습니다(갈 8:7, 고후 9:6).

1) 히스기야 왕은 이런 축복을 받게 되었습니다.
① 하나님께서 어디에 가든지 함께 해주시는 축복입니다. 우리는 나 때문에 옆 사람이 복을 받게 해야 합니다. 바울과 요나는 똑같이 풍랑을 만났지만 바울 때문에 생존케 된 사람들이 있는가 하면, 요나 때문에 고통받은 사람들이 있게 되었습니다.
② 어디를 가든지 형통케 되는 축복입니다. 이른바 신통(神通)=물통(物通)=인통(人通)입니다.

2) 구체적으로 몇 가지 축복을 열거합니다.
① 국가를 몇 가지 축복을 열거합니다.
② 죽을 병에서 건짐을 받게 되었습니다.
③ 기도할 때마다 응답 받게 되었습니다. 성도는 기도할 때에 응답 받게 됩니다(사 58:9). 이 축복이 임하게 되기를 바랍니다.

셋째, 히스기야의 신앙이 내 것이 되지 아니하면 소용이 없게 됩니다.

아무리 좋은 것이라도 그것이 내 것이 되지 아니하면 소용이 없게 됩니다. 하나님은 축복을 약속하셨습니다(출 20:6, 34:5-). 천대(仟代)까지 축복이 약속되었습니다.

1) 내가 이 축복을 받게 될 때에 자손에게 임하게 됩니다.
히스기야의 신앙은 내 것이 되게 하는 것이 급선무입니다.
2) 나 때문에 자손과 주위 사람들에게 복이 되게 해야 합니다.
주께서 다시 오실 때까지 이 축복 속에 우리의 생애가 진행될 수 있게 되기를 주님의 이름으로 축원합니다.

결론: 히스기야의 축복을 우리도 받을 수 있습니다.

씨뿌리는 계절에 생각하는 진리
(갈라디아서 6:7~10)

겨울 내내 죽은 듯한 대지 위에 푸른 계절이 오게 되고 온 천지가 화원으로 변하게 되었습니다. 예수님은 평상시에 자연적인 일들을 통해서 교훈 하셨습니다. 자연계에 주신 진리에 매우 큰 것은 다시 한번 생각케 하는 부분입니다. 성도들은 자연을 살리는 일에 힘써야 합니다.

농부가 봄에 씨를 부리고 농사짓게 될 때에 가을에 풍성한 결실을 얻게 됩니다. 이런 저런 평계를 대면서 씨뿌리고 농사짓는 일에 게을리 한다면 가을에 가서 추수의 기쁨을 얻을 수 없습니다. 시작이 있으면 끝이 있듯이 하루해가 뜨면 저녁 석양이 오게 됩니다. 인생은 다 산 후에 주 앞에 서게 될 때에 풍성히 거두는 인생이 되어야 합니다. "스스로 속이지 말라 하나님은 만홀히 여김을 받지 아니하나니 사람이 무엇으로 심든지 그대로 거두리라" 했습니다.

첫째, 좋은 것을 심는 지혜로운 인생이 되어야 하겠습니다.

하나님은 거짓말을 하실 수 없습니다(히 6:18). 반드시 심은 대로 거두게 됩니다.

1) 영적으로도 무엇을 심든지 심은 대로 거두는 지혜를 배워야 합니다.
① 적은 것이라도 심어야 합니다. 입술로만 '주여 믿습니다'가 아니라 심는 행동이 필요합니다. 예컨대 오병이어에서도 적은 것이 주님께 드려질 때에 큰 역사를 이루게 되었습니다.
② 심지 않은 데서 거두고 헤치지 않은 데서 모으는 줄 알았다면 큰 책망이 오게 됩니다(마 25:24).
③ 어리석은 인생은 뿌리지도 않은 것을 거두려 합니다. 씨(Seed)가 한 알이라도 뿌려질 때에 열매가 나타나게 됩니다.

2) 영적인 교훈이 있습니다.
① 모든 일에 열심히 땀흘리며 일해야 합니다. 성경은 읽지 않으면서 성경을 알기를 원한다든지, 전도는 하지 않으면서 교회 부흥을 원한다든지, 교회 일에 등한히 하면서 교회가 세워지기를 원한다면 바른 자세가 아닙니다.

이는 모두 스스로 속이는 일이 됩니다.
② 영적이고 신령한 일에도 같은 원리가 있습니다. 평생에 뿌린 씨앗은 인생 끝에 모두 대가가 있습니다.

둘째, 무엇을 심을 것인가를 생각하고 결정해야 합니다.

가을에 거두는 것은 봄에 뿌렸기 때문이고 여름 내내 애써서 수고하였기 때문입니다.

1) 영적인 것은 영적인 것을 거두게 됩니다.
① 영생을 거두기 위해서는 성령으로 심어야 합니다(롬 8:5). 육신을 좇는 자는 육신의 일을, 영을 좇는 자는 영의 일을 생각하나니 육신이 생각은 사망이요, 영의 생각은 생명과 평안이니라 하였습니다.
② 영생을 심고 생명을 거두어야 합니다. 사망을 심으면 사망이 나오게 됩니다. 축복을 심으면 축복이 나오게 됩니다. 천국을 심기 위해서는 예수 이름으로 믿음을 심어야 합니다.

셋째, 심은 것은 반드시 때가 되면 거두게 됩니다.

"선을 행하되 낙심하지 말지니 때가 이르면 거두리라"(9절) 하였습니다.
1) 악을 뿌리면 악이 나오게 됩니다.
① 구약에서 아합과 이세벨의 경우에서 봅니다.
② 아나니아와 삽비라의 경우에서도 봅니다(행 5:1).
2) 예수 안에 있는 성도는 좋은 것을 뿌려야 합니다.
① 축복을 많이 뿌려야 합니다.
② 많이 뿌려야 합니다.
③ 미국의 재벌인 록펠러(Rocpeller)는 간증했습니다. 내가 6달러의 십일조인 6센트를 심었는데 석유 왕이 되게 했다고 했습니다. 가난하다고 낙심하지 말고 열심히 영적이고 축복에 대한 것을 심어서 많이 거두고 풍성한 천국의 상급의 주인공들이 되시기를 축원합니다.

결론: 그리스도인들은 심는 일에 힘을 써야 합니다.

주일성수를 해야 할 이유
(이사야 58:13~14)

믿는 성도라면 반드시 주일을 지켜나가야 합니다. 창세기의 창조론에서부터 시작해서 구약은 물론이고 신약에 이르기까지 주일을 강조했습니다(창 2:1, 출 20:8). 오늘날의 주일은 구약의 안식일이 아니라 주일(Lord's day)입니다. 예수님께서 부활하신 날입니다(마 28:1, 막 16:1, 눅 24:1, 요 20:1, 히 9:10, 히 4:11, 행 20:7). 사도 요한은 밧모(Patmos) 섬에서 유배생활 중에 주일날에 요한계시록을 받게 되었습니다(계 1:10). 초대교회는 이 주일날 밤 예배도 모였습니다(행 20:7). 주일성수는 잘해야 합니다. 본문을 중심으로 주일성수를 해야되는 이유를 살펴보겠습니다.

첫째, 주일성수는 신앙생활의 기본입니다.
매사에 기본이나 기초(Fundation)는 중요합니다.
1) 기초가 잘되어 있어야 합니다.
① 운동에도, 학문에도, 건축물에도 기본이 바로 되어 있어야 합니다. 신앙에도 기초가 중요한데 주일성수는 신앙생활의 큰 기초가 됩니다.
2) 주일성수를 바르게 할 때에 신앙의 기초가 세워집니다.
① 누구나가 아는 사실은 신자가 주일날 교회에 온다는 사실입니다. 이것은 상식입니다.
② 이것은 사람들이 볼 때에 우연하게 정해진 사회적인 약속(Socialica's Promise)쯤으로 생각하기 쉽지만 사실은 우연한 일이 아니라 영원 전부터 세우신 하나님의 계획 속에서 이루어지는 일입니다.
③ 이 날은 하나님께 나와서 예배하는 일보다 급하거나 중요한 일이 없습니다.
3) 주일성수는 하나님의 법입니다.
① 육체는 하나님께 나와서 쉬어야 합니다.
② 스트레스(Stress)가 많은 현대인들은 더욱 그러합니다. 그래서 하나님께 나와서 영적인 충전을 받아야 합니다.

③ 예배 요소 가운데는 모든 것이 하나님께 영광인 동시에 충전의 요소로 가득 차 있습니다. 그리고 이 속에는 하나님과의 교통과 성도의 교제(Communication)가 가득합니다.
④ 성도이기 때문에 하나님의 법을 지켜야 합니다. 14절 "네가 여호와의 안에서 즐거움을 얻을 것이라" 하였습니다. 예배 속에 평안과 기쁨들이 있습니다. 이것이 주일입니다.

둘째, 주일성수는 하나님 백성의 표식(標識)입니다(겔 20:11-12).
1) 주일성수는 하나님께서 나의 하나님 되심을 믿고 하나님의 자녀인 것을 인정하는 일입니다.
① 시간을 드려서 하나님의 주권을 인정합니다.
② 헌금을 통해서 물질의 주권을 인정합니다.
③ 교제를 통해서 성도간의 형제됨을 인정합니다.
2) 어떻게 이 날을 지켜야 합니까?
① 성일은 사사로운 일이나 오락에 빠지지 말아야 합니다.
② 기쁘고 즐겁게 지내야 합니다.
③ 성일은 존귀하게 여겨야 합니다. "이를 존귀히 여기고" 했습니다.
④ 사사로운 말이나 사사로운 길로 가지 말아야 합니다.

셋째, 주일성수는 축복받는 약속의 길입니다.
성경에는 축복의 약속들이 많은데, 그 중에 주일성수가 복이 됩니다.
1) 땅의 높은 곳에 올리겠다고 하셨습니다
① 높여주시는 일이 하나님께 있습니다(삼상 2:7).
② 조상 야곱과 같이 축복 주시는데 야곱의 업(業)으로 기르리라고 하셨습니다. 공수래 공수거(空手來空手去)인바 축복 속에 살아야 합니다.
2) 우리교회 성도들에게도 축복의 약속이 주어진 말씀입니다.
① 약속을 믿고 주일을 바르게 지켜 나가세요.
② 본인과 모든 자손에 이르기까지 축복 받게 되기를 바랍니다.
축복의 말씀은 이미 주어졌는 바 말씀 속에서 승리하시고 내 것이 되는 체험의 삶이 되시기를 주의 이름으로 축원합니다.
결론: 축복은 주어졌는데 약속의 말씀 안에서 내 것으로 만들 수 있습니다.

결과가 선(善)이 되게 하시는 하나님
(로마서 8:28)

우리는 세상을 살아가면서 누구나가 미래를 알 수가 없습니다. 마치 장마철의 날씨와 같이 햇빛이 밝게 비춰다가도 금방 소낙비가 쏟아지거나 폭우가 닥치는가 하면 다시 개이기도 합니다. 그래서 오묘한 일은 하나님께 속했다고 했습니다(신 29:29).

사도행전 27장에서 보면 바울이 타고 가던 배에 유라굴로 풍랑이 닥치게 되는데 그곳에서도 오묘한 하나님의 역사가 나타났습니다. 14일 동안이나 하늘이 보이지 않고 죽을 고생했지만 270명이나 되는 생명을 바울에게 붙이시던 하나님의 역사입니다. 조직신학에서 이것이 하나님의 섭리(攝理-Divine Providence)라고 부르게 됩니다. 우리가 인생에서 성공하기 위해서는 대개 세 가지 P가 있어야 한다고 합니다. 첫째는 퍼포즈(perpose→목적), 둘째는 파워(power→힘), 셋째는 피스(peace→평안과 안정된 마음)입니다. 모두 세상에서 얻어지는 것이 아니라 주님께서 주시는 선물이요 축복입니다(요 14:27).

첫째, 성도는 반드시 알아야 한다고 했습니다.

"우리가 알거니와"라고 했습니다. 이것은 믿음의 선진들이 살아온 과거 역사에서 보여 줍니다.
1) 믿음의 선진들의 간증들을 보시기 바랍니다(히 11장).
① 아브라함의 생애는 온전한 하나님의 장중에 있었습니다.
① 요셉의 이야기에서 우리는 하나님의 놀라운 역사의 손길을 배우게 되었고 듣게 되었습니다(창 37:50).
③ 120년 모세의 생애 가운데서 하나님의 섭리가 아닌 생애는 없었습니다.
④ 욥의 생애는 어떻습니까? 욥이 당한 환난과 시련과 그 후에 역사했던 하나님의 손길은 두고 두고 간증합니다(욥 5:9).
2) 하나님의 섭리를 믿는 우리로서는 마땅히 해야 할 일이 있습니다.
① 위기 때마다 더욱 감사와 기도생활을 해야 합니다. 위기가 왔다고 생각합니까? 감사하시고 기도하시기 바랍니다.

② 기도 가운데서 용기와 소망을 잃지 말아야 합니다. 하나님은 내 인생에서 −를 +로 바뀌게도 하십니다. "소망 중에 즐거워하며 환난 중에 참으며 기도에 항상 힘써야" 하겠습니다(롬 12:12).

둘째, 하나님께서는 언제나 함께 하시겠다고 하셨습니다.

그래서 눈동자와 같이 지키시고 인도하십니다(시 17:8).
1) 무슨 일을 하든지 하나님을 사랑하는 마음에서 해야 합니다.
① 목적이 하나님을 기쁘시게 해드리는 일이 되어야 합니다. 여러분의 삶의 목적이 어디에 있습니까?
② 내가 하나님 말씀을 지켜나갈 때에 그곳에 하나님이 축복해 주십니다(신 28:1-3).
2) 하나님을 사랑하십니까?
① 하나님을 사랑하는 자가 하나님을 만나게 됩니다(잠 8:17, 8:21, 전 2:26).
② 하나님을 기뻐하는 사람이 되시기 바랍니다. 이것은 이론(理論)이 아니고 실제 신앙이 되어야 합니다.

셋째, 결과적으로 모든 일이 합력해서 선이 되게 하십니다.

'합력하여' 라는 말은 헬라어에서 '수테르게오' 인데 영어에서 투게더(together)입니다. 하나님이 나와 함께 하시는 일을 말합니다.
1) 하나님께서 우리의 모든 것 위에 함께 일하십니다.
① 모든 일이 하나님의 손에 있습니다. 어거스틴(Augustine)은 "우리의 모든 구원이 하나님께 있다"고 했습니다.
② 하나님께 모든 일을 맡겨야 합니다(시 37:5, 벧전 5:7).
2) 말씀을 따라 갈 때에 유익하게 하십니다.
① 내 생각과는 전혀 다른 아름다움이 약속되었습니다.
② 현재 어렵고 힘들어도 주께 맡기고 말씀을 따라야 합니다.
매사에 선을 이루게 하시는 하나님의 역사를 체험하게 되시기를 축원합니다.
결론: 하나님은 지금도 함께 하십니다.

마라의 연단과 엘림의 축복
(출애굽기 15:22~27)

　성경에서 인생이 살아가는 세상 여정에 대하여 여러 가지로 표현하였는데, 이른바 항해하는 배와 같다고 하였습니다(시 107:23-30). 또한 광야와 같은데, 마치 이스라엘 백성이 40년간 시나이 반도 광야를 지나는 것에 비유했습니다(시 105:39). 이스라엘 백성들은 이 광야에서 지내면서 후일에 모든 시대 모든 성도들에게 영적 교훈을 많이 남겼습니다. 애굽에서 나와서 홍해를 건너게 되었을 때에 첫번째 시련으로 만나게 된 것이 마라의 쓴 물의 사건이요, 그 쓴물 사건 이후에 하나님의 인도하심에 따라서 엘림에 이르게 하시니 이 엘림에는 종려 70주와 물샘 열둘이 있는 천혜의 오아시스(Oasis)였습니다. 이와 같은 이스라엘의 여정을 통하여 우리가 얻는 영적 교훈이 매우 크다고 하겠습니다.

첫째, 이스라엘 백성들의 원망과 불신앙의 현장을 보여줍니다.
　그들은 마땅히 하나님께 감사했어야 함에도 불구하고 원망과 불신앙 가운데 빠지게 되었습니다.
　1) 원망과 불신앙의 원인을 보겠습니다.
　① 물이 없다고 원망했습니다. 광야에서의 물은 생명과 같은데 물이 없다고 원망했습니다.
　② 고기가 없다고 원망했습니다(민 11:4-). 이때에는 고기뿐 아니라 부추, 파, 마늘, 수박, 외가 없다고 원망했습니다. 만나와 메추라기를 통해서 인도해 주셨지만 불신앙으로 가득 차게 되었습니다. 이것은 신약에 와서 우리 성도들에게 주시는 교훈이 매우 크기 때문에 영적인 거울이라고 했습니다(고전 10:1-12).
　2) 불신앙은 하나님이 기뻐하시지 않는 일입니다.
　① 이스라엘이 광야에서 하나님께서 주신 은혜와 축복을 감사치 아니하고 망각해 버렸습니다. 그들에게 주신 모든 것이 하나님의 은혜였지만 은혜를 생각지 아니하고 감사가 메마르게 되어 불신앙에 빠지게 되었습니다.
　② 이스라엘이 목적지를 잃어버리고 광야에서 헤매이게 된 원인이 되었습니

다. 백성들에게는 가나안이 목적이듯이 우리의 목적지는 천국입니다.

둘째, 성도들은 광야와 같은 세상에서 현실의 위기를 잘 이기고 극복해야 합니다.
1) 어려울 때에 하나님께 부르짖어야 합니다.
① 모세는 어려울 때마다 부르짖었습니다(14:15, 17:9).
② 성경에서 위기 때에 주의 백성들은 부르짖게 되고 응답을 받았습니다(시 50:15). 신약의 사도들도 기도의 사람들이었습니다.
2) 기도의 결과는 반드시 나타나게 되어 있습니다.
① 고아의 아버지라 불리우는 죠지 뮬러(J. Muller)는 무려 일만 번 이상의 응답을 받았다고 했습니다.
② 기도는 쓴물이 단물로 바뀌어지게 합니다.
③ 기도는 하나님께서 가르쳐 주신 방법입니다. 성 프란시스(St. Francis) 역시 중병에서 기도로 고침을 받고 성자가 되었습니다. 쓴물은 결국 단물이 되는 전화위복이 되었던 것입니다.

셋째, 광야에는 마라의 쓴물만 있는 곳이 아니라 엘림의 축복과 기쁨도 있게 하셨습니다.
1) 엘림은 수르 광야의 오아시스였습니다.
① 세상에는 마라와 같이 쓴 곳만 있는 것이 아니라 엘림의 축복도 있습니다. 그러므로 소망은 하나님께 두어야 합니다(롬 15:13).
① 엘림은 광야에서 만나는 파라다이스(Paradais)입니다. 성도에게 주시는 축복입니다.
2) 우리는 불신앙 가운데 있을 것이 아니라 감사 속에 하나님의 섭리를 깨달아야 합니다.
① 엘림에 이르게 하시는 하나님을 믿어야 합니다.
② 엘림에서도 기억할 것은 엘림이 목적지가 아니요, 가나안이듯이 우리의 최종적인 목적지는 천국입니다. 그러므로 천국의 주인공들로 살아가야 합니다.
우리교회 모든 성도들이 광야 같은 세상에서 승리케 되시기를 축원합니다.
결론: 우리는 지금 광야와 같은 세상에 있습니다.

아브라함과 복과 성공적인 생애처럼
(창세기 22:15~19)

우리가 세상에 나타나서 살아가는 기간은 긴 것 같지만 결코 그리 긴 시간은 아닙니다. 120세를 살았던 모세의 고백을 보십시오. "우리의 모든 날이 주의 분노 중에 지나가며 우리의 평생이 일식간에 다하였나이다. 우리의 년수가 칠십이요 강건하면 팔십이라도 그 년수의 자랑은 수고와 슬픔뿐이요 신속히 가니 우리가 날아가나이다"(시 90:9-10)했습니다. 문제는 몇 살을 살았는가가 문제가 아니라 어떻게 살았느냐가 문제입니다. 아브라함은 75세때에 갈대아 우르에서 부름받게 되는데(창 12:4) 이때부터 그와 그의 후손들이 대대로 축복을 받게 되었습니다. "내가 네게 큰 복을 주고 네 씨로 크게 성하여 하늘의 별과 같고 바닷가의 모래와 같게 하리니"(17절)했습니다. 그리스도인의 성공관에 있어서 직업, 생활, 사명감 등은 삶을 어떻게 승리로 이끌 것인가에 대해서 중요한 문제입니다. 영적 가치관이 흔들리는 시대에 본문에서 은혜를 받기를 원합니다.

첫째, 그리스도인의 성공은 신앙적인 승리에 있습니다.

왜냐하면 세상적인 가치관과 생애의 목적이 다르기 때문입니다. 소위 재물, 지위, 명예를 얻었다 해도 그 자체만 가지고는 성공이라고 할 수 없습니다.
 1) 아브라함의 생애는 신앙적이고 영적인 면에서 성공했습니다.
 ① 믿음의 행동은 아브라함과 같이 복됩니다(갈 3:9, 약 2:31).
 ② 세상에 제일 귀하다는 독자까지도 드리는 아브라함이었습니다.
 ③ 100세에 낳은 아들을 드리는 아브라함입니다.
 ④ 복 받는 택하심을 입은 사람은 무엇이 달라도 다르게 됩니다.
 2) 그리스도인으로서 신앙의 승리를 추구해야 합니다.
 눈에 뵈는 가시적인 성공만이 아니라 신앙의 진정한 승리가 중요합니다.
 ① 세상과 타협하거나 죄악에 빠져서 출세했다고 그것이 출세인양 생각하면 곤란합니다(벧전 3:17, 롬 12:21). 2000년 8월 3일에 별세한 홀트복지재단의 세계적인 고아의 할머니 홀트 여사를 기억하실 것입니다. 반대로 히틀

러나 레닌, 스탈린, 칼막스, 가다피, 카스트로 들의 생애가 성공이라고 하겠습니까?(잠 16:4)
② 그리스도인은 신앙의 성공자가 되어야 합니다(딤후 4:7). 아브라함은 믿음의 조상으로 승리했습니다.

둘째, 그리스도인의 생애는 성공의 여부가 창고에 쌓는 소유가 아니라 드리고, 주고, 기여하고 베푸는 데 있습니다.

될 수 있으면 하나님께 드리고 이웃에게 베풀면서 살아야 합니다. 예수님은 어리석은 부자에게서 교훈하셨습니다. (눅12:13-21)
1) 아브라함은 하나님께서 요구하실 때에 드렸습니다.
① 전부를 드렸습니다. 고향, 친척, 심지어 이삭까지도 드렸습니다.
② 이와같은 아브라함에게 복을 약속하셨고 그 약속대로 되었습니다. 축복은 1,000대까지요 저주는 3-4대까지입니다(출 20:6). 예수 안에서의 영적인 아브라함의 후손은 물론이고 육적인 아브라함의 자손인 유대인들이 세계에서 지금도 받는 복을 생각해 보십시오. 세계적 재벌, 과학자, 정치인, 음악인들을 보십시오. 모두가 유대계입니다.
2) 주안에서 드리거나 남에게 베풀 때에 축복의 지름길입니다.
① 그와 그의 자손이 복을 받게 됩니다.
② 예수 안에서 복이 약속된 축복입니다(고후 8:9). 예수님은 하늘에 쌓으라고 하셨습니다(마 6:19).

셋째, 그리스도인의 참 성공은 천국을 소유하는 데 있습니다.

예수님은 온 천하를 얻고도 자기 목숨을 잃으면 무슨 소용이 있느냐고 하셨습니다.
1) 성도의 궁극적 목적은 천국입니다(눅 16장—아브라함의 품).
① 천국을 잃지 말아야 합니다.
② 그래서 주 안에서 사는 것이 중요합니다(계 14:13).
2) 예수 안에서만 천국이 열리게 됩니다(요 14:6, 행 4:12).
아브라함은 그 대표적 인물입니다. 성공적인 생애가 되시기를 축원합니다.
결론: 아브라함의 복을 받게 되기를 원합니다.

여호와이레의 축복을 받을 자
(창세기 22:1~14)

하나님께서 모든 백성들에게 원하시는 바는 예수 안에서 축복받고 행복하게 살아가는 일입니다. 창조론에서 벌써 축복을 약속하셨고(창 1:27-18) 율법을 통해서도 행복의 길을 제시하셨습니다(신 10:12-13). 그밖에도 하나님께서는 인생들에게 미리 예비하시는 축복을 아브라함이 이삭을 드리는 사건에서 약속해 주셨습니다. 지금은 창조론 시대도 율법 시대도 아니지만 믿음시대인 이 시대에 신약성경에도 축복을 약속하셨습니다. "믿음으로 말미암는 자는 믿음이 아브라함과 함께 복을 받느니라"고 약속하셨습니다. 이 시간에 아브라함이 받은 여호와이레의 축복을 소개합니다. 매사에 하나님께서 준비해 주시는 축복입니다.

첫째, 여호와이레의 축복은 믿음으로 시험을 이기는 사람에게 주십니다.

사람은 누구나 복받기 원하고 행복해지기 원하겠지만 다 되는 것은 아닙니다. 아브라함은 결정적으로 시험을 이기게 되었을 때에 주셨던 축복입니다(창 22:1-2).
 1) 아들을 바치라는 시험입니다. 100세에 낳은 아들이요, 14세가 되었던 아들입니다. 쉬운 문제가 아니었습니다.
 ① 시험 중에는 테스트(Tast)가 있습니다. 잘 되기 위한 시험입니다.
 ② 시험 중에는 마귀가 주는 시험이 있습니다. 물리치고 이겨야 하는 일입니다.
 2) 성경에는 시험에 관해서 많이 말씀했습니다.
 ① 야고보 사도는 시험을 참으라 했습니다(약1:12).
 ② 예수님도 시험을 이기셨습니다(마 4:1). 40일 금식기도 가운데서 이기셨습니다(히2:13, 히4:15).
 ③ 성도들에게도 때때로 시험들이 찾아오게 됩니다. 사람시험, 물질시험, 고난의 시험 등 많은 시험들이 있습니다. 시험이 왔을때에 이기는 성도에게 여호와이레의 축복이 있습니다.

3) 아브라함은 시험을 이겼습니다.
① 그래서 믿음의 조상이 되었습니다. 말씀으로 시험을 이겨야 합니다.
② 둘도 없는 자식을 바치라는 시험인데 이겼습니다. 망한 것이 아니라 오히려 흥하게 되는 조건이 되었습니다.
③ 시험은 복을 받을 만한 그릇을 위한 자질조사와 같습니다.

둘째, 여호와이레는 믿음으로 순종하는 사람에게 주십니다.
거역과 불순종은 죄악 중에 죄악입니다(삼상 15:22).
1) 여호와이레의 축복을 받고 싶습니까? 그렇다면 하나님 말씀에 절대적으로 순종하십시오.
① 아들까지도 드리는 순종이었습니다.
② 제일 힘든 시험을 통과한 아브라함이었습니다.
2) 하나님께 순종함은 다른 어떤 것보다 우선적입니다.
① 아브라함은 절대 순종이었습니다.
② 예수님도 순종을 우선적으로 보이셨습니다(히 5:8, 빌 2:8). 여호와이레는 순종하는 신앙에서 얻게 됩니다.

셋째, 여호와이레의 축복은 하나님을 최고로 사랑하는 사람에게 주어지게 됩니다.
1) 100세에 낳은 아들보다 하나님을 더 사랑했습니다.
① 또 낳을 수 있는 가능성이 있는 것도 아닙니다.
② 그런데 하나밖에 없는 이삭을 드리게 된 것입니다.
2) 현대인들에게 있어서 하나님보다 더 사랑하는 일들이 많이 있습니다. 회개해야 합니다.
① 이것이 말세의 사회현상입니다.
② 종교개혁자 마틴 루터는 "전에는 내 속에 루터가 있더니 이제는 내 안에 예수님이 계시다"고 했습니다.
우리교회 성도들 모두에게 하나님 제일 중심으로 살아가게 되시기를 축원합니다.
결론: 여호와이레의 축복을 받은 사람은 구별되어 있습니다.

성도가 누려야 할 풍요의 삶
(누가복음 6:38)

사람은 누구나가 세상에서 가난하고 곤고하게 사는 것을 원하는 사람은 하나도 없으리라 봅니다. 누구나가 풍요 속에 살기 원하고 그렇게 큰 풍요는 아니더라도 적어도 배고픔 가운데 살기를 원하는 사람은 없습니다. 그래서 속담에는 "광에서 인심이 난다"는 말이 생겼습니다.

하나님께서는 인간을 창조하신 후에 축복하셨습니다. 창대하고, 번성하고, 생육하고, 충만하고, 정복하고, 다스리는 축복을 주셨습니다(창 1:28). 그러나 죄값으로 인해서 인간들은 이 모두를 상실한 채, 지금까지 어렵게 살아가게 됩니다. 심지어 피조물들까지도 하나님의 아들들이 나타나 주시기를 고대하고 있다고 하였습니다(롬 8:9). 예수님께서 말씀하시기를 "주라 그리하면 너희에게 줄 것이요, 곧 후히 되어 누르고 흔들어 넘치도록 하여 너희에게 안겨 주리라"고 하였습니다. 성도가 풍요롭게 되는 비결을 말씀을 통해서 배웁시다.

첫째, 풍성해지기 위해서는 먼저 주는 사람이 되라는 말씀입니다.

1) 먼저 주는 사람이 되어야 합니다.
① 예수님은 산상보훈에서도 말씀하셨습니다. 대접을 받고자 하면 대접을 해야 합니다(마 7:13-).
② 갈릴리 바다는 위에서부터 흘러온 물이 모여서 풍요해지고 온 이스라엘에 공급하게 될 때에 생명이 풍성합니다. 그러나 사해 바다(Dead of Sea)는 해저 400m에 위치해서 받기만 했지 공급이 없습니다. 죽은 바다가 되어 생명이 살 수가 없습니다.
③ 오늘날 우리 사회는 공급을 모르는 죽은 사회가 되어 갑니다. 교회 역시 선교, 구제 등으로 계속 지출해야 합니다. 그래야 교회가 생명력이 약동하여 살게 됩니다.
④ 마태복음 14장에서 5병2어의 기적은 작은 아이가 예수님께 드릴 때에 기적이 나타나게 되었습니다.
⑤ 열왕기상 17장에서 엘리야에게 베풀게 될 때에 기적이 일어나서 3년 6월

을 견디었습니다.
2) 무엇을 누구에게 어떻게 해야 합니까?
① 필요한 사람에게 주어야 합니다. 우리 주변에는 베풀어야 할 곳이 많습니다. 스데반 집사는 순교하면서도 사랑을 베풀었습니다(행 7장).
② 예수 복음을 주어야 합니다. 성전 미문에서 앉은뱅이된 자는 복음을 듣게 될 때에 기적이 나타났습니다(행 3:1-).
③ 어디에서나 내가 있는 곳은 베푸는 곳이 되어야 합니다. 내게 있는 것을 가지고 열심히 베풀어야 합니다. 여기에 풍요가 있습니다.

둘째, 예수 안에 주게 될 때에 더 큰 것으로 받게 됩니다.
1) 예수 이름으로 주게 되면 하나님께서 더 좋은 것으로 보상해 주십니다(전 11:1).
① 베풀 때에 축복이 따라옵니다(갈 6:7-9).
② 우선 우리 마음 문이 열리고 남에게 베풀기를 힘써야 합니다. 뿌리게 될 때에 열매를 거두게 됩니다.
2) 여기에는 원리가 있습니다.
① 내가 먼저 주는 생활이 앞서야 합니다.
② 미국의 재벌이었던 록펠러는 처음에는 인색하였으나 후에 깨닫고 남에게 베풀 때에 세계적인 부호로서 장수했습니다. 그래서 54세 때에 죽을뻔 했으나 마음이 평온을 찾아 98세까지 살게 되었습니다.

셋째, 하나님께서 보장해 주실 때에 풍성해집니다.
1) 하나님은 은혜가 풍성하신 분이십니다.
① 풍성한 용어를 보십시오. "후히 되어, 누르고, 흔들어서 넘치도록"이라고 했습니다.
② 십일조를 드리면 이렇게 됩니다.
2) 하나님은 아십니다.
① 드리고자 하는 마음도 아십니다.
② 베푸는 마음도 아십니다.

예수를 만나면
(요한복음 3:1~8)

우리는 세상에 태어날 때부터 만남(meeting)의 연속에서 살아가게 됩니다. 부모, 형제와의 만남, 친척, 친구, 이웃, 스승 등 수많은 만남이 있습니다. 그런데 어떤 만남은 참으로 좋은 만남이어서 그 만남을 통해 축복이 되지만 어떤 만남은 이 세상 뿐 아니라 세상 이후의 영원한 세계에 이르기까지 망하게 되는 만남이 있습니다.

미국의 대통령들 가운데 프랭크린 후버(Frankrin Hoove) 대통령은 어린 시절 악의 친구들에게 꾀임이 있었지만 박차고 교회에 나가서 예수를 만나게 되고 후에 대통령이 되었지만 그 시절, 악의 자리에 머물러 있던 친구들은 사형수가 되었습니다. 본문에서 밤에 몰래 찾아왔던 니고데모는 예수를 만나고 인생이 변화되었습니다. 우리는 이 시간에 변화된 예수 그리스도인이 되어야 하겠습니다.

첫째, 예수를 만나게 되면 영적인 문제가 변화 받게 됩니다.

육은 육이요, 영은 영이기 때문에 영적 변화는 예수를 만나게 될 때 체험하게 됩니다.

1) 속사람, 내면적인 사람이 달라지게 됩니다.
① 육에 속한 사람이 영에 속한 사람으로 변하게 됩니다. 그래서 믿음이 달라지고 생각이 변하게 됩니다. 예수의 마음으로 바뀌게 됩니다(빌 2:5).
② 예수를 만나면 생의 방향이 전환됩니다. 멸망으로 가던 사람이 영생의 사람으로 바뀌게 됩니다.

2) 예수를 만나셨습니까? 예수님은 오늘도 만나 주시기를 원하시고 기다리십니다(계 3:19).
① 말씀이 육신이 되신 예수를 만나야 합니다(요 1:14). 말씀 속에서 예수를 만나시기 바랍니다.
② 말씀을 들을 때에 변화가 있고 구원이 있고 성장이 있습니다(롬 10:10, 17).

③ '백성의 승리' 라는 뜻을 가진 니고데모는 예수를 만난 후에 변화된 사람이 되었습니다.

둘째, 예수를 만나게 되면 실제 생활이 변화됩니다.
예수를 만나서 마음과 생각이 바뀌면 실제 생활이 바뀌게 됩니다(엡 4:22).
1) 예수로 인해서 변화된 생활자가 됩니다.
① 우리가 아직 예수를 만나지 못했다면 여전히 죄가운데서 살게 되었을 것입니다. 그러나 이제는 아닙니다.
② 이제는 부족하지만 그리스도인으로서 세상에서 빛과 소금이 되려고 서로 즐거워하였고 기뻐했습니다(빌 4:1-4). 교회에서 맡은 일에 우리는 기쁨으로 할 수 있어야 하겠습니다.
2) 예수를 만나서 변화된 사람들이 수 없이 많습니다.
① 어거스틴(Augustine)은 탕자가 변해서 신학자가 되었습니다.
② 미국의 부호인 록펠러(Rockpeller)를 들 수 있습니다. 그는 재벌이 되었을 때에 한 때 방탕한 타락자였으나 다시 깨달아 주일학교 시절, 배운 대로 수 많은 교회를 찾게 되었고 세계 곳곳에 많은 일을 하게 되었는데 우리나라 Y.M.C.A건물도 그의 재단에서 지은 것입니다.

셋째, 예수를 만난 사람들은 하나님의 영광을 위한 삶의 목표로 인생사가 바뀌게 됩니다.
새로운 피조물이기 때문입니다(고후 5:17).
1) 지상에서의 만족이 아니라 예수 안에서의 기쁨이 됩니다.
① 세상 것은 끊어지게 됩니다.
② 예수 안에서 천국의 연습이 생활화됩니다.
2) 영국의 노예상이었던 존 뉴톤(John Newtcn)이 있습니다.
그는 한 때 아프리카(Africa)에서 노예상으로 큰 부자가 되었지만 예수를 만나게 되었고 과거 생활을 청산해서 새 삶을 살게 되었는데 이때에 지은 찬송이 405장 '나 같은 죄인 살리신' 입니다.
예수를 만나서 변화된 그리스도인이 되시기를 주의 이름으로 축원합니다.
결론: 예수를 만나게 될 때에 성령으로 거듭나서 천국백성이 됩니다.

하나님 성전의 기둥들
(요한계시록 3:7~13)

세상에서 어떤 건물을 지을 때에 반드시 기둥이 필요합니다. 건물이 크면 큰 대로 작으면 작은 대로 기둥이 세워지게 되고 그 기둥을 주축으로 해서 건축을 하게 됩니다. 기둥이 빈약할 때에 건물이 무너지게 되고 그 붕괴 사고로 인해서 인명과 재산 피해가 크게 나는 것을 우리는 보았습니다. 국가에도 기둥이 든든할 때에 국가가 바르게 유지되고 발전해 나가게 됩니다. 교회에도 이 원리가 적용됩니다. 그래서 초대교회의 사도들은 기둥과 같은 일꾼이라고 하였습니다(갈 2:9). 솔로몬 성전에는 상징적으로 야긴과 보아스라는 기둥을 세워 놓았습니다. 본문에서 "이기는 자에게 내 하나님 성전에 기둥이 되게 하리니"(12절) 하였습니다. 새해에도 세상은 온갖 죄와 불신앙과 그릇된 이단사상들이 들끓고 교회와 개인의 신앙을 위협하겠지만 성도는 세상에서는 교회의 기둥이요, 천국에서는 천국에서의 기둥이 되어야 합니다.

첫째, 먼저 기둥의 참 모습에 대해서 생각해 봅니다.
　기둥은 참 그리스도의 상이요, 참교인의 상을 보게 하는 문제입니다.
　1) 기둥은 그 특성상 곧아야 합니다.
　① 교회의 기둥은 언제나 그 신앙이 참되고 곧아야 합니다. 예컨대 세례 요한은 곧은 사람으로서 큰 기둥이 되었습니다(요 10:41).
　② 성도의 참 신앙이 곧아야 합니다. 빌라델비아 교회는 적은 능력을 가지고도 주의 이름을 배반치 않고 굳게 지켜 나갔습니다.
　2) 기둥은 크기나 높이가 일률적이어야 합니다.
　① 하나님 나라의 기둥은 한결같아야 합니다. 예수 안에서 한결같은 믿음의 소유자라야 합니다.
　② 예수 안에서 한결같은 평등한 존재가 되었기 때문입니다(갈 3:26-28).
　3) 기둥은 서로가 합력해서 연결되어야 합니다.
　① 예수 안에서 서로 연결되고 서로 힘을 합해야 합니다. 그래야 교회가 보존됩니다(엡 4:6, 롬 12:5, 고전 12:6-7).

② 기둥의 목적은 건물을 유지하고 지탱하는 데 있기 때문에 서로가 연결되어 있어야 힘을 나누게 됩니다. 주의 교회에서 같은 원리가 적용됩니다 (롬 15:1-2).
4) 기둥은 무거운 것을 버티는 힘이 있어야 합니다.
① 그래서 무거운 것을 견디는 능력이 있어야 합니다.
② 교회의 일꾼은 내게 주어진 책임을 버티어 내는 사람이 되어야 합니다.

둘째, 기둥이 되기 위해서는 건강한 신앙을 가지고 있어야 합니다.
1) 집을 지을 때에 병든 목재는 기둥이 될 수 없습니다.
① 교회의 기둥은 역시 건강한 사람이어야 합니다. 부정적 사고방식은 결격 사유가 됩니다(민 13-14장).
② 무서워 하는 자는 결격사유가 됩니다(삿 7장).
2) 하나님 교회의 기둥은 어떤 사람들이었습니까?
① 믿음이 존재하지만 세상적인 방법으로 살면 곤란합니다.
② 믿음의 인격이 바르게 서 있어야 합니다.
3) 하나님 교회의 기둥은 말씀 위에 서 있어야 합니다.
① 하나님만 무서워해야 합니다.
② 하나님께 인정받아야 합니다.

셋째, 기둥된 사람들에게 약속된 축복이 있습니다.
1) 열쇠를 주었고 열린 문을 주었습니다(3:8).
① 열면 닫을 사람이 없습니다(마 16:18).
② 하나님의 주권적인 축복입니다.
③ 환란의 때를 면케 해 주셨습니다(3:10).
④ 면류관이 약속되어 있습니다(3:11).
2) 우리나라는 산이 70%가 되는 국토를 가지고 있습니다.
산에는 수 없는 나무들이 가득합니다. 그러나 그 나무 가운데에서 과연 오늘날 좋은 기둥감은 얼마나 될까요? 오늘날 교회들은 많지만 과연 천국의 기둥들로서 합격된 신앙인들이 몇이나 될까요? 우리 모두 천국의 기둥으로서 합격된 믿음의 소유자가 되시기를 축원합니다.
결론: 우리는 주의 교회에서 기둥들이 되어야 합니다.

우리가 받아야 할 다섯 가지 복
(창세기 1:27~28)

현재 우리가 살아가는 지구촌의 세상에는 기아와 기근으로 인하여 직·간접적으로 한 해에도 무려 3,000만 명 이상이 죽는다는 통계가 나와 있습니다. 성경의 예언대로 예수님 재림때가 가까이 올수록 더욱 세상이 악화되는 현상이 나타나게 될 것입니다. 오늘 말씀은 하나님께서 천지를 창조하실 때에 하신 말씀으로서 하나님께서 성도들에게 약속하신 축복의 선물들을 보게 됩니다. 하나님께서 천지를 창조하시고 에덴에서 네 곳에서 강이 발원해서 흐르게 하셨듯이 교회를 통한 축복의 강들은 약속되어 있습니다(창 2:10). 비손강을 통한 금의 축복이요, 기혼강을 통한 생명 강수요, 힛데겔강을 통한 급하게 응답하시는 축복이요, 유브라데강을 통한 감미(甘味)로운 축복입니다.

첫째, 영생의 축복입니다.
예수 안에서 영생이 약속되어 있습니다(히 9:27-29).
1) 세상은 반드시 끝이 있고 그 후에는 반드시 심판이 있습니다.
① 영생은 예수 안에서만 주어집니다(벧전 1:9).
② 예수 믿는 일을 다음으로 미룰 문제가 아닙니다(벧후 6:2).
③ 예수 믿는 일은 언제나 현재가 중요합니다.
2) 영생은 현재에서 확정 짓고 미래에 천국가는 복입니다.
① 늘 확신해야 합니다(고후 13:5).
② 한번 구원 받으면 빼앗기지 않습니다(요 5:24, 요 10:28).

둘째, 건강의 복입니다.
예수 안에 있는 성도들에게 건강의 복이 임해야 합니다.
1) 영혼이 잘됨 같이 강건하라고 했습니다.
① 하나님과의 관계가 잘 되면 건강도 따라 옵니다(잠 3:7-8).
② 건강이 약하신 분들은 기도해 보십시오. 치유가 약속되어 있습니다(출 15:26, 말 4:2, 약 5:15-17).

2) 성령께서 치유해 주십니다.
① 구약에서도 많이 있습니다(왕하 20:7, 왕하 5:1).
② 신약에도 많이 있습니다(행 3:1, 요 5:1-).

셋째, 가정의 축복입니다.
최초로 에덴동산에서 아담과 하와를 주례하시어 최초의 가정이 시작되었습니다. 국가와 교회가 잘되기 위해서는 가정이 든든해야 합니다.
1) 건강한 가정은 언제나 하나님께서 주시는 복입니다.
① 여호와를 경외하는 가정입니다(시 128:1).
② 고넬료의 가정입니다(행 10:1).
2) 가정은 작은 천국이 되게 해야 합니다.
① 그런데 매년 이혼하는 가정이 늘어가는 것은 슬픈 일입니다.
② 가정의 주인은 언제나 주님이 되시게 해야 합니다.

넷째, 재물에 대한 복입니다.
1) 재물에 대한 복은 하나님께로부터 옵니다.
① 신명기 28장의 약속을 기억하십시오.
② 믿는 자에게 아브라함의 복이 임합니다(창 26:12, 갈 3:9).
2) 재물에 대한 축복의 비결이 약속되어 있습니다.
① 하나님 말씀에 대한 순종입니다(신 28:1).
② 십일조 생활을 통한 복이 약속되었습니다(말 3:10).

다섯째, 5복이 오늘 본문 말씀 중에 약속되었습니다.
1) 생육의 복입니다.
2) 번성의 복입니다(욥 8:5).
3) 땅에 충만한 복입니다(시 81:10).
4) 땅을 정복해 나가는 복입니다.
5) 다스리는 복입니다.
이와 같이 약속되어 있어도 기도해야 합니다(겔 36:37). 금년에 우리교회 성도들에게 이 축복이 있게 되기를 축원합니다.
결론: 성도는 영과 육이 복되어야 합니다.

복되고 형통한 사람들
(시편 128:1~6)

모든 생물체는 제각기 어떤 욕구(desire)에 강한 의지를 가지고 생명을 존속시켜 나갑니다. 식물은 나름대로 욕구가 있어서 태양열이 잘 쬐는 쪽으로 가지를 뻗어 나가게 됩니다. 동물도 욕구가 있어서 그 욕구 충족을 향해서 힘을 다하게 됩니다. 예컨대 짐승들은 모두가 한결같이 평화롭게 풀을 뜯다가도 번식 문제나 먹는 문제 때문에 싸우는 경우를 봅니다. 물론 사람들에게서도 이런 욕구 충족으로 인한 것들이 문제가 되지만 일반적인 다른 동물과 인간은 그 차원이 다르게 됩니다.

인간은 하나님과의 관계속에서 영생이 있거니와 나름대로 문화를 일구어 왔습니다. 현대에 와서 인간게놈(genome project) 문제가 세계적인 화제거리가 되어지는데 분명한 것은 인간은 영적 존재로서 하나님께 돌아올 때만이 진정한 행복과 만족이 있다는 사실입니다(Augustine).

첫째, 성경은 우리에게 형통과 행복의 조건이 어떤 것인가를 가르쳐 주고 있습니다.
  1) 본문에서 여호와를 경외하는 것이라고 했습니다.
     1절 "여호와를 경외하며 그 도에 행하는 자마다 복이 있다" 했습니다. 경외한다는 말은 '높이다, 섬긴다, 믿는다, 신망한다' 등의 뜻이 있습니다.
     ① 여호와 하나님만 섬기고 믿어야 합니다. 세상 우상은 아무 소용이 없으며 헛것입니다(시 115:4-).
     ② 성경에서는 여러 곳에 우상 섬기는 것을 절대적으로 금했습니다. 돼지머리 가져다 놓고 빌고 있으니 복이 오겠습니까?
     ③ 복과 형통의 비결은 하나님을 경외하고 찬양하는 것에 있습니다. 창세전에 우리에게 신령한 복을 주셨는데(엡 1:3) 선민의 으뜸되는 아브라함에게 복을 약속하셨습니다(창 49:25). 여호와 하나님을 섬기는 것이 복의 근원이 됩니다.
  2) 하나님 말씀의 도에 행할 때에 복입니다(신 10:12, 6:24, 시 11:1).

① 유일무이한 하나님 말씀이 인생이 살아가는데 최고 최대의 표준입니다. 다른 책이 없습니다. 오직 성경만이 표준입니다.
② 이 말씀을 행하게 될 때에 그곳에 복이 옵니다. 말씀을 보십시오(요 11:14, 히 4:12). 인생이 걸어갈 때에 천국까지 인도해 주는 말씀은 오직 성경 뿐입니다.

둘째, 성경 말씀으로 말미암아 형통하게 하실 때에 그 결과가 아름답습니다.

1) 내가 수고한 대로 먹을 것이라 (2절) 했습니다.
   신명기 28:1-14까지는 축복입니다. 28:15-68까지는 하나님 말씀을 저버리게 될 때 오는 저주의 형상들입니다.
   ① 말씀대로 살아가게 될 때에 축복이 옵니다. 예컨대 말씀대로 십일조하게 되면 복이 옵니다(말 3:7).
   ② 하나님 말씀엔 거짓이 없습니다(히 6:18).
2) 가정의 축복이 옵니다(3절).
   ① 부부애의 축복이 옵니다.
   ② 자녀의 축복이 옵니다.
   ③ 자식의 자식을 보는 축복이 옵니다.
   ④ 평생토록 예루살렘의 축복, 즉 교회의 축복이 옵니다. 바른 신앙은 교회와의 관계에서 정상적입니다. 교회와의 관계에서 바르게 되지 못할 때에는 복이 아닙니다.

셋째, 하나님 말씀인 성경은 옛날이나 현재나 동일합니다.

1) 시대가 가고 역사가 바뀌어도 성경은 불변합니다.
   ① 하나님의 거룩하신 말씀이기 때문입니다(벧전 1:24).
   ② 불변의 말씀에 맞추어 나가게 될 때에 복이 됩니다.
2) 말씀 따라서 복되고 형통한 성도들의 주인공이 되시기를 바랍니다.
   이 세대에는 우리 자신들이 말씀 속에서 승리의 주인공이 되어야 합니다.
   이 세대에 하나님 말씀 속에서 복되고 형통하기를 축원합니다.
   결론: 어떤 것에 욕구 충족을 원하십니까?

예수를 만난 후 변화된 사람들
(누가복음 24:30~35)

　인생을 살아가다 보면 부단하게 변화하면서 살아가게 됩니다. 태어날 때부터 신체적 변화, 생각의 변화, 삶의 태도의 변화 등 많은 변화 속에 살아가게 됩니다. 문제는 좋은면에서 변화될 때에는 정상적으로 복된 현상이지만 나쁜면에서 돌연변이식으로 변화되는 경우들이 있습니다. 나쁜 습관, 버릇, 생활, 성격은 좋은면으로 변화되어야 합니다. 그러나 불신앙적인 방면에서 변화하게 될 때에는 문제가 크게 됩니다. 그래서 사도 바울은 에베소서 6:24에서 변함없이 예수 그리스도를 사랑해야 한다고 하였습니다.
　구약에서나 신약에서나 나쁘게 변한 사람들이 소개되어 있습니다. 예컨대 사울왕은 좋게 시작하였다가 나쁘게 변한 사람입니다. 그의 말로가 좋지 않게 되었습니다. 역대하 14장에 나오는 아사왕은 역시 나쁘게 변한 왕입니다. 그의 말로가 역시 좋지 않게 끝이 났습니다. 신약에 와서 12제자 가운데 가룟 유다 역시 나쁘게 변한 제자였습니다. 사도행전 16장에 나오는 초대교회 최초의 일곱 집사 가운데 니골라 역시 나쁘게 변한 집사였습니다(계 2:6). 오늘 본문에서 예수님이 십자가에 죽으시고 부활하신 때에 부활의 사실을 모른체 엠마오로 내려가는 두 제자의 모습에서 우리는 많은 것을 배우게 됩니다. 교회의 본 고장 예루살렘을 떠난 두 제자의 모습에서 크게 배워야 하겠습니다.

첫째, 엠마오의 길 위에 서 있는 두 제자의 변질된 모습을 봅니다.
　예수님을 가까이서 따르던 제자들입니다. 예수님이 십자가에 죽으시고 부활하신 때에 엠마오로 내려가던 모습이 본문의 말씀입니다.
　1) 변질된 모습의 현장입니다.
　① 예수님을 따르던 신앙의 삶의 현장을 떠났습니다. 그 날에는 예수님이 부활하시던 날입니다.
　② 조급하고 성급한 모습을 보게 됩니다. 조금만 더 기다리고 참았더라면 예수님의 부활을 예루살렘에서 보았을 것인데 안타까운 일이 아닐 수 없습니다.

③ 부활하신 예수님을 알아보지 못하고 몰라보았습니다. 16절 "저희 눈이 가리워져서 그인 줄 알아보지 못하거늘" 했습니다. 눈에는 여러 가지가 있는데 영적인 소경이었습니다 (계 3:15-).
④ 예수님이 말씀하실 때에 깨닫지 못했습니다. "미련하고 선지자들의 말을 더디 믿는 자들"이었습니다.
2) 깨달아야 합니다.
① 부활하신 예수 그리스도를 만나게 될 때에 깨닫게 됩니다.
② 주의 말씀은 마음을 변화시켜 주시는 능력이 있습니다.

둘째, 엠마오로 내려가던 두 제자는 변화되었습니다.
불행이 불행으로 끝나지 않은 것이 다행한 일입니다.
1) 마음이 변화된 모습을 보았습니다.
① 보는 눈이 변했습니다. 예수님을 알아보게 되었습니다(30, 31절).
② 마음이 뜨겁게 변했습니다. 성령의 역사를 체험해야 합니다(32절).
③ 그릇된 행동이 변해서 예루살렘으로 다시 올라가게 되었습니다.
2) 기독교는 변화의 종교입니다.
물과 성령으로 거듭나야 되고 변하지 않으면 천국에 들어갈 수 없습니다.

셋째, 이것 때문에 변화되었습니다(변화된 모습입니다).
1) 부활하신 예수님을 만나게 되었습니다. 기독교는 십자가와 부활의 종교입니다.
① 세상 모든 일들은 죽음으로 끝이 나지만 기독교는 예수 믿고 살게 되는 생명의 종교입니다(요 11:25).
② 부활하신 예수 그리스도를 만나게 될 때에 개인과 가정이 살게 되고 국가의 미래가 달라지게 됩니다.
2) 예수 그리스도는 창조의 말씀이 되시고 생명의 말씀이 되시기 때문입니다(요 1:1-3).
① 창조의 근본이 되시기 때문에 예수를 만날 때 변화됩니다.
② 생명의 말씀이 되시기 때문에 예수를 만날 때 변화됩니다.
부활하신 예수 그리스도를 만나서 변화된 생애가 되시기를 축원합니다.
결론: 두 제자는 변화되었고 복음의 일꾼이 되었습니다.

축복이 오는 통로들
(신명기 13:15~22)

역사적으로 보면 병자년에 나라에 불미스러웠던 일들이 많았습니다. 96년에 병자년에도 세상은 시끄러워지겠지만 성도에게 하나님의 축복의 역사들이 계속 나타나기를 바랍니다. 하나님께서는 그의 백성들이 모두가 구원받고 모두가 축복 가운데 평안하게 되는 것이 하나님의 뜻이라고 하였습니다(벧후 3:9, 애 3:33, 렘 29:11). 왜냐하면 하나님께서 그의 형상대로 인간을 창조하셨기 때문입니다(창 1:28). 그러나 인간이 범죄하게 될 때에 이 축복의 통로가 막히게 되었고 땅에는 가시와 엉겅퀴가 났습니다. 하나님이 축복의 통로를 주셨습니다.

첫째로, 조상적부터 가보로 물려주는 축복입니다.
우리는 후손을 위해서라도 축복을 심어야 합니다.
1) 디모데는 유니게와 로이스에게서 축복을 이미 받게 되었습니다(딤후 1:3).
2) 아브라함의 가보는 축복의 대물림입니다.
① 아브라함의 복이 이삭에게 왔습니다(창 26:2-5).
② 이삭의 복이 야곱에게 왔습니다(창 28:13).
③ 이 복이 지금도 예비되어 있습니다(갈 3:9).
3) 다윗은 솔로몬에게 복을 물려 주었습니다.
그래서 솔로몬 때에 망했어야 함에도 다윗을 봐서 하나님께서 솔로몬을 살리셨습니다(왕상 11:12-13). 여러분의 가정에서 후손들에게 축복을 기업으로 물려 줄 수 있기를 바랍니다.

둘째로, 목회자가 감동하여 비는 축복이 있습니다(레 21:8).
예수님은 교회에 계시며 주의 종를 붙잡고 계신다고 했습니다(계 1:20). 여기에 예배권, 축복권, 통치권이 있습니다. 사렙다 과부는 엘리야를 통해서 축복받았습니다(왕하 11:8).
1) 주의 사자에게 소홀히 하지 마십시오. 여기에 축복이 있습니다(마

10:40).
2) 주의 사자가 근심으로 일하지 않게 하십시오. 기쁨으로 일할 수 있게 하십시오(히 13:17).
3) 구약이나 신약이나 모두가 동일하게 강조했던 것은 주님은 그의 사자들을 통해서 역사하신다는 사실입니다. 주의 사자가 감동 받을 때에 하나님은 복을 약속하셨습니다.

셋째로, 믿음으로 받는 축복이 있습니다.

"네 믿음대로 될찌어다. 네 믿음이 너를 구원하였느니라" 하셨습니다. 그런데 믿음이 있는 사람의 특징이 있습니다.
1) 십일조 생활에 충실합시다. 여기에 축복이 있습니다(잠 3:9, 말 3:10).
2) 믿음이 있어야 주일성수하고 축복이 있습니다.
① 야곱의 업으로 축복이 있습니다(사 58:13).
② 하나님 백성의 표입니다(겔 20:12).
3) 믿음이 있어야 일하고 선교하며 축복이 옵니다.
① 일해야 합니다.
② 선교하며 전도해야 합니다(행 13:1-3, 행 11:27-30).

올해에도 우리 모든 성도들에게 이런 축복들이 넘치게 되기를 축원합니다. 결론적으로, 축복에는 공식이 있고 통로가 있습니다.

풍성한 파종 좋은 결실의 소망
(갈라디아서 6:6~9)

계절적으로 파종의 계절이 왔습니다. 겨울내내 얼었던 모든 대지를 갈아엎고 씨를 뿌리는 농부들의 일손을 보게 됩니다. 예수님은 우리에게 우리의 신앙생활에 대하여 농부의 일로 비유했습니다(고전 9:10, 마 13:1). 그런데 우리의 신앙적인 농사를 여러 번 짓기 때문에 심혈을 기울여서 힘쓸 때에 비로소 성공적인 결실을 할 수 있습니다. 이 파종의 계절에 다시 한번 영적인 농사를 생각하며 은혜를 나누고자 합니다.

첫째로, 풍성한 추수를 위해서 좋은 마음밭을 만들어야 합니다.
1) 예수님이 말씀한 네 가지 밭에서 교훈을 얻습니다.
① 길바닥과 같은 마음밭이 있습니다(마 13:1-23). 쟁기로 갈아엎듯이 말씀으로 갈아엎어야 합니다.
② 흙이 얕은 돌짝밭이 있습니다. 모든 돌멩이를 말씀의 집게로 골라야 합니다.
③ 가시덤불이 우거진 밭이 있습니다. 성령의 불로 태우고 말씀의 쟁기로 갈아엎어야 결실이 가능합니다.
④ 옥토밭이 있습니다. 잘 정리 정돈된 밭입니다. 비로소 이곳에서 30배, 60배, 100배의 결실을 얻게 됩니다. 말씀의 씨가 뿌려질 때에 아멘으로 화답하여 복을 받는 마음밭입니다.
2) 풍성한 결실이 오게 하기 위해서는 모두가 옥토밭이 되어야 합니다.
① 여기에 풍성한 결실이 있습니다.
② 여기에 또한 주의 좋은 일군이 될 수 있습니다.

둘째로, 풍성한 결실을 위해서는 씨가 좋아야 합니다.
1) 씨는 말씀입니다.
① 여기에 순종의 씨가 자리잡아야 합니다.
② 말씀을 전하는 자와 좋은 것을 함께 해야 합니다.

③ 믿는대로 열매가 나타났습니다(살전 2:13).
2) 심을 때에 반드시 성령으로 심어야 합니다.
① 인간적인 생각으로 살지 말아야 합니다.
② 성령으로 심고 성령으로 거두어야 합니다.

셋째로, 결실할 때까지 수고와 땀을 흘려야 합니다.

1) 자연적인 농사와 같이 영적인 일에도 반드시 동반해야 할 일이 있습니다.
① 땀입니다.
② 수고입니다.
③ 노력과 정성이 요구됩니다.
2) 영적인 파종은 반드시 열매가 있습니다(시 126:5-6).
"눈물을 흘리며 씨를 뿌리는 자는 기쁨으로 그 단을 가지고 돌아오리로다" 했습니다.
3) 여기엔 끝까지 인내해야 하는 참음도 동반되어야 합니다.
끝까지 참고 견딜 때에 반드시 풍성한 수확이 있게 됩니다.
여러분 모두의 영적인 신앙생활이 성공하게 되기를 축원합니다

결론적으로, 세상농사도 중요하지만 영원한 영적인 농사는 그 무엇보다도 중요합니다.

교회 성도들에게 이 복을 주소서
(열왕기상 8:1~21)

사람이 이 땅에서 어떤 일을 목표해서 달성한다고 하는 것은 매우 어려운 일입니다. 더욱이 기업이나 어떤 학문연구에도 어려운 일은 있겠지만 영적이고 신령한 문제를 뛰어들어서 달성하는 것은 어려운 일입니다. 다윗은 평생에 성전을 지으려고 힘썼지만 하나님이 허락지 않으셨고 결국 솔로몬시대에 가서야 성전을 건축하게 되었는데, 오늘 본문의 말씀은 다윗의 아들 솔로몬이 성전을 완성한 다음에 입당예배시에 기록된 말씀입니다.

첫째로, 완성된 성전에서 상달되는 예배의 복을 받았습니다(8:27). 하나님께서는 본문에서 예배를 받으셨습니다.

1) 이 성전에서 기도하며 예배할 때에 상달되었습니다. 성전에서의 예배의 응답은 복 가운데 큰 복입니다.
   ① 가인과 아벨의 예배를 보십시오(창 4:3, 히 11:3). 가인의 제사는 받지 않으시고 아벨의 제사를 받으셨습니다.
   ② 신령과 진정으로 드려야 합니다(요 4:24).
   ③ 값진 예배를 받으십니다(삼하 24:24). 다윗은 값을 치루고 예배했을 때 받으셨습니다.
2) 상달되지 않는 예배도 있지 않습니까?
   ① 이사야 시대의 백성들이 타락했기 때문에 제물을 받지 않으셨습니다(사 1:11).
   ② 쪼개지 않은 제물도 받지 않으셨습니다(창 15:10).
   ③ 교만한 기도는 받지 않으셨습니다(눅 18:12). 예배할 때에 하나님이 받으십니다.

둘째로, 완성된 성전에서 응답하실 때에 축복들이 구체적으로 임하게 됩니다.

1) 어떤 축복들이 응답되었습니까?

① 죄 문제 해결의 축복입니다(8:30).
② 적군에게 이기는 축복입니다(8:33).
③ 가뭄때에 비가 오는 축복입니다(8:33).
④ 병에서의 치유의 축복입니다(8:37).
⑤ 이방인들도 구원의 길이 열리는 축복입니다.
⑥ 포로 가운데에서의 응답의 축복입니다.
2) 교회에서 기도할 때에 응답이 올 줄 믿습니다.
① 죄문제 해결의 축복입니다.
② 질병이 낫는 축복입니다.
③ 사업의 축복입니다.
④ 선교, 전도의 문이 열리는 축복입니다.
⑤ 하나님의 사랑이 넘치는 축복입니다.

셋째로, 완성된 성전에서 평강이 임하였습니다(8:56).
1) 태평의 축복이 임하셨습니다. 그래서 솔로몬 시대에는 전쟁이 없었습니다. 큰 평강이 떠날 수 없습니다.
① 마음의 평강이 성도들에게 임할 줄 믿습니다.
② 가정의 평강이 임할 줄 믿습니다.
③ 손길과 발걸음에 평강이 임할 줄 믿습니다.
2) 기쁨이 충만하였습니다(8:66). 이 기쁨이 충만하기를 축복합니다.

결론적으로 우리 교회는 은혜와 평강이 넘치는 교회입니다.

감사로 가득 찬 축복
(시편 50:23)

출애굽한 이스라엘 백성들에게 기본적으로 두 가지 감사절이 있었습니다. 그것은 맥추감사절과 추수감사절입니다(출 23:16). 이것은 오늘날 기독교의 감사의 기본적이고 근간을 이루고 있습니다. 그리고 성경의 여러 곳에는 하나님께 감사하라는 말씀으로 가득 채워져 있습니다(살전 5:16). 토레이(R.A.Torey)는 "성경에서 능력 있는 기도의 사람은 감사의 사람들이었다"고 했습니다. 이번 추수감사절에 우리는 마음에서 우러나오는 감사와(히 13:15, 골 3:15) 입을 크게 벌리고 드리는 감사절을 지켜야 하겠습니다. 여기에 예비된 더 큰 축복과 하나님의 영광이 있습니다.

첫째로, 현재까지 받은 바 축복을 인하여 감사해야 합니다.
태어날 때에 지금까지 살아온 것을 가지고 태어나지 않았습니다. 빈손으로 왔습니다. 그러나 여기까지 살아왔습니다.
1) 이스라엘 백성들은 과거에 받은 축복을 감사했습니다.
   애굽에서 나온 것과 가나안에 정착된 축복입니다. 그래서 시편 136:16에 "그 백성을 광야로 통과케 하신 이에게 감사하라 그 인자하심이 영원함이로다."고 했습니다.
2) 현재뿐 아니라 미래에 받을 은총을 생각할 때에 감사해야 합니다.
   그래서 이스라엘 백성들은 미래에 메시야를 통하여 천국을 바라봅니다. 감사치 않을 수 없습니다.
3) 감사는 천국의 연습이요, 축복의 연습입니다.
   그러나 원망과 불평은 지옥의 연습입니다. 우리 모두 예수 안에서 감사연습을 많이 해야 합니다.

둘째로, 받은 은혜와 축복을 유지하는 비결은 감사입니다.
본문에서 "하나님을 잊어버린 너희여 이를 생각하라 그렇지 아니하면 내가 너희를 찢으리니 건질 자 없으리라" 했습니다. 감사가 없을 때에 하나님을 잃어

버립니다(롬1:21).
 1) 감사가 없을 때 곧이어 따라오는 것이 있습니다.
  ① 감사대신 교만이 오기 때문에 멸망의 선봉입니다(잠 22:4).
  ② 감사가 없으면 과욕이 뒤따르고 하나님께 영광를 돌리지 않습니다.
  ③ 감사줄이 끊어지면 은혜와 축복의 줄도 끊어집니다.
 2) 감사는 받은 은혜와 축복을 유지하는 비결이 되기 때문에 더욱 감사가 있어야 합니다.
   시편 19:1에 "내가 진심으로 여호와께 감사 하면 주의 모든 기사를 전하리이다"라고 했습니다. 누가복음 17:11의 열 문둥병자의 사건에서 우리는 잘 이해하게 됩니다.

셋째로, 우리의 감사가 잠을 잔다면 빨리 깨워야 합니다.
  배 밑에서 잠을 자던 요나의 모양으로 감사가 잠을 자지 않습니까?
 1) 잠을 자는 감사가 깰 때에 더 큰 축복이 있습니다. 솔로몬은 일천 번제로 부귀와 지혜의 왕이 되었습니다.
 2) 감사가 깨어 있을 때 평안이 옵니다.
 3) 감사가 깨어 있을 때 여유가 생깁니다.
 금번 추수감사절엔 감사의 축복이 가득 채워지기를 주의 이름으로 축원합니다. 결론적으로 지금은 감사가 부재중인 세대입니다. 감사에 최선을 다하는 성도가 되시기를 바랍니다.

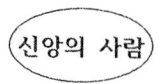

만나서 기쁜 사람들
(요한2서 1:4~13)

세상을 살아가는 동안에 우리는 필연적으로 인간관계 속에서 살아가게 됩니다. 원하든 원치 않든간에 사람을 만나게 됩니다. 부모관계, 자식관계, 형제관계, 친척관계, 친구관계, 이웃들의 수많은 관계들이 있습니다. 그런데 어떤 만남은 만남 속에서 기쁘고 아름다움이 그림으로 그려지는 생애가 있는가하면 어떤 만남은 그림이 아주 좋지 않은 만남도 있습니다. 예수님은 가룟유다에 관해서 말씀하시기를 차라리 나지 아니하였으면 제게 좋을뻔 했다고 하셨습니다(마 26:24).

그런가하면 다윗이 어려울때에 사울의 아들 요나단은 지극히 아름다운 관계로 있었습니다(삼하 1:26). 모세곁에 아론과 훌이 있고 바울곁에 디모데, 디도, 실라, 브리스가와 아굴라 같은 관계도 있었습니다. 우리는 하나님의 교회 안에서 서로가 어떤 형태의 만남이 되어야 할까요?

첫째, 이 세상에는 만나지 말아야할 사람이 있습니다.

1) 이단에 속해서 신앙노선이 같지 않은 사람은 만나지 말아야 합니다.
"미혹하는 자가 많이 세상에 나왔으니 이는 예수 그리스도께서 육체로 임하심을 부인하는 자니 이것이 미혹하는 자요, 적그리스도니" 했습니다.
① 당시에 이단에 속한 자들이 많았습니다. 에비온파(Ebionism)로서 기독론에서 예수님이 신성을 부인하는 자들이 그들이었습니다.
② 이단자들은 언제나 성경을 가지고 나와서 유혹하며 배나 지옥자식이 되게 하는 자들입니다. 그러므로 간교한 수법을 조심해야 합니다.
③ 이 교훈 안에 거하지 않는 사람을 피하라 했습니다. "지나쳐 그리스도 교훈 안에 거하지 아니하는 자다다 하나님을 모시지 못하되"(2절)했습니다. "누구든지 이 교훈을 가지지 않고 너희 가운데 나아가거든 그를 집에 들이지도 말고 인사도 말라"(10절) 하셨습니다.
2) 주의 종을 대적하고 교회에 덕을 끼치지 않는 사람도 위험합니다.
① 모세를 대적한 것은 곧 하나님을 대적한 것이었습니다.

② 사무엘을 대적한 것은 곧 하나님을 대적한 것입니다(딤후 3:8, 2:17, 딤전 1:19).
③ 부정적인 사람은 언제나 부정적입니다. 12명의 정탐군 사건에서 우리는 매우 깊게 배우게 됩니다. 그러므로 하나님의 교회에 거치는 자가 되지 말라고 했습니다(고전 10:32).

둘째, 우리는 예수 안에서 만나면 기쁜 사람들이 되어야 하겠습니다.
1) 예수 안에서의 동질성을 가진 사람이 되어야 합니다.
① 예수 안에서 진리위에 선 사람입니다(4절, 9절).
② 진리 안에 선 사람들이라고 요한도, 바울도 고백해 줍니다(살전 3:8, 요삼 1:2-3).
2) 예수안에서 서로 사랑하는 사람들입니다.
① 서로 사랑할 때 가능합니다(5절).
② 예수안에서의 진리 가운데서의 사랑입니다.

셋째, 예수 안에서 만난 사람들이 서로 기쁨이 넘치게 하기 위해서는 서로가 해야할 일이 있습니다.
1) 서로가 불쌍히 여겨야 합니다.
① 이것이 예수님 마음입니다(빌 2:10-11).
② 내가 남에게 불쌍히 여김을 받은 존재임을 알아야 합니다.
2) 같은 믿음, 같은 진리 위에 동질성인가를 확인해야 합니다.
① 그래서 교우가 만나면 기뻐해야 합니다.
② 손을 잡고 서로가 영적 교제가 통해야 합니다.
우리 우리교회 성도들은 언제 어디서나 만나면 기쁜 성도가 되기를 축원합니다.
결론: 만날 때 서로 기쁨을 줍시다.

견고함과 평안의 복을 받은 다윗
(사무엘하 7:8~17)

인생을 살면서 그 여정이 견고함과 반석 위에 세워진 평안이 겸한 사람은 많지가 않습니다. 한 가지가 채워져 있으면 다른 하나는 모자라게 되는 경우들이 많기 때문입니다. 다윗은 어린 소년때에 양치기에서부터 일약 이스라엘의 장군으로, 군대장관으로 결국은 국가의 위대한 왕으로서 그 이름이 높아지게 됩니다. 이는 하나님 마음에 합하였기 때문입니다(행 13:22). 사울이 몰락하게 되었고 모든 정권이 완전히 견고하게 되었을 때에 이스라엘 국왕으로서 또 한 가지 하나님께 축복받고 칭찬들을 만한 일을 제시하게 됩니다. 이른바 성전건축의 일입니다. 이 일로 인해서 두 가지 축복이 더하게 되었으니 대를 이어서 솔로몬때에 성전을 짓는 축복과 다윗의 이름이 더욱 견고한 축복입니다.

첫째, 본문에서 다윗이 어떻게 이런 큰 축복을 받을 수 있게 되었는가를 말씀해 주십니다.
 1) 다윗은 하나님께 인정하시는 좋은 마음을 가졌습니다.
  ① 성전을 지으려는 하나님께 좋은 마음을 가졌습니다. 이 좋은 마음이 하나님께 인정 받은 마음입니다.
  ② 우리 마음이 성전이라고 하셨습니다(고전 3:16). 마음만 가지고 있어도 축복이 왔습니다.
 2) 다윗은 하나님께 대하여 낮아지게 되고 하나님을 찬양과 경배로 높여 드렸습니다.
  ① 하나님께 무뢰하게 높아지려면 망합니다. 사울왕이나 느브갓네살왕이 그 대표적인 예에 해당합니다.
  ② 주님은 자기 자신은 낮아지고 하나님을 높였습니다(삼하 7:18-19). 하나님을 '주'(Lord)라고 30회 이상을 반복했습니다. 그후에 다윗은 계속 이기게 됩니다(대상 8:6,14). 역대하 25장에서 유다왕 아사는 교만하다가 망했습니다(대하 25:19, 16:9). 세례 요한은 예수님을 높였습니다(마 3:11). 예수님은 그런 세례 요한을 칭찬하시게 되었습니다.

3) 겸손히 하나님을 찬양하며 높여 드리는 신앙이 중요합니다.
① 예수님도 나귀를 타셨습니다(마 21:1). 교만하게 되면 망하게 됩니다(벧전 5:5).
② 다윗은 겸손하게 큰 축복의 그릇이 되었습니다.

둘째, 다윗이 받은 복을 우리가 받아야 합니다.

포장지는 요란한데 내용이 별것이 아닌 선물이 많이 있습니다. 반대로 포장지는 별것이 아닌데 속내용이 알찬 상품들이 있습니다. 다윗의 생애는 포장도 내용도 모두 알찬 상품과 비교됩니다.

1) 하나님께서 다윗을 높여주시는 축복을 받았습니다(9-10).
"내가 어디로 가든지 내가 너와 함께 있어 네 모든 대적을 네 앞에서 멸하였은즉 세상에서 존귀한 자의 이름같이 네 이름이 존귀케 만들어 주리라" 했습니다.
① 하나님께서 대를 이어 다윗의 이름을 높여 주셨습니다. 미국 나성에 영화의 거리(Hollywood)에 가면 유명한 배우들의 이름이나 손, 발자국을 길바닥에 찍어 놓았습니다. 그러나 그것은 잠간이면 없어지게 됩니다.
③ 하나님이 높여주시는 인물이 되어야 합니다.
2) 다윗은 그의 생애가 평안하고 견고한 축복을 받았습니다(10, 11, 12, 13, 16절을 보세요).
① 주께서 지켜 주셔서 안전했습니다.
② 눈동자 같이 지켜 주셨기 때문입니다(시 17:8).

셋째, 순간순간 하나님편에 서 있기를 바랍니다.

1) 잠간이라도 하나님을 외면하지 마십시오.
① 다윗의 생애는 하나님편에서 떠나지 않은 생애였습니다.
② 우리 자신이 언제나 다윗과 같이 하나님편에서 살아야 합니다.
2) 다윗의 위대한 신앙은 언제나 변치 않는 신앙입니다.
"주밖에는 나의 복이 없나이다"(시 62:2, 16:2) 하였습니다. 다윗이 받은 견고한 복이 성도들에게 임하게 되시기를 축원합니다.
결론: 세상이 흔들려도 예수 안에서 견고한 축복이 있습니다.

성장하는 신앙인
(에베소서 4:13~16)

사람이든, 동물이든, 식물이든 모든 생명체는 태어났으면 성장(Growth)할 때에 나름대로의 소정의 존재목적(存在目的)을 이룰 수가 있습니다. 인간으로 말하면 육적인 면도 성장해야 하겠지만 정신적인 부분이나 더욱이 신앙적인 면이 성장해야 합니다. 우리 그리스도인들은 영적인 면에서 성장하게 될 때에 바르고 정상적인 신앙인이 되기 때문입니다. 몇 년 교회 출석하였느냐, 직분이 어떤 것이냐가 중요한 것이 아니라 그만큼 성장하고, 성숙한 면을 나타내 주고 있느냐가 무엇보다 중요한 부분입니다. 오늘 본문에서 성경은 우리에게 성숙한 그리스도인이 될 것을 강조해 주었습니다. 본문에서 성장의 필요성과 성장 비결들을 말씀해 줍니다.

첫째, 정상적인 성장은 예수님을 바라볼 때 가능합니다.
정상적인 신앙의 방법에서 예수님이 목적이고 그 표준(標準)이 됩니다.
1) 신앙생활의 길에도 여러 가지 그릇된 곁 길들이 있습니다. 예수님외에 다른 길들이 유혹합니다.
① 신앙생활에 실패한 사람들, 실패하는 길로 가는 사람들이 유혹하기도 합니다.
② 신앙생활에 실패한 사람들은 반드시 실패의 원인이 있고 이유가 있습니다. 지난 해에 농사를 실패했다면 금년에는 다시 재기가 가능하지만 한번 신앙생활에 실패한 사람은 인생을 다시 살아갈 수가 없습니다. 주변에서 신앙생활의 실패자들의 견본을 보십시오.
③ 신앙성장에는 부정한 요소들을 버려야 합니다. 나는 할 수 없다(I can not)가 아니라 '나도 할 수 있다' (I can do)가 되어야 합니다(빌 4:13).
2) 예수님만 바라보고 목표로 삼아야 합니다. 허다한 증인들이 우리 곁에 있습니다(히 12:1-2, 벧전 2:21).
① 이 세상사람 가운데에는 완전한 견본은 없습니다. 완전한 견본(Sample)은 오직 예수님뿐입니다.

② 레오나르도 다빈치(Leonard Darinch)가 최후의 만찬을 그릴때에 예수님을 모델로 했던 사람이 몇 년후에는 가룟유다의 모델이었다는 이야기는 큰 교훈을 줍니다.

둘째, 정상적인 신앙은 쉬지 않고 달려갈 때에 가능합니다.

성장하는 아이들의 몸속에서 성장세포나 호르몬이 쉬지 않고 공급되고, 활동하듯이 우리 안에는 날마다 목표를 향한 달음박질이 필요합니다. 토끼와 거북이에서 토끼가 패하고 거북이가 이긴 이유를 우리는 알고 있습니다.

1) 우리의 신앙은 중단이 없어야 합니다(딤후 4:7).
① 바울은 마지막 순간까지 오는 동안 많은 문제와 어려움에 시달렸습니다 (롬 7:24). 그러나 끝까지 승리했습니다. 어린아이 신앙(고전 13:11)이 아니라 성숙한 신앙 때문입니다.
2) 쉬지않고 달려가기 위해서는 고칠 것을 고치고 버릴 것을 버리고 취할 것을 취해야 합니다.
① 고칠 것을 고쳐야 합니다.
② 버릴 것을 버려야 합니다.
③ 영적으로 유익한 것을 빨리 습득해야 합니다.

셋째, 정상적인 신앙성장은 신앙에 앞선 사람과의 교류때 더 빨리 이룩됩니다(16절).

1) 앞선 사람과 교제(communication)하십시오.
① 기도를 많이 하는 사람과 교제하십시오.
② 성경을 많이 보는 사람과 교제하십시오.
③ 전도하며 주의 일에 열심하는 사람과 교제하십시오.
④ 축복받는 사람과 교제하십시오.
2) 멀리해야 할 사람은 멀리해야 합니다.
① 부정적인 사람은 멀리해야 합니다.
② 세상적인 이야기에 가득한 사람은 멀리하십시오.
③ 실패한 이야기만 하는 사람은 멀리하십시오.

신앙생활에 성숙한 그리스도인들이 모두가 되시기를 주의 이름으로 축원합니다.

결론: 새해에는 신앙에도 High Technology입니다

성도의 생활에서 가져야 할 기쁨
(빌립보서 4:10~20)

현대인들은 과거에 비해서 생활 여건이 대체적으로 크게 향상되었지만 반대로 마음에는 감사, 기쁨 대신 쌓여 가는 불만과 감사가 없는 생활이 더 익숙해져 있습니다. 마치 이스라엘 백성들은 노예 생활에서 기적 가운데 건져내 주었더니 광야에서 원망과 불평으로 가득 차 있던 것과 비교가 됩니다(고전 10:8-11). 물론 돈(Money)이 필요하기는 하지만 생명보다는 덜 귀한 것인데, 사람들은 생명보다 돈을 더 사랑하려 합니다. 여기에서 문제가 생기게 됩니다(사 55:1-). 그래서 사도 바울은 말세 때에 사람들에게 고통의 원인 19가지를 나열했습니다(딤후 3:1-). 이런 생활에서 '돌아서라'고 했습니다. 본문을 비롯한 빌립보 서신은 기쁨의 서신입니다. 비록 옥에 갇혀 있으면서도 하나님 말씀을 전함에 있어서 기쁨의 내용을 전했습니다.

첫째, 내가 주 안에서 살아간다는 생각이 가득차 있을 때 진정한 기쁨이 옵니다.

그래서 주 안에서 기쁨(10절, 4:4 등)이 가득합니다. 소위 바울 신학의 특징적 어구인 '주 안에' (In christ)입니다.
1) 주 안에 있을 때 진정한 기쁨이 옵니다. 세상적인 배경이나 환경이 문제가 아닙니다.
① 바울은 이 모든 것을 주안에서 초월했습니다. 현대 교회 성도들에게 큰 교훈이 됩니다. 하박국 선지자의 외침은 더욱 요긴한 교훈이 됩니다(합 3:17).
② 바울은 지금 감옥에서 이 말씀을 전합니다. 지금 감옥에 있으면서 기뻐하라는 것입니다.
2) 왜 그렇습니까? 대답은 하나이니 예수 그리스도 안에 있기 때문입니다. 예수 그리스도 안에 있기 때문에 이런 기쁨이 가능하게 됩니다.
① 죄악에서 벗어 나서 죄를 이겨 나가는 기쁨입니다(시 119:11).
② 때로는 주 안에서 살려다가 어려움을 겪을 수도 있습니다(행 39:9, 23). 그

러나 주 안에 있기 때문에 기뻐하게 됩니다.
③ 그러므로 타락한 세상 유혹에 떠내려 가지 말고 주 안에서 승리의 생활을 할 때에 진정한 기쁨과 보람이 오게 됩니다. 이것은 성도의 생활이기도 합니다(계 19:6-8).

둘째, 내가 예수 안에 있을 때 자족하는 마음이 생기게 되고 그 자족하는 생활에서 기쁨이 옵니다.

성도의 생활은 예수 안에서의 자족생활입니다(1절). 자족이라는 말은 '아우탈게스'라는 말로써 '자연스럽게 살다' '스스로 만족하다'는 뜻입니다.
1) 상대적이기 때문에 현대인들은 고통을 겪기도 합니다.
① 나보다 상대가 많고 지위가 높은 것이 자극합니다. 그러나 성도들은 자족을 배워야 합니다(딤전 6:6-).
② 예수님이 가르쳐 주신 기도의 내용을 기억해야 합니다. "오늘날 우리에게 일용할 양식을 주옵시고"(마 6:9-) 했습니다.
2) 성경은 기도를 가르쳐 주었습니다(잠 30:8).
"가난하게도 마옵시고 부하게도 마옵시고" 했습니다. 본문 12절에는 "내가 비천에 처할 줄도 알고 풍부에 처할 줄도 알아 모든 일에 배부르며 배고픔과 풍부와 궁핍에도 일체의 비결을 배웠노라" 했습니다.

셋째, 그리스도인의 생활은 남에게 베풀고 나누어 주는 생활에서 기쁨이 옵니다. 즉 주는 데서 기쁨이 옵니다.

"주 안에서 항상 기뻐하라"(4:4) 했습니다.
1) 관용 속에서 사랑을 베풀어 주게 되고 기쁨이 됩니다.
① 여기에는 용서의 사랑입니다(마 18:21-35).
② 여기에는 나의 희생이 따르게 됩니다.
2) 관용 속에서 섬기는 마음이 있습니다.
① 예수님은 섬기려고 오셨습니다(마 20:28).
② 그리스도인들은 섬기게 될 때에 기쁨이 옵니다.
기쁨이 충만한 그리스도인들이 되시기를 주의 이름으로 축원합니다.
결론: 예수 안에서 기쁨이 있습니다.

바르실래에게서 배우는 신앙
(사무엘하 19:31~39)

성경에는 유명한 사건이나 인물들이 많아서 줄줄 외울 정도로 유명한 기사들이 가득합니다. 그러나 반대로 잘 알려지지 않은 사건이나 인물들이 많이 있는데 이는 마치 흙속에 묻혀 있는 보화와 같아서 발견해야 할 일들이 많이 있습니다. 오늘 말씀은 그 중에 한 부분이 되겠습니다. 다윗이 왕위에 올라서 40년간 나라를 통치하게 되고 미래에 죽을 때가 가까워 오면서 아들 솔로몬에게 유언을 남기게 됩니다. 유언의 내용들을 보면 첫째가 대장부가 되어서 하나님 섬기는 일에 힘써야 함을 강조하게 됩니다(왕상 2:1). 둘째가 본문의 중요한 요지인 길르앗 사람 바르실래에 대한 부탁이었습니다. 마지막 죽는 유언에서 집안의 얘기나 국가적 통치의 얘기가 아닌 사적인 바르실래에 대한 부탁이었습니다. 그 부탁하는 내용을 통해서 우리 모두 배워야 할 큰 교훈이 담겨 있습니다.

첫째, 바르실래는 어렵고 곤란에 빠진 사람을 섬기기를 기뻐하는 신앙을 배우게 합니다.
 1) 바르실래는 다윗이 곤경에 빠질 때에 댓가 없이 도왔던 사람입니다.
  ① 압살롬이 반기를 들고 다윗을 좇아다닐 때에 다윗은 쫓겨서 요단강을 건너 길르앗까지 도망하게 되었습니다. 이때에 바르실래가 힘껏 다윗을 도와주게 됩니다(삼하 19:27-29).
  ② 다윗은 일생 중에 제일 어려운 때에 바르실래의 도움을 입게 되었습니다. 성경에는 어려운 자에게 도우라고 교훈해 줍니다(레 23:22, 신 24:19).
  ③ 선행은 예수님의 교훈이기도 합니다(마 5:7, 마 18:33, 잠 19:17, 히 6:10).
 2) 그런데 바르실래는 다윗을 도울 때에 어떤 대가를 바라고 도운 것이 아닙니다.
  ① 왕위에서 쫓겨나게 되었으니 다시 회복하면 한 자리 얻어야겠다는 기대심으로 한 것도 아니었습니다. 왜냐하면 다시 회복되었을 때에 다윗이 예루살렘으로 돌아가자고 하여도 바르실래는 극구 사양했습니다(33절).
  ② 세상에는 대가성의 선한 일이 많이 있습니다. 그런데 예수님은 사람에게

보이기 위해 행치 말라고 교훈하셨습니다(마 6:1).

둘째, 바르실래는 하나님 편에 서 있는 정의로운 다윗을 도우려고 했다는 것입니다.

사심없이 순수한 마음에서 오는 도움입니다. 육신적으로 생각하면 지금 아들에게서 쫓겨 가는 다윗을 누가 돕겠습니까? 언제 압살롬에게 당할지 모르는 일이 아니겠습니까? 그런데 다윗을 도운 것은 다윗이 하나님 편에 서 있는 사람임을 알았습니다.

1) 다윗이 살아 온 생애는 하나님 편에 서 있는 사람임을 알았습니다.
① 다윗이 살아 온 하나님 편에 서 있는 생애였습니다. 내가 하나님 편에 서 있게 되면 하나님은 바르실래를 지금도 내 곁에 붙여 주시게 됩니다(시 41:10, 시 118:6).
② 사람을 통해서 하나님의 손길이 나에게 오게 됩니다.
2) 내가 언제나 하나님 편에 서 있는다고 확신해야 하겠습니다.
① 하나님은 내 편에 계셔서 도우십니다.
② 다윗은 시편에서 이것을 강조합니다(시23:4).

셋째, 바르실래가 심은 것은 그 자손들이 열매를 거두게 됩니다.

바르실래는 대가성 없이 하였지만 다윗은 유언으로 솔로몬에게 바르실래의 자손들을 부탁하게 됩니다.

1) 내가 심으면 자손에게 미치게 됩니다.
① 바르실래가 그 좋은 예가 됩니다(전 11:1).
② 무조건 심으면 자손에게 미치게 됩니다(출 20:5-).
2) 바르실래를 교훈 삼아서 우리는 평상시에 남을 돕는 선한 일에 힘써야 하겠습니다. 바르실래의 신앙을 전수하게 되기를 축원합니다.

결론: 선을 행하되 낙심하지 말아야 합니다(갈 6:9).

요셉의 신앙
(창세기 41:41~45)

우리가 천국에 갈 때까지는 이 세상에서 존재하며 인생의 여정을 살아가야만 합니다. 그런데 세상에 살아가면서 반드시 신앙생활 속에 살아야 하는데 어떤 사람은 타고 가던 배가 파선 하듯이 신앙생활이 파선해 버리는 경우들도 있습니다. 그래서 파선된 배와 같은 사람들은 조심하라고 경고하였습니다(딤전 1:18-). 성경에는 신앙적으로 성공적인 사람들도 많이 등장하게 되는데 본문에 나오는 요셉은 그 중에 한 사람입니다. 그래서 예수님의 모형으로서 소개되기도 합니다. 야곱의 열두 아들 가운데서 열한 번째인 요셉은 배다른 형들로부터 애굽에 팔리우게 되었고, 악전고투의 고난 끝에 애굽의 국무총리까지 되었고, 드디어 온 땅의 흉년 때에 애굽은 물론이고 자기 집과 모든 사람들을 구원하였습니다. 요셉과 같은 성공적인 생애가 우리교회 성도들 가운데 전개되기를 원합니다. 요셉은 어떤 신앙생활을 하였을까요?

첫째, 요셉은 꿈을 꾸는 신앙이었습니다.

물론 여기에서 말하는 꿈은 밤에 잠 속에서 꾸는 꿈(Dream)이지만 이것이 미래에 대한 것이라면 미래에 대한 예시(Vision)적인 꿈이기도 합니다.

1) 요셉은 꿈을 꾸었습니다.
① 꿈의 내용이 어떤 것이었습니까? 열한 별과 해와 달이 자기에게 절하였고 들판에서 열한 곡식단이 자기에게 절하는 꿈이었습니다.
② 성경에는 꿈에 관한 이야기와 인물들이 많이 기록되었습니다(창 41:7-22, 왕상 3:5, 단 2:2, 삿 7:13, 창 37:6-11).
③ 꿈에는 여러 종류의 꿈들이 많이 있습니다. 망상에 지나지 않는 꿈들에서부터 실제적으로 개인의 앞날이나 국가의 길이 달려 있는 꿈들도 있습니다. 성경에는 이런 꿈들을 우리에게 계시하였습니다(민 12:6, 마 27:19, 마 2:22).
2) 요셉에게 내려진 꿈은 장차 요셉에게 이루어질 영적인 꿈이었고 하나님의 꿈의 계시였습니다.

① 이 꿈은 자기의 의견이나 자기 생각과는 전혀 관계없이 하나님께서 역사하시는 꿈이었습니다.
② 우리가 가진 꿈들은 어떤 꿈들입니까? 예수 안에서의 꿈들이 있어야 하겠습니다. "너희 안에 행하시는 이는 하나님이시니 자기의 기쁘신 뜻을 위하여 소원을 두고 행하시나니"(빌 2:13)라고 하였습니다.

둘째, 요셉은 언제든지 하나님과 동행하는 사람이었습니다.

세상을 항해할 때에 좋은 일만 있는 것이 아닙니다. 풍랑도 강하게 일어날 때가 있습니다. 예수님께서 타신 배에도(마 8장), 사도 바울이 타고가던 배(행 27:9)에도 풍랑이 일어났습니다. 그런 때에도 하나님과 동행해야만 합니다.

1) 요셉은 고난 가운데에서 꿈을 포기하지 않고 하나님과 동행하는 생애를 살았습니다(창 39:2, 23).
① 생애에서 어려울 때일수록 하나님과 동행하여야 합니다.
② 요셉은 후에 국무총리가 되었을 때에도 하나님과 동행하는 삶을 살았습니다.
2) 어려운 시대에도 하나님과 동행했던 사람들이 성공자들입니다.
① 에녹을 보십시오(창 5:22).
② 엘리야를 보십시오(왕하 2:21).
③ 이 시대에 우리 자신들도 하나님과 동행해야 합니다.

셋째, 요셉은 원수 같은 형제들을 용서하는 사랑의 신앙을 가졌습니다.

요셉의 일대기(一代記)에서 자기를 애굽에 팔아버린 형들이지만 용서했습니다(창 45:5, 50:17).

1) 사랑의 실천이 신앙의 제일입니다.
① 13년간의 옥중 생활을 잊었습니다.
② 예수님도 원수를 용서하셨습니다.
③ 원수를 갚지 말라고 하였습니다(롬 12:17).
2) 삶의 현장에서 우리는 용서의 신앙이 필요합니다.
① '사랑의 원자탄'이라 불리우는 손양원 목사님을 생각합시다.
우리 모두 요셉의 신앙 따라서 승리하게 되기를 주의 이름으로 축원합니다.

빌레몬의 신앙인격
(빌레몬서 1:1~7)

좋은 신앙은 그 사람의 신앙인격에서 나오기 마련입니다. 성경적 신앙생활은 성경적인 바른 신앙에서 나오게 됩니다. 성경에서 에베소, 빌립보, 골로새, 데살로니가서를 빌레몬서와 더불어 옥중서신이라고 합니다. 옥에 갇혀 있는 바울이 밖에 있는 교회들에게 전한 말씀이기 때문입니다. 로마 옥중에 갇혀 있으면서 옥중에서 전도해서 얻은 오네시모 때문에 밖에 있던 오네시모의 주인되는 빌레몬에게 전한 말씀이 빌레몬서인데, 이 시간에는 그 주인되는 빌레몬의 신앙인격에 대해서 살펴보면서 은혜 나누려고 합니다. 빌레몬은 골로새교회의 일꾼이었던 것으로 알려지는 바 골로새 지역의 유지였고, 부유했으며, 자기집을 교회로 사용하게 했던 사람입니다.

첫째, 빌레몬은 자기 집을 교회로 사용하게 했습니다.
"네 집에 있는 교회에게 편지하노니"(2절)했습니다.
1) 초대교회는 가정에서부터 시작된 소위 가정교회 시대입니다.
① 오늘날과 같은 대형교회들이 아니었습니다. 두세 사람이 기도처로 모이면 주님이 함께 하신다고 약속해 주셨기 때문입니다(마 18:19-20).
② 교회의 시작인 모교회였던 예루살렘 교회가 가정에서 시작되었습니다(행 12:12-). 이곳은 예수님 당시에도 모이던 장소였습니다(마 26:26).
③ 고린도교회도 디도 유스디오 집에서 시작되었습니다(행 18:7).
④ 골로새교회 역시 그랬습니다. 그래서 여기 집(오이코스)은 바로 교회가 된 것입니다.
2) 우리집이 교회가 되게 해야 합니다.
① 우리 가족들이 모여서 예배드리는 가족교회가 먼저 되어야 하겠습니다.
② 가정에서 찬송과 기도소리가 울려 나오게 해야 합니다.
③ 가정에서 영적이고 정신적인 구심점이 사라질 때에 가정에서 문제가 생기게 됩니다. 가정교회가 복이 있습니다(시 148:1).
3) 개인 집에서 교회로 사용하기가 쉬운 문제는 아닙니다.

① 열 가지 어려움은 감수해야 합니다. 더욱이 그 때에는 핍박받던 시대였습니다. 여기에서 빌레몬의 신앙인격을 보게 됩니다.
② 폴란드에 집회 갔을 때에 주일은 큰 예배처를 빌려서 예배 드리지만 수요일과 주일저녁에는 자기가 살고 있는 집을 예배 처소로 사용하라고 했던 김집사님을 잊을 수가 없습니다.

둘째, 빌레몬은 성도들을 비롯한 바울에게도 평안을 끼치는 사람이었습니다.

"형제여 성도들의 마음이 너로 말미암아 평안을 얻었으니 내가 너의 사랑으로 많은 기쁨과 위로를 얻었노라"(7절) 했습니다.
1) 빌레몬은 예수의 이름으로 다른 이들에게 평안을 끼치는 신앙인격의 소유자였습니다.
① 어떤 사람은 만나기만 하면 불화를 일으키는(trouble maker) 사람이 있고 반면에 평안을 끼치는(peace maker)사람이 있습니다.
② 바울에게 평안을 끼쳤습니다.
③ 교회의 여러 성도들에게도 평안을 끼치게 된 사람입니다.
2) 그 당시 교회는 핍박속에 있었기 때문에 빌레몬은 바울에게나 성도들에게 큰 신앙적 위로자였습니다.

셋째, 빌레몬은 사도들뿐 아니라 바울에게 순종하는 인격자였습니다.

"나는 네가 순종함을 확신하므로 네게 썼노니 네가 나의 말보다 더 행할 줄을 아노라" 했습니다.
1) 빌레몬에게 속한 오네시모 문제 때문이었는데 잘 되어서 오네시모는 큰 일꾼이 되었습니다(골 4:9).
① 빌레몬도, 오네시모도 이제는 주인과 종이 아니라 형제요, 교회의 일꾼이 되었습니다.
② 순종이 제사보다 낫습니다(삼상 15:22).
③ 내 생각보다 주의 뜻을 앞세워야 합니다.
2) 하나님이 기뻐하시는 신앙은 순종의 신앙입니다.
이 시대에 빌레몬과 같은 좋은 신앙인격을 본받게 되기를 축원합니다.
결론: 빌레몬과 같은 사람이 요구되는 시대입니다.

힘을 다하는 생애
(전도서 9:10~12)

인생에는 반드시 시작이 있듯이 끝날 날도 있습니다. 혹자는 세상에서 영원히 살아갈 것 같이 생각하지만, 그러나 어느 누구도 세상에서 영원히 살 수는 없습니다. 그래서 안개와 같고, 꿈과 같고, 때로는 지나는 그림자와 같이 지나가 버리는 것이 인생입니다. 이 짧은 인생속에서 사람들은 성공과 실패의 연속적인 흐름속에서 살아갑니다. 이 일이 성공했다고 기뻐하기도 하고, 저 일이 실패했다고 낙심 가운데 있기도 합니다. 세상적으로는 성공처럼 보이지만 영적이고 신앙적인 면에서 볼 때에는 성공이 아니라 실패도 있습니다. 재물을 많이 모았고(눅 12:18) 지위가 높아졌다고 해도 하나님이 없는 인생이라면 결코 정상적인 성공의 대열에 설 수가 없습니다. 짧은 인생을 살아가면서 우리는 내가 가진 직업이나 사업, 인생을 사는 데 최선을 다해서 살아가야 합니다.

첫째, 그리스도인은 매사에 최선을 다하는 생애가 되어야 합니다.
물론 피곤하고 힘든 것이 인생사이기도 합니다(창 47:9, 시 90:10).
1) 성도에게 주어진 일에 최선을 다해야 합니다.
① "무릇 네 손이 일을 당하는 대로 힘을 다하여 할지어다"(10절)하였습니다.
② 내가 할 수 있는 힘을 다해서 할 때에 주께서 도와 주실 것입니다. 유명한 물리학자인 아인슈타인 박사는 말하기를 "천재와 바보 사이는 백지 한 장 차이에 불과하다" 하였습니다. 미국의 대통령을 지낸 인물 가운데 퇴임후에 더 유명한 지미 카터 대통령이 남긴 말 가운데 "왜 최선을 다하지 않았느냐?"(You, Why not best?)는 말이 있습니다.
③ 네 손이 닿는 대로 즉, 내가 맡은 그 일에 최선을 다해야 하겠습니다.
④ 내가 하는 일에 대해서 사명을 가지고 일을 해야 하겠습니다. 사명자란? 내가 이 일에 대해서 하고 싶어서가 아니라 하나님께서 내게 주신 특명으로 생각하고 일하는 것입니다.
2) 최선을 다하는 사람은 끝까지 인내할 줄 아는 사람입니다.
① 힘들다고 중간에 포기해 버리거나 주저앉지 말아야 합니다. 더더욱 열등

의식이나 타인과 비교해서 낙심치 말아야 합니다. 여호수아의 예를 들어 볼 수가 있습니다(수 1:1-4).
② 성도는 최선을 다하는 곳에 하나님께서 나와 함께 계심을 믿어야 합니다. "내가 비록 사망의 음침한 골짜기 가운데 다닐지라도 해를 두려워하지 않을 것은 주께서 나와 함께 하심이라"(시 23:3) 했습니다.

둘째, 그리스도인들은 매사에 즐거운 마음으로 일해야 합니다.

1) 내게 맡겨진 모든 일들을 즐겁게 해야 합니다.
① 때로는 그 일이 내 마음에 들지 않더라도 즐거워할 수 있어야 합니다. "내 소견에는 사람이 자기 일에 즐거워하는 것보다 나은 것이 없나니 이는 그의 분복이라"(전 3:22) 했습니다.
② 예수를 믿는 그리스도인들은 매사에 기쁜 마음이 중요합니다. 바울은 옥중에서도 즐거워하였고 기뻐했습니다(빌 4:1-4). 교회에서 맡은 일에 우리는 기쁨으로 할 수 있어야 합니다.
2) 왜 그리스도인들은 매사에 기뻐해야 합니까?
① 믿지 않는 불신자들은 내일을 모르는 미지의 세계를 가지만 믿는 성도들은 분명히 내일의 성공을 믿기 때문입니다.
② 인생사의 모든 일이 하나님께 있기 때문입니다. 어려운 난세때에도 성도가 기뻐해야 할 이유가 여기 있습니다.

셋째, 그리스도인들은 매사에 목적이 '하나님의 영광' 을 위해서 일해야 합니다.

아인슈타인은 말하기를 "매사에 성공자가 되려 하지 말고 가치 있게 쓰임받는 사람이 되라"고 했습니다.
1) 내가 하는 일이 하나님께 영광이 되게 해야 합니다(고전 10:31).
① 직장생활도 하나님의 영광을 위해서 해야 합니다.
② 사업도 하나님의 영광을 위해서 해야 합니다.
2) 우리는 반드시 하나님 앞에 서게 될 때가 있습니다.
③ 하나님 앞에 섰을 때에 부끄러움이 없게 살아야 합니다.

최종적인 성공은 하나님 앞에 칭찬 듣는 생애를 사는 사람입니다. 최선을 다해서 성공적인 생애들이 되시기를 주의 이름으로 축원합니다.

하나님 앞에 큰 사람
(욥기 1:1~3)

사람들은 세상에서 모두가 크게 되기를 원하고 있습니다. 심지어 동물의 세계에서도 순위와 우위를 판가름하는 싸움이 일어나곤 합니다. 제자들이 예수님께 책망을 받은 때가 있었습니다(막 9:33). 길에서 제자들 사이에 누가 큰자냐 라는 문제로 인하여 싸우는 말다툼이 일어났기 때문입니다. 이때에 예수님께서 제자들을 향하여 교훈하시는 말씀이 누구든지 크고자 하면 남을 섬기는 자가 되어야 한다고 하셨습니다. 본문에서 욥은 하나님께서 큰 사람이라고 칭찬하시며 인정해주신 사람입니다. "이 사람은 동방사람 중에 가장 큰 자라"하였습니다. 그러면 욥을 향해서 왜 큰 사람이라고 하셨을까요? 욥이 재산이 많았고 아들 딸들이 많았고, 많은 종들이 있었고 사회적 지위가 높았기 때문에 큰 사람이라고 하셨을까요? 오늘 욥기를 통해서 욥이 큰 사람으로서의 됨됨이에 관해서 살피고 우리 자신들이 하나님앞에서 영적으로 큰 사람이 되어야 하겠습니다.

첫째, 욥은 순수한 신앙의 소유자였습니다.
① 순수한 신앙의 소유자가 큰 사람입니다. 독일의 철학자 칸트(Immanuel Kant)는 저 하늘에는 반짝이는 별이 있고 내 마음에는 양심의 빛이 빛난다고 하여 '순수이성비판(純粹理性批判)'이라는 철학을 펼쳐 나갔는데 '순수'라는 말은 잡것이 섞이지 않은 것을 뜻합니다.
② 욥의 신앙은 잡것이 섞이지 않은 신앙이었습니다. 이스라엘의 문제점은 애굽에서 나올 때에 잡족들이 함께 따라 나오게 되었는데 광야에서 저들이 큰 문제가 되었습니다(출 12:37-38, 레 24:10-11, 민 11:4). 성도는 순수한 신앙을 가져야 큰 사람입니다.
③ 순수성을 위해서 잡것을 제거해야 합니다. 신명기 22:9에 포도원에 두 종자를 뿌리지 말라고 하였습니다. 다원화된 시대에 우리의 신앙은 순수해야 합니다. 또한 주의 교회가 순수해야 합니다.

둘째, 욥은 정직한 믿음의 소유자였습니다.

① 하나님께서 크다고 하신 사람은 정직한 신앙의 소유자입니다. 하나님은 중심을 보시기 때문입니다. 중심을 보시는 하나님께 우리는 정직해야 합니다. 심장과 폐부를 보시는 분입니다(삼상 16:7, 렘 11:20, 잠 11:1, 20:10, 23).
② 정직한 신앙은 심은 대로 거두게 됩니다. 하나님은 만홀히 여김을 받지 아니하시고 심은 대로 거두게 하십니다(갈 6:7).
③ 그러므로 자기 자신을 그대로 내어놓고 회개하는 정직성이 중요합니다.

셋째, 욥은 하나님을 경외하는 신앙의 소유자였습니다.

인생들은 모두 하나님을 경외해야 합니다(전 12:13). 경외한다는 말은 여러 가지 뜻이 있습니다.
① 엎드린다는 뜻이 있습니다. 동방박사가 엎드려 경배하듯이 엎드려야 합니다(마 2:11).
② 무릎을 꿇는다는 뜻이 있습니다. 진정으로 겸손하게 엎드려 무릎을 꿇어야 합니다. 겸손의 신앙이 제일되는 미덕이기 때문입니다(약 4:6, Augustine). 세례 요한이 예수님께 큰 자라는 칭찬을 받게 되었는데 세례 요한은 예수님을 높이고 겸손한 자였기 때문입니다(눅 7:28, 마 3:11).
③ 하나님을 경외한다는 말은 환난이나 핍박과 시험이 와도 끝까지 변하지 않는 신앙을 뜻합니다. 욥은 아무리 큰 바람이 불어서 흔들어 봤어도 끄떡 없이 하나님을 경외한 사람이 되었습니다(약 5:10-11). 욥은 의인 중에 의인이었습니다(겔 14:14-).

넷째, 욥은 악에서 떠난 사람이었습니다.

① 욥이 큰 사람이 되기 까지 됨됨이는 악에서 떠난 사람이었습니다.
② 이 시대에 악의 주인공이 아니라 선의 주인공이 되어야 하겠습니다.
③ 악한 자의 길은 망하게 되기 때문입니다(시 1:1-6, 37:1).

우리교회 성도들 모두가 하나님 앞에서 큰 사람으로 승리케 되시기를 주의 이름으로 축원합니다.

결론: 욥은 하나님 앞에 큰 사람이었습니다. 이세대에 욥은 우리 자신들이어야 합니다.

분노와 신앙의 미덕
(잠언 16:32~33)

사람이 세상을 살아가면서 누구나가 한번쯤은 어떤 일이나 사건 앞에서 화가 치밀어 오게 되고 분노가 쌓이는 일을 경험하게 되는 것이 사실입니다. 불쾌지수가 높은 여름에는 더욱 그 횟수가 많아지게 될 것입니다. 현대인들은 그 옛날에 비해서 모든 것이 풍족하게 생활해 나가지만 분노와 자기 마음을 잘 다스려야 한다고 말씀했습니다(약 1:19-20, 잠 14:29, 엡 4:26).
인도의 영웅 간디는 화를 품고는 선한 일을 할 수 없다고 했습니다. 혈기를 부리는 것은 하나님의 의를 이루지 못하기 때문에 성도는 더욱 마음을 다스리는 훈련을 해야 하겠습니다.

첫째, 성도가 가져야 할 신앙의 미덕은 참고 견디는 인내입니다.

이것은 매우 중요한 미덕 중에 하나입니다. 인간은 감정이 있기 때문에 기쁘고 웃을 때도 있지만 화가 날 때도 있기 때문에 감정조절을 잘 해야 합니다.
호세 셀라의 대표작인 '파스쿨라 두아데라의 가족' 이라는 소설속에서 주인공 파우쿠말은 사냥하고 돌아오다가 옆총으로 개를 쏴 죽이고 나중에는 자기 어머니마저 죽인다는 이야기입니다. 현대인의 정신적 상황을 말해주는데 현대인은 자기 감정을 조절하지 못하며 살아가는데 대한 고발적인 소설입니다.
"분을 내는 자는 다툼을 일으켜도 노하기를 더디하는 자는 시비를 그치게 하느니라" (잠 13:8) 했습니다.
1) 참지 못하고 인내하지 못해서 분노 중에 결정적인 죄를 짓게 됩니다.
① 가인은 분노에 못이겨 동생 아벨을 죽였습니다(창 4:6).
② 성을 빼앗는 것보다 중요한 것은 자기 마음을 다스리는 것입니다.
③ 모세는 가나안에 들어가지 못하는 원인이 되었습니다. 40년을 이스라엘 백성을 이끌어 왔던 모세였지만 가나안에 들어갈 수 없었던 것은 한 순간의 불신앙과 혈기 때문이었습니다(민 20:12).
2) 혈기를 내게 되면 영적으로 반드시 손해가 됩니다.
① 마귀는 인간의 속성을 알기 때문에 혈기내도록 부추기게 됨을 알아야 합

니다.
② 반면에 분노를 잘 설득해서 가라앉게 하는 역할을 하는 사람들도 있습니다. 나아만이 엘리사의 전하는 말을 듣고 노하게 될 때에 수행해온 사람들이 분을 그치게 하였고 엘리사의 말과 같이 요단강에서 일곱 번 씻게 될 때에 나아만의 문둥병이 낫게 되었습니다(왕하 5:7).
③ 분노할 때에 참아야 합니다(마 26:51). 이것까지 참으라 하셨습니다.

둘째, 성도가 가져야 할 미덕은 분노대신 사랑을 가지는 일입니다.
분노가 불같이 치솟게 되는 것은 순간적으로 사랑이 없어지기 때문입니다. "사랑은 성내지 아니하며"(고전 13:5-) 했습니다.
1) 말세가 될수록 혈기 부리는 현상이 더욱 많아집니다.
① 불법이 성하기 때문입니다(마 24:12, 벧전 4:7-8). 사랑해야 합니다.
② 사랑속에 용서가 있습니다. 예수님도 스데반 집사도 죽으면서 용서의 기도를 했습니다(행 7:60).
2) 사랑으로 참아내는 사람이 결국 이기게 됩니다.
① 현대인들은 누구나가 남녀노소 할 것 없이 화낼 일이 많습니다. 모두가 상대적인 일 때문입니다.
② 모두가 사랑으로 이겨내야 합니다.

셋째, 성도의 참으로 좋은 미덕은 어떤 문제 앞에서도 십자가 위의 예수 그리스도를 바라보는 데 있습니다(히 12:2).
1) 언제나 십자가 위의 예수 그리스도를 생각해야 합니다.
① 나에게 어떤 수모든 예수님이 당한 것과는 비교할 수 없습니다(벧전 2:24).
② 내가 십자가 위에서 날마다 죽어야 합니다(고전 15:31, 민 16:24).
2) 십자가를 지고 혈기를 참으면 이길 수 있습니다.
① 예수 안에서 우리는 영광을 나타낼 수가 없습니다.
② 혈기를 내면 하나님의 영광을 나타낼 수가 없습니다.
"네가 나의 백성 앞에서 나의 거룩함을 나타내지 아니했다"(민 20:12)고 하셨습니다. 분노보다 인내로 승리하시기를 축원합니다.
결론: 인내와 참는 것은 신앙의 미덕입니다.

섬기는 생활
(마태복음 20:20~28)

사람이 세상을 살아가면서 혼자 살 수는 없습니다. 혹자는 말하기를 "나는 남을 돕지는 않지만 남의 도움 또한 받고 살지 아니한다"고 자랑스럽게 말하지만 실상은 그럴 수가 없습니다. 이는 이기주의에 입각한 생각일 뿐입니다. 가령 예를 들어서 우리가 밥상 앞에서도 생각해 보면 쌀 한 톨이라도 남의 도움이 없이 자연현상으로 입에 들어가는 것이 아니라 배후에는 얼마나 많은 사람들이 땀흘리고 수고한 결과로 입에 들어가게 되는 것입니까? 따라서 세상에는 혼자 사는 것이 아니라 서로가 돕고 섬기는 가운데 살아가게 된다는 말씀입니다. 더욱이 하나님의 교회에서는 말할 것도 없습니다. 본문에서 예수님의 최종적인 교훈은 섬기는 자가 될 것을 말씀했습니다. 세상에서는 높은 자리에 앉은 자가 호령하는 세상이지만 천국에는 섬기는 사람이 크다고 말씀했습니다. 교회의 모든 직분은 섬기는 자리임을 명심해야 합니다.

첫째, 교회 생활은 세상적인 방식과는 다릅니다.
교회가 세상 안에 있지만 교회는 세상적인 방식과 다르다는 사실입니다.
1) 당시에 로마인은 정복하고 점령해서 지배하는 것이지만 예수님은 나귀를 타시고 겸손하게 입성하셨습니다.
① 세상 모든 일들이 자기 과시용 처세들이 많습니다. 자기 과시욕을 벗어나야 합니다.
② 자기를 나타내고 자기가 다른 사람보다 우월하다는 생각에서 큰소리 칩니다. 예수님은 "내 잔을 마실 수 있느냐?"고 물었습니다. 예수님은 십자가로써 섬기는 길을 가셨습니다.
③ 사람들은 권세와 권력으로 사람들 위에 군림하고 지배하기를 좋아합니다 (25절).
2) 하나님 교회에서는 성도들이 서로 돕고 봉사하는 곳입니다.
① 교회는 서로 섬기고 봉사하는 곳입니다(엡 4:11). 교회 모든 직분자들은 봉사의 일을 해서 주의 몸된 교회를 세운다고 했습니다.

② 교회 모든 직분 맡은 자들은 서로가 섬기는 자리로 돌아가야 합니다. 보혜사(파라클레토스)라는 말은 성령을 지칭함인데, 그 뜻은 '돕는자, 섬기는 자' 라는 뜻이 있습니다. 성령 받은 사람은 섬김을 받는 것이 아니라 섬기는 사람이 되어야 합니다.

둘째, 천국에서는 섬기는 사람이 큰 사람입니다.

"너희 중에는 그렇지 아니하니 누구든지 크고자 하는 자는 너희를 섬기는 자가 되고"(26절), "너희 중에 누구든지 으뜸이 되고자 하는 자는 너희의 종이 되어야 하리라"(27절) 했습니다.

1) 천국에서 큰 사람이 되기 원하십니까?
① 남을 섬기고 봉사하고 돕는 자가 되십시오. 내가 이 교회에서 오래되고 또는 내가 이 교회에서 헌금했고가 아니라 섬기는 자가 되어야 합니다. "주 앞에서 낮추라 그리하면 주께서 너희를 높이시리라"(약 4:10).
2) 세상에서 큰 자가 천국에서 작은 자가 될 수도 있습니다.
① 세상에서 섬기는 자세가 됩시다.
② 교회에서 군림하는 자세는 필요치 않습니다.

셋째, 예수님은 우리에게 섬기는 견본(SAMPLE)이 되셨습니다.

"인자의 온 것은 섬김을 받으려 함이 아니라 도리어 섬기려 하고 자기 목숨을 많은 사람의 대속물로 주려 함이니라"(28절) 했습니다.

1) 예수님이 섬김의 본이 되셨습니다.
① 그래서 십자가에서 죽으셨습니다.
② 제자들의 발을 씻기시며 섬기라고 하셨습니다(요 13:4-).
③ 그리고 섬김의 도를 가르치셨습니다(요 13:14-16).
2) 섬김의 본이 됩시다.
① 다미엔은 볼도카이 섬에서 나환자들을 섬기기 위해서 같이 나환자가 되었다고 했습니다.
② 예수님은 하나님이시지만 이 땅에 오셔서 섬기셨습니다(빌 2:5-11). 우리 모두 높아지려는 마음을 버리고 낮은 마음 가지고 섬기는 생활로 나가야 하겠습니다. 섬기는 생활을 하기를 축원합니다.

결론: 예수님의 참 사람은 섬기는 데 있습니다.

지혜로운 성도의 삶
(에베소서 5:15~17)

이 지구상에는 60억이 넘는 인생들이 지구촌을 이루면서 살아가고 있습니다. 가난한 자, 부유한 자, 배운 자, 배우지 못한 자, 똑똑하다고 생각하는 자, 덜 똑똑한 자들이 스스로의 길을 바쁘게 아귀다툼 속에서 살아갑니다. 세상에서는 위세있고 똑똑하다고 생각하는 사람도 성경의 관점에서 보았을 때에 어리석은 인생들이 많이 있습니다. 기본적으로 여호와를 경외하는 것이 지혜자입니다(잠 9:10). 반대로 어리석은 인생들도 세상에는 많습니다(시 14:1, 마 7:26, 갈 3:1). 그래서 성경에는 여호와께서 말씀하시기를 내 생각과 너희 생각이 다르다고 하셨습니다(사 55:8). 하나님을 인정치 않고 예수 믿지 않는 인생은 결국 어리석은 인생이요, 종국에는 지옥심판밖에 없습니다. 예수 안에 살아가는 것이 지혜요, 축복받은 생애입니다. 그러면 지혜로운 인생은 어떻게 살아가는 생애일까요?

첫째, 지혜로운 사람은 세상사는 방법이 분명하고 확실합니다.
1) 지혜있는 사람은 그 삶의 원리(原理)가 있습니다.
① 하나님께서 주신 말씀의 원리를 따라서 살아갑니다. 기차가 레일 위를, 자동차가 도로 위를, 비행기가 공중을, 배가 물위를 떠가는 것과 같습니다. 그래서 기록된 말씀 안에서 살아가야 합니다(고전 4:6).
② 말씀 따라 가는 생활 속에 축복이 있습니다. 신·구약 성경에는 축복이 약속되었는데, 말씀 위에 주어진 축복입니다(신 28:1-14). 말씀 따라 사는 것이 지혜요, 축복입니다.
2) 지혜로운 인생은 생애의 목적(目的)이 분명합니다. 영적인 면에서 분명한 방향이 제시되어야 합니다.
① 하나님의 자녀는 하나님 말씀 안에서 하나님의 영광이 목적이 되어야 합니다(고전 10:31). "그런즉 너희가 어떻게 행할 것을 자세히 주의하여 지혜 없는 자 같이 말고 오직 지혜 있는 자 같이 하여"(15절)했습니다.
미국 하버드 대학을 창설한 하버드(Haverd)는 남북전쟁시에 죽을 고비에

있을 때에 서원 기도하기를 내가 살아서 돌아가면 주를 위해 살겠다고 서원했습니다. 하버드 장군이 개선했을 때에 대통령을 위시해서 유명 인사들이 그를 위해 잔치를 열게 되었는데 그 날이 수요일입니다. 이때에 하버드는 말하기를 그 잔치보다 더 중요한 약속이 있어서 참석치 못하겠다고 하였습니다. 결국 수요일이 아닌 목요일로 옮겼고 하버드는 수요예배에 참석하게 되었습니다. 지혜 있는 사람은 하나님과의 약속인 주일성수 등 예배시간, 헌금 등을 잊지 않습니다.

② 우리는 어떻습니까? 주일 범하는 일을 식은 죽 먹듯 하지 않습니까? 생각이 바뀌고 생애가 바뀌어야 합니다.

둘째, 지혜로운 생애는 기회를 선용할 줄 아는 사람입니다.

기회는 언제나 곁에 있는 것이 아닙니다(16절). "기회(세월)을 아끼라 때가 악하니라" 했습니다.

1) 기회를 선용해야 합니다.
① 은혜받고 축복받는 길은 기회를 선용하는 사람입니다(고후 1:1-3).
② 믿음의 선진들은 기회를 선용했습니다. 베드로를 위시한 제자들을 보십시오(마 4:18). 야곱 역시 기회를 선용했습니다(창 32:32).
2) 이 시대 역시 기회를 놓치지 말아야 승리합니다.
① 영적인 일에 기회가 있습니다.
② 지혜로운 생애만이 천국의 주인공이 됩니다.

셋째, 지혜로운 인생의 삶은 먼저 그의 나라와 그의 의를 구합니다.

"그러므로 어리석은 자가 되지 말고 오직 주의 뜻이 무엇인지 이해하라"(17절)했습니다.

1) 지혜자는 내 뜻이 중요한 것이 아니라 하나님의 뜻이 중요합니다.
① 내 뜻은 버려야 합니다.
② 하나님의 뜻을 앞세워야 합니다.
2) 그의 나라를 언제나 앞세워야 합니다.
① 이것이 주를 기쁘시게 합니다.
② 이것이 축복의 원천입니다.

결론: 지혜로운 성도의 생애가 되시기를 축원합니다.

힘있는 신앙인들
(히브리서 11:35~40)

사람들은 세상에서 힘있게 살아가기를 소망합니다. 그래서 세상에서 필요한 힘들을 취득하기 위해서 힘을 씁니다. 그 힘 가운데는 여러 가지가 있는데 사람에 따라서 다르지만 돈의 위력은 재력이라 하고, 학문의 힘은 학력이라 하며, 권세의 위력은 권력이라 부르게 됩니다. 또한 고대사회에서는 육체적인 힘을 무시할 수 없었습니다. 그러나 이 모든 것들은 세상적이고 한계가 있는 것들이어서 영원할 수는 없습니다. 영원히 존재하는 힘은 오직 믿음의 힘, 신앙의 힘 뿐입니다. 히브리서 11장에는 믿음의 큰 산맥들이 있는데 이른바 믿음의 위력을 소지했던 사람들의 생애를 말해줍니다. 세상의 위대하다고 하는 힘들은 때가 되고 세월이 흐르면 없어지는 것들이지만 믿음의 힘, 신앙의 위력은 영원히 남게 됩니다. 이런 위대한 힘을 소지한 사람들은 어떤 사람들일까요?

첫째, 믿음으로 순종했던 사람들입니다.
믿음의 위대한 힘을 소유한 사람들이 있는데 저들은 순종의 사람들입니다.
1) 그 가운데 몇사람만 예를 들면 다음과 같습니다.
① 아브라함은 언제나 순종의 믿음의 소유자였습니다. "믿음으로 아브라함은 부르심을 받았을 때에 순종하여"(8절) 했습니다. 갈대아 우르를 떠나라고 할 때에 떠났습니다(창 12:1). 하갈과 이스마엘을 내어 쫓으라는 경우에 순종했습니다(창 21:14). 이삭을 바치라고 할 때에 순종했습니다(창 22:1).
② 이때에 큰 복을 약속하셨습니다(창 11:17). 순종의 결과로 큰 축복이 약속되어 있습니다. 순종이란 말은 헬라어로 '휘파코스'라는 말인데 말씀하시는 분의 발 아래서 듣고 따른다는 뜻입니다.
2) 순종과 불순종의 차이는 매우 큽니다.
① 불순종해서 손해본 사람들을 보십시오. 아담과 하와가 태초의 시초자입니다(창 3:1). 소돔성에서 탈출해 나온 롯의 처를 교훈 삼습니다(창 19:26). 하나님의 말씀을 저버린 요나의 경우입니다(욘 1장). 아간을 예로

들 수 있습니다(수 6장). 사울은 그 대표격이라 할 수 있습니다(삼상 15장).
② 순종의 관계를 보십시오. 베드로의 경우는 큰 기적이 나타나게 되었습니다(눅 5:1). 가나 혼인잔치에서 "저가 무슨 말씀을 하시든지 그대로 하라"(요 2:1)는 말씀은 물이 가장 좋은 포도주가 되게 했습니다.
3) 그러므로 힘있고 능력있는 신앙생활은 순종에서 나옵니다.
① 힘들어도 믿음으로 순종해야 합니다.
② 손해가 오는 것처럼 느껴져도 억지로라도 순종해야 합니다.
③ 말씀에 순종할 때에 역사가 달라집니다.

둘째, 믿음의 큰 힘을 가졌던 사람들은 그 소망을 하나님께 두었던 사람들이었습니다.

세상의 소망은 없어지고 오히려 절망으로 바뀌어질 때가 옵니다. 모세는 상 주시는 이를 바라보았습니다(히 11:26). 믿음은 바라는 소망 곧 실상입니다 (히 11:1).
1) 소망 가운데 바라보는 신앙인들이 있습니다.
① 고난 가운데에도 소망을 잃지 않았습니다(23-28, 단 3:17).
② 바울의 경우에도 핍박 가운데서 소망을 잃지 않았습니다(행 20:23).
2) 소망은 앞으로 될 것에 대한 희망입니다.
① 우리 하나님은 소망의 하나님이십니다(롬 15:13).
② 장차 영광을 바라보는 신앙입니다(롬 8:18).

셋째, 신앙의 제일 힘은 영원한 천국입니다. 부활과 함께 오는 영원한 세계가 있습니다(11:35).

1) 그리스도인의 최고 최대의 힘은 무엇입니까?
① 죽어도 사는 일입니다(요 11:25).
② 영원한 생명의 약속입니다(요 5:25).
2) 예수 믿는 자체가 영원한 행복이요 축복입니다.
세상에 잠시동안 있다가 없어지는 것에 힘을 두지 말고 영원한 말씀에 순종해서 믿음의 힘을 소유하는 백성들이 되시기를 축원합니다.
결론: 믿음(신앙)만이 영원히 없어지지 않는 힘입니다.

하나님을 기쁘시게 하는 사람이 되라
(히브리서 11:5~6)

세상에 존재하는 피조물인 인간이 창조주되시는 하나님의 마음을 알아서 기쁘게 해 드린다는 것은 어렵게 생각될지 모릅니다. 그러나 성경에는 예수 그리스도 안에서 성령의 감동을 입은 사람들이 하나님을 기쁘시게 할 수 있다고 말씀했습니다. 그 방법은 오직 믿음의 방법입니다. 사람은 누구나가 언젠가는 죽음 앞에 설 때가 있습니다. 나폴레옹도, 알렉산더 대왕도, 죽음 앞에서는 속수무책이었습니다. 죽음 앞에 섰을 때에 우리는 하나님 앞에서 인생을 뭐하다 왔느냐고 하신다면 에녹과 같이 하나님을 기쁘시게 하는 삶을 살다가 왔노라고 고백해야 할 준비가 있어야 합니다. 내일 일은 아무도 모르는 일인데(히 9:27, 약 4:14-17), 우리가 짧은 인생을 살면서 에녹과 같이 하나님을 기쁘시게 해드리는 생애가 되어야 하겠습니다. 소요리문답 제1문과 같이 인생의 제일되는 목적은 하나님을 기쁘시게 해드리며 영화롭게 해드리는 일입니다.

첫째, 믿음이 있는 사람이라야 하나님을 기쁘시게 할 수 있습니다.

"믿음이 없이는 하나님을 기쁘시게 못하나니" 라고 말씀했습니다.
1) 믿음이 있어야 합니다. 믿음은 중대(重大)한 신앙 요소입니다.
① 하나님께서 우리에게 요구하시는 것이 세상에 어려운 것을 요구하심이 아니요, 하나님을 믿어달라는 것입니다. 세상적인 개념의 존재가치가 아니라 하나님을 믿어달라는 말씀입니다. 왜냐하면 타락 이후에 인간의 생각과 생활이 마귀에게 빼앗기고 살다가 영원한 지옥에 가게 되기 때문입니다. 자식이 부모를 모른다면 어떻게 되겠습니까? 그런데 인간은 하나님을 잃어버렸습니다(사 63:16, 64:8, 신 32:6, 신 32:9).
② 인생들이 어리석게도 하나님을 믿지 아니합니다. 마귀에게 사로잡혀서 속아 살기 때문입니다. 인성에게 당부하시기를 돌아오라 하십니다(호 13:4). 어거스틴(Augustine)은 말하기를 하나님께 돌아올 때에 행복이 있다고 말했습니다.
2) 믿음이 있을 때에 되는 것이 있습니다.

① 믿음으로만 구원 받습니다(요 5:24, 벧전 1:9).
② 믿음이 없으면 하나님의 능력을 체험할 수가 없습니다(요 11:40, 마 15:28).
③ 참교회 일꾼은 믿음이 있을 때에 일하게 됩니다. 에녹은 65세 때에 무드셀라를 낳고 300년간 하나님과 동행했습니다.

둘째, 신앙인인 우리는 이 사실을 믿어야 합니다.
이와 같은 사실을 믿으라고 성경은 강조합니다.
1) 신앙인된 우리가 믿을 것이 있습니다.
① 하나님께서 계시다는 것을 믿어야 합니다. 천지만물의 창조자요 우리의 구세주, 우리에게 역사하시는 성령님이 반드시 계심을 믿어야 합니다(삼위일체 하나님).
② 내 생각대로 잘 되지 않는다고 해서 불신앙 가운데 있으면 안됩니다. 그래도 하나님은 계십니다. 무신론은 어리석은 자입니다(시 14:1).
2) 하나님께서 지금도 우리 곁에서 살아계신 분입니다.
① 다윗도 고백했습니다(시 17:8, 121:1).
② 욥도 고백했습니다(욥 38:4).
③ 나도 고백해야 합니다. '나는 하나님을 믿습니다' 라고.

셋째, 하나님을 기뻐하는 사람에게 상급이 있습니다.
1) 인생이 하나님 앞에 서는 날 그때에 상급이 있습니다.
① 예수 안에서 하나님과 동행한 사람입니다. 우리는 믿음의 사람이 되어야 합니다. 여호수아와 갈렙의 믿음으로 살아야 합니다(민 13-14).
② 긍정적인 자화상으로 탈바꿈해야 합니다. 천국의 상급이 기다리고 있기 때문입니다.
2) 믿음으로 행했다면 상급이 있습니다.
① 매사에 믿음으로 행하여야 합니다(약 1:22).
② 우리 교회는 22주년에 즈음해서 우리 자손들에게까지 축복된 교회 유산을 물려주며 믿음의 산증인이 되기 위해서 힘써야 하겠습니다.
하나님이 기뻐하시는 자가 되시기를 축원합니다.
결론: 하나님과 동행한 에녹의 신앙을 본받아야 합니다.

하나님께 속한 사람인가?
(요한복음 8:42~47)

우리는 세상에 살아가면서 어느 쪽인가에 속하여 살아가게 됩니다. 국가적인 소수 어느 민족인가에 대한 소속, 운동회에서 청군이냐 백군이냐 하는, 서로의 소속이 있듯이 어디엔가는 소속이 되어 있습니다. 육체적 생활에서도 소속이 있지만 영적인 문제에도 분명한 소속이 있기 마련입니다. 천국 가는 천국백성으로서의 소속인가? 아니면 멸망할 지옥의 사람으로 살아가는가에 대한 분명한 소속이 있습니다.

본문에서 예수님은 바리새인들을 향해서 하신 말씀이 있습니다. '너희는 너희 아비 마귀에게서 났으니 너희 아비의 욕심을 너희도 행하고자 하느니라' 했습니다. 바리새인들은 하나님을 믿는다고 하면서도 근성이 죄와 불법과 하나님을 따르지 않는 불신앙의 근성이 뿌리에 있기 때문에 예수님께 속한 사람이 아니었습니다. 우리는 이 시간 말씀을 통해서 내가 어디에 속해 있는가를 생각해야 합니다.

첫째, 사람들 중에는 사단에게 속한 이들이 있습니다.
1) 마귀 호적에 기록된 사람들입니다.
사람마다 주민등록증과 함께 호적이 있듯이 영적으로도 마찬가지입니다.
① 마귀가 그 아비입니다(요 8:44, 요일 3:8). 마귀는 악한 자입니다.
② 그 어미가 세상입니다(계 17:5, 14:8). 그래서 세상에서 배우며 지옥가는 연습을 합니다. 바벨론은 세상을 의미합니다.
③ 마귀에게 속한 자는 멸망이 그의 앞길입니다. 그래서 지옥이 본적이요 가는 종착역입니다(계 21:8, 22:15).
2) 마귀에게 속한 사람의 생활상을 보겠습니다.
① 본문에서 밝혀 주듯이 세상의 생활을 합니다. 교회 생활이 아니요 타락된 세상의 생활을 합니다(44절, 약 1:15).
② 살인적 생활자라 했습니다. "저는 처음이요 살인자요"(44절)했습니다.
③ 진리가 그 속에 없습니다(44절). "진리가 그 속에 없으므로 진리에 서지

못하고 거짓을 말할 때마다 제것으로 말하나니 이는 저가 거짓말장이요" 했습니다.
④ 말씀을 깨닫지 못합니다. 43절 "어찌하여 내 말을 깨닫지 못하느냐 이는 내 말을 들을 줄 알지 못함이로다" 했습니다(마 13:18, 참조: 창 7:54, 마 13:14).

둘째, 사람들 중에는 소속이 분명하게 하나님께 속한 사람들이 있습니다.

1) 성도의 호적을 생각해 봅니다.
① 하나님께서 아버지가 되십니다. "하늘에 계신 아버지라"(마 6:9)고 했습니다.
② 교회가 영적인 어머니와 같아서 교회에서 자라나게 됩니다(갈 4:26). 예루살렘은 영적으로 교회와 같은 곳입니다.
③ 성도는 가는 곳이 천국입니다. 본향이기 때문입니다. 스데반 집사님은 순교하면서 천국을 말했습니다(행 7:56).
2) 성도의 생활이 있습니다.
① 세상에 살지만 하나님을 사랑합니다. "하나님이 아버지였으면 너희가 나를 사랑하였으리라"(요 8:42)했습니다. 교회를 사랑하고 진리를 사랑합니다.
② 하나님께 속한 사람은 하나님의 말씀을 귀담아 들었습니다(47절).

셋째, 우리는 개인마다 하나님께 속한 자가 되어야 합니다.

세상은 나그네 길이지만 천국은 영원한 나라입니다.
1) 내가 누구에게 속했으며 어떤 생활 가운데 살아가는가를 생각해야 합니다.
① 몸된 교회를 통해서 하나님께 속한 사람입니다.
② 내가 하나님께 속했음을 믿어야 합니다(신 43:1, 요 1:12).
2) 날마다 이 사건을 확인해야 합니다(고후 13:5).
예수 그리스도 안에서 하나님께 속한 천국백성들로서 살아가게 되시기를 축원합니다.
결론: 내가 어디에 속한 사람인가를 날마다 확인해야 합니다.

구덩이 속에 빠졌던 사람들
(예레미야 38:1~6)

성경을 읽다보면 시대와 사건은 다르고 등장하는 인물이 다르지만 사실상 공통적이고 동질성을 가지는 교훈들이 많이 있게 됩니다. 그것은 성경은 성령의 감동으로 기록되었기 때문입니다.

본문 말씀은 우리가 세상에 살아가면서 얼마든지 일어날 수 있는 사건임을 보면서 여기에서 얻어지는 교훈이 매우 큰 것을 발견하게 됩니다. 팔레스틴(Palestine)지방에는 비가 적은 지역이기 때문에 우물을 파게 되는데 물이 나오지 않으면 빈 웅덩이가 됩니다. 이와 같이 웅덩이에 사자가 갇히면 사자굴이 되고 덮개를 덮으면 감옥이 될 수도 있습니다. 성경에는 대표적으로 이 웅덩이에 빠졌던 사람들에 관해서 몇군 데 교훈해 주는데 여기에서 진리의 말씀을 배우게 됩니다.

첫째, 구덩이에 빠졌던 사람들을 보겠습니다.
1) 다니엘은 사자굴에 집어 넣어졌던 사람입니다(단 6:16).
바벨론 70년 기간 동안에 있었던 사건으로써 바벨론의 세 총리들 가운데 하나였던 다니엘은 하나님의 영이 가득하였고 지혜와 총명이 충만했던 당대에 큰 인물이었는데 하나님께 기도한다는 죄목에 걸려 동료 다른 총리들의 계략에 의해서 사자굴에 들어가게 되었습니다(단 6:10, 19). 그러나 그 속에서도 구원하시는 하나님의 손길을 체험했습니다.
2) 요셉의 경우를 보겠습니다(창 37:50).
창세기 37-50장까지 주로 기록된 인물은 이 요셉입니다. 요셉은 야곱이 사랑하는 라헬의 소생이었기 때문에 12아들 가운데 11번째 아들이라도 야곱의 편애속에서 성장했는데 이로 인해서 다른 10명의 배다른 형제들에게 시기와 모함을 받게 됩니다. 더욱 요셉은 꿈을 잘꾸는 사람이었는데 그로 인해서 다른 형제들의 미움 속에서 웅덩이에 빠지게 되었고 결국 애굽에 팔리우게 되었습니다. 은 20에 애굽에 팔릴때까지 빈 웅덩이에 갇혀 있었습니다. 참으로 고난의 연속이 아닐 수 없습니다.

3) 예레미야의 경우입니다.

예레미야는 B.C.(주전) 6세기경에 유다가 바벨론에 망할 직전에 예언자로서 조국 유다가 망한다고 예언을 하게 되는데 눈물로 호소했던 선지자입니다. 그로 인해서 예레미야는 잡혀서 매국노적인 오해를 받아 시위대 뜰에 갇히게 되는데 빈 웅덩이였습니다.

둘째, 이들이 구덩이에 빠진 원인에는 공통점이 있습니다.

신앙적이고 영적인 공통점입니다. 분명한 것은 악인의 길은 망하지만 의인의 길은 여호와께서 붙드시기 때문에 곧 일어나게 됩니다(시 37:18, 24, 27).
1) 하나님께서 주신 믿음을 바르게 지키기 위해서였습니다.
① 의 때문에 고난을 받으십시오(마 5:10-11).
② 믿음 때문에 고난을 받으십시오.
③ 주의 뜻을 위해서 고난을 받으십시오.
2) 사명을 감당하기 위해서 고난이 왔습니다(렘 1:4). 모세 역시 사명을 위해서 모든 것을 버렸습니다(히 11:24).
① 사명 위해서 고난을 받으십시오.
② 사명 때문에 죽는 것을 각오해 보십시오.
3) 여호와 하나님 말씀에 순종하기 위해서 고난이 왔습니다.
① 예수님도 그랬습니다(히 5:8).
② 믿음의 선진들이 그랬습니다.

셋째, 우리가 주를 위해서 구덩이에 빠지는 것을 기뻐해야 합니다(벧전 1:1-3, 약 1:12).

1) 주를 위해서 고난을 겪어 보셨습니까?
① 욕을 먹고 시련을 겪어 보셨습니까?
② 주님 위해서 피곤해 보셨습니까?
2) 구덩이에 빠지는 일은 결국 승리의 지름길이 됩니다.

주를 위해서 고난받는 길이 승리의 길이기 때문에 벗어나려고 하지 말고 십자가 지고 가야 되는 길입니다. 주께서 오라고 하신 길인 줄 믿고 승리의 길로 전진하시기를 축원합니다.

결론: 믿음의 선진들은 환난도 기뻐했습니다(히 11:33).

이삭의 신앙관과 받은 복
(창세기 26:12)

이스라엘 민족 역사에서나 또는 영적인 이스라엘된 믿는 성도들의 신앙 속에서 아브라함과 이삭과 야곱의 이른바 신앙의 3대 인물들을 빼놓을 수 없습니다. 이들의 신앙인격과 그 내용들은 오늘날에 우리가 그대로 이어 받아야 하고 본받아야 할 내용들입니다. 결국 대를 잇는 신앙생활은 오늘날에도 우리가 추구해야 하고 본받아야 하는 모습이기도 합니다. 이것을 소위 신앙의 가보를 잇는 가정이라고 불러봅니다. 디모데 역시 그런 속에서 성장한 인물입니다(딤후 1:3). 우리는 대개 눈에 뵈는 가시적이고 물질적인 것만 가족에게 물려주는 유산이라고 하는데 사실은 눈에 뵈지 않는 영적이고 정신적인 가보는 더 중요합니다. 이삭이 가졌던 신앙관을 생각해 보고 승리케 되기를 원합니다.

첫째, 이삭은 하나님께로부터 축복을 보장 받았습니다.

우리의 신앙은 하나님께로부터 자손대에 이르기까지 축복을 보장 받은 사람들이 되어야 하겠습니다. 축복의 씨를 뿌린 결과로 나타나는 현상들입니다.
1) 이삭은 어디를 가든지 신앙의 안전을 보장받게 되었습니다.
① 안전은 옛날이나 현재나 중요한 문제입니다(26:6). 그랄지방에 거할 때의 일이었습니다. 부인 리브가가 위태로운 위기에서 보호받게 됩니다.
② 성도들은 이 세상에서 보호 받아야 합니다(시 23:4).
③ 믿음을 가진 성도들을 보호해 주십니다(왕하 6:14, 히 1:14).
④ 성도들은 어려운 때일수록 하나님을 의지하고 바라보아야 합니다(사 43:1-2).
2) 이삭은 살아갈 때에 필요한 물질에 대해서 보호 받았습니다(26:12).
① 말씀대로 살고 순종하는 자에게 주시는 복입니다(마 6:33, 시 28:1-8, 말 3:10).
② 말씀의 생활화가 중요합니다.
3) 인생 전체가 성공적이었고 보장 받았습니다.
발걸음이 멈추고 손이 닿는 곳마다 축복으로 연결되었습니다. 그래서 중

동지역에서는 생명과도 같은 우물이 솟아 나오게 되었습니다. 그의 아들 야곱 역시 축복의 사람이었습니다(창 30:32).
4) 인간관계가 성공적이었고 보장 받았습니다.
 우물을 파면 메꾸고 어려움을 주던 저들이 이삭에게 와서 화친을 하게 되었습니다(창 26:26, 시 23:5-6). 성도는 인간관계가 좋아야 합니다. 다윗은 "내 잔이 넘치나이다" 라고 하였습니다(시 23:5).

둘째, 이삭은 하나님께서 기뻐하시는 신앙인격의 사람이었습니다.
우리가 하나님께서 기뻐하실만한 신앙인격을 가지고 있느냐?(롬 13:22).
1) 이삭은 순종의 신앙이 제일 으뜸입니다.
① 애굽으로 내려가지 말라고 했을 때에도 순종하게 되었습니다(창 26:1-2).
② 순종해 보십시오. 그곳엔 축복이 보장됩니다.
③ 반대로 사울은 불순종이 그를 망하게 했습니다(삼상 15:23).
④ 예수님도 순종으로 승리하셨습니다(히 5:8, 빌 2:8).
2) 이삭은 예배 중심적이었습니다.
 쫓겨 다니는 가운데에도 예배가 으뜸이었습니다(창 26:25). 예배생활을 등한히 하는 현대인들에게 경종을 줍니다.
3) 이삭은 양보심이 많은 신앙인격이었습니다.

셋째, 성공적인 신앙에는 그 특징이 있습니다.
흥하는 곳에는 흥하는 원인이 망하는 곳에는 망하는 원인이 있습니다.
1) 이삭은 하나님이 기뻐하시는 일에 최우선으로 행동하였습니다.
① 하나님의 뜻에 따라서 살아야 하겠습니다.
② 하나님의 뜻에 따라서 자기 자신이 재물이 되기도 했습니다. 하나님께서 기뻐하시는 사람에게 축복이 있습니다(삼상 2:30, 요 12:26).
2) 이 세대에 우리가 성경 중심에서 행하기를 힘써야 하겠습니다.
우리 자신들의 신앙의 특징은 어떤 것입니까?
하나님께서 기뻐하시는 축복된 생애, 보장된 생어가 되시기를 축원합니다.
결론: 이삭은 보장 받은 생애였습니다.

그리스도의 심장
(빌립보서 1:8)

　사도행전 16장에서 바울의 제2차 전도여행이 시작되는데 아시아에서의 복음사역을 성령께서 허락지 아니하시고 환상 중에 마게도냐 사람이 "와서 우리를 도우라"고 요청할 때에 바울은 하나님의 응답으로 알고 순종의 발걸음을 옮기던 중 마게도냐 지경 첫 성인 빌립보에 이르러 루디아에게 복음을 전하고 후에 감옥의 간수에게 복음을 전하여 온 가정이 세례받고 영광을 돌리도록 하였습니다. 빌립보 교회는 이 두 가정이 기초가 되어 세워졌습니다.
　빌립보 교회는 그리스도 안에서 신앙전통을 가지고 복음과 바울을 비롯한 동역자를 위해 협력한 교회로서 오늘날과 같이 완악해지고 영적으로 피폐한 상황에서 모든 교회가 따라야 할 좋은 모델이 됩니다. 빌립보 교회에 대한 자신의 심정을 바울은 오늘 본문인 "내가 예수 그리스도의 심장으로 너희 무리를 어떻게 사모하는지 하나님이 내 중인이시니라"는 말씀으로 표현했습니다.

첫째, 바울은 옥중에서 편지를 쓰고 있습니다.

　현대식이 아닌 지하감옥으로 냉기, 습기, 깜깜하고 밀폐된 환경입니다. 바울은 그들의 신앙을 견고케 하고 복음사역에 쓸 것을 보내온 것에 대한 감사를 표현하기 위해 편지를 썼습니다. 고통스러웠지만 마음만은 성도들을 간절히 사모하는 열정 가운데 성령으로 뜨거워져 있었습니다. 그 마음을 그리스도의 심장으로 묘사했습니다. 다른 서신서에서도 교회와 성도를 사모하는 마음을 엿볼 수 있습니다(롬 1:1, 15:23, 살전 3:6, 딤후 1:4).
　바울의 사역은 그야말로 그리스도의 사랑과 심장을 바탕으로 이루어집니다. 빌립보 성도의 심령을 바로잡고 신앙을 확인, 교제하며 주 안에서 위로하고픈 마음이었습니다.

둘째, 바울은 어디서 그리스도의 심장을 얻었습니까?

　갈라디아서 2:20절입니다. 이 말씀에서 살펴보면 누가 사는 것입니까? "내 안에 그리스도께서 사신다"고 했습니다. 바울은 그리스도 안에서만 그 삶을 발견하려 했습니다. 그러므로 그리스도의 심장은 내가 죽어야만 생겨지는 것입니다. 복음과 영혼, 하나님 교회를 사랑하고 사모하며 잘되기를 바라는 마음이 그리스도의 심장인 것입니다. 마태복음 9:36에 보면 예수께서 무리들을 볼 때에 목자 없는 양같이 보여 '민망히' 여기셨는데, 이 '민망히 여기셨다' 는 헬라어의 원문을 보면 '창자가 끊어지는 것 같았다' 입니다. 예수께서 그 영혼들을 그러한 심정으로 보신 것입니다. 하나님의 깊이를 사람이 헤아릴 수 없습니다.

셋째, 하나님은 우리를 사랑의 눈으로 바라보십니다.

아가서는 솔로몬과 술람미 여인의 사랑의 노래로서 술람미 여인의 얼굴은 햇빛에 그을린 얼굴이라 했는데 이는 죄로 말미암아 검어진 우리의 심령상태를 상징적으로 보여줍니다. 솔로몬은 술람미 여인을 사랑하는 마음으로 바라보면서 "내 사랑은 가시나무 가운데 있는 백합화" 같다고 했습니다. 주께서도 우리를 이렇게 보십니다. 복음서에는 베드로가 예수님을 세 번 부인하며 저주하는 순간, 예수께서 베드로를 바라보셨는데 과연 어떤 시선으로 바라보셨을까요? 그 순간 베드로는 자지러졌고 통곡했습니다. 예수의 사랑 앞에 굴복당한 것입니다. 여러분! 예수께서 우리와 교회를 보실 때에도 이렇게 보시는 것입니다.

넷째, 오늘날 우리에게 그리스도의 심장이 회복되어야 합니다.

우리들이 하나님 앞에서 잃어버린 것은 '그리스도의 심장' 입니다. 시편 84편에 "내 영혼이 여호와의 궁정을 사모하여 쇠약함이여"라고 했는데 시편 기자와 우리의 믿음생활에는 큰 차이가 납니다. 하나님의 궤가 다윗성에 들어올 때에 다윗은 너무 기뻐하였지만 사울의 딸 미갈은 업신여긴 나머지 하나님으로부터 징계를 받았습니다. 우리는 그리스도의 심장을 되찾아 하나님께서 어떻게 선택하시고 사랑하셨는지 아끼시고 인도하시고 천국에 무엇을 준비해 놓으셨는지를 알아야 합니다. 그리스도의 심장을 되찾기 위해서 기도해야 합니다. 말씀과 기도로 재무장하여 마른 영혼을 생명의 기운으로 바꾸어야 합니다.

결론: 그리스도의 심장으로 연약해진 심령을 강하게, 아름답게 바꾸시기를 축원합니다.

예수님이 책망하신 사람들
(마태복음 7:1~5)

　우리가 하나님께 대해서 말을 할 때에, 하나님은 사랑과 긍휼과 자비의 하나님이시라고 말들을 하게 됩니다. 옳은 말입니다. 분명히 하나님은 사랑과 긍휼과 자비가 풍성하신 하나님이심에 틀림이 없습니다. 그러나 하나님은 공의로우신 하나님이 되시기도 하십니다. 그래서 때때로 죄에 대해서, 허물에 대해서는 단호하게 책망하시며 반드시 그 죄값에 대해서 물으시겠다고 하셨습니다. 그리고 때때로 징계를 받게도 하시는 하나님이십니다(히 12:5-7, 계 3:19). 특히 유대인들을 향해서 책망을 많이 하셨는데 마태복음 23장은 한 장 전체가 유대인을 향하신 예수님의 애틋한 책망이 기록되었습니다. 물론 책망은 회개하라고 하는 뜻으로 하시는 사랑의 매라고 볼 수 있을 것입니다. 우리는 예수님께서 책망하신 모습을 보면서 우리 자신들을 교정해야 하겠습니다.

첫째, 예수님께서 책망하신 사람들은 어떤 사람들이었습니까?
1) 자기 눈에는 들보가 있는데 남의 눈에 티를 보고 야단법석인 사람이었습니다.
① 언제나 우리는 타인의 말을 할 때에 조심해야 합니다. "너희의 비판하는 그 비판으로 너희가 비판을 받을 것이요, 너희의 헤아리는 그 헤아림으로 너희가 헤아림을 받을 것이니라" 하였습니다(잠 11:13, 13:3, 약3:3).
② 내가 하는 말이 상대방에게 어떤 영향을 미칠 것인가를 늘 조심해야 합니다. 말에는 실수가 많으니 언제나 생각하고 말해야 합니다.
2) 예수님이 책망하신 사람들은 속은 썩었는데 겉에는 요란스럽게 회를 칠하는 사람들이었습니다(마 23:25).
① 하나님은 속 중심을 보십니다(삼상 16:7, 시 147:10-11, 렘 17:10).
② 그리스도인은 겉보다 속을 바르게 단장해야 합니다(행 5:4, 계 1:14, 5:6, 합 1:13). 마틴 루터(Martin Luther)는 말하기를 "악마 중에는 하얀 악마와 검은 악마가 있다고 볼 때에 검은 악마는 자기 속이 금방 드러나기 때문에 때로는 하얀 악마가 더욱 효과적으로 속이기도 하고 유혹에 빠진다" 하

였습니다.
3) 예수님께서 책망하신 사람들은 등불을 켜서 등경 위에 두지 아니하고 말아래 두는 사람들이었습니다(마 5:15-16).
여기서 말은 쌀이나 곡물을 계산하는 도구입니다. 곡식을 이 세상의 최고의 가치를 두고 모든 일을 경제적 측정에 맞추려는 사람들이 현재에도 많이 있습니다. 그래서 신앙이나 천국도 에서와 같이 경제적 유익이 된다면 팔아버리는 어리석은 사람들입니다.
① 경제 때문에 빛을 감추어야 하겠습니까?
② 핍박이 와도 때로는 빛을 드러내야 합니다(행 4:19).

둘째, 책망 대신 칭찬 듣는 성도가 되어야 하겠습니다.

1) 날마다 자기 자신을 살피는 생활이 중요합니다.
① 회개할 일이 있을 때에 성령의 빛 가운데서 빨리 회개해야 합니다(요일 1:8-9).
② 내 속에 들보가 있는가 확인해서 빨리 없이 해야 합니다.
2) 모든 일을 믿음 중심으로 해야 합니다. 예수님은 믿음이 있는 사람을 칭찬하셨기 때문입니다(막 10:50, 막 5:34). 매사에 믿음 가운데서 행해야 합니다.

셋째, 예수님이 책망하신 부류를 보겠습니다.

예수님이 책망하신 계층들이 있습니다.
1) 당시에 지도층이었습니다.
① 높은 계층의 사람들이 대부분입니다(요 3:1-5, 약 3:1, 겔 9:6, 빌 2:12).
② 우리가 그 속에 있지 않은가 살펴야 합니다.
2) 이 세대에도 교회 안에서 조심해야 합니다.
① 직분자들이 조심해야 합니다.
② 먼저 믿는 사람부터 조심해야 합니다.
③ 오래 믿는 사람부터 조심해야 합니다.
우리 모두 책망의 대상이 아니라 칭찬의 대상자들이 모두가 되기를 주의 이름으로 축원합니다.
결론: 예수 안에 철저하게 살아야 하겠습니다.

하나님이 보증하시는 사람
(여호수아 1:1~9)

우리가 살고 있는 지금의 시대는 모든 것이 복잡해져가고 다원화된 시대요, 또한 세분화된 시대입니다. 그래서 여기에 따른 어떤 일에 대한 보장이 되기 위한 보험(Insurance)이나 보증(Guarantee)제도가 발달되었습니다. 그러나 어떤 보험이나 보증제도도 영구하게 나를 보증할 수 없습니다. 이른바 하나님의 보증 외에는 없습니다(시 37:5). "너희 길을 여호와께 맡기라 저를 의지하면 저가 이루시고 네 의를 빛같이 나타내시며" 했습니다. 이것이 성경이요, 하나님의 약속입니다.

첫째로, 하나님께서 여호수아에게 보장해 주신 것이 있습니다.
1) 앞으로 들어갈 가나안 땅에서 토지의 보장을 약속하셨습니다(2-3). 그러하듯이 성도에게는 분명한 약속이 있습니다.
① 온유한 자에게 땅을 주신다고 했습니다(시 37:9-11).
② 새 하늘과 새 땅이 준비되어 있습니다(벧후 3:13, 계 21:1, 사 6:5-17). 이 모든 것이 성도를 위한 하나님의 보장입니다.
2) 함께 하시겠다고 하는 보장입니다. "내가 모세와 함께였던 것 같이 너와 함께 있을 것이니라".
① 예수님이 약속하셨습니다(마 28:20).
② 아브라함이나 이삭, 야곱과 함께 하셨습니다(창 28:12).
③ 요셉과 함께 하셨습니다(창 39:23).
3) 형통의 보장입니다.
① 말씀 따라서 살 때에 형통합니다(6절).
② 그리하면 신앙에서 오는 형통입니다(잠 3:1-10).
4) 주의 종 모세에게 말씀하신 모든 것이 이룩되는 보장입니다(3절).
① 모세에게 말씀하신 모든 것이 이룩됩니다.
② 하나님은 그의 종들을 통해서 역사하셨습니다(엡 3:7, 계 10:7).
③ 그러므로 기쁨으로 일하게 해야 합니다(히 13:17).

둘째로, 하나님의 보장이 있기 위해서 명심해야 할 일이 있습니다.
1) 긍정적인 믿음을 가져야 합니다.
① 열두 명의 정탐군을 보십시오.
② 성경에는 긍정적인 믿음을 강조했습니다.
2) 강하고 담대하라고 했습니다.
① 상대방 가나안인이 숫자가 많아도 담대해야 합니다.
② 여기에 신앙의 본질이 있습니다.
3) 하나님께서 지시하신 말씀에서 좌우로 치우치지 말고 정도를 가야 합니다(시 119:110).

셋째로, 이와같은 모든 말씀이 나에게 주신 말씀으로 믿어야 합니다.
1) 쓴 말씀도 내게 주신 말씀으로 믿어야 합니다.
2) 단 말씀도 내게 주신 말씀으로 믿어야 합니다(계 10:9).
3) 하나님의 말씀인 성경은 언제나 나와 관련이 있기 때문입니다. 여기에 하나님의 보장이 따르게 됩니다.

하나님의 말씀이 언제나 나와 관계가 있음을 믿으시고 말씀속에 승리하시길 축원합니다.

결론적으로, 하나님이 나의 보장이십니다.

욥기서를 통해서 보는 신앙의 큰 산맥
(욥기 42:9~17)

지구상에는 큰 산맥들이 지역마다 있듯이 성경에는 믿음의 큰 산맥들이 시대시대마다 살아서 역사하게 된 것을 보여 줍니다. 이 믿음을 가진 사람들을 통해서 하나님의 역사가 나타나게 되었습니다. 아브라함, 노아, 모세, 다니엘, 다윗 등 수많은 인물들이 있습니다. 오늘 본문에 나오는 욥은 역시 믿음의 큰 산맥이요, 이 시대의 혼란스러운 여러 가지 일들 가운데서 주의 성도들에게 나아갈 길과 방향을 제시해 주는 말씀입니다. 세상에는 난제들이 많이 있지만 끝까지 인내하고 하나님을 바라볼 때에 승리케 됨을 보여주는 산 중인입니다(약 5:11).

첫째로, 욥기서에서 주시는 첫번째 교훈은 왜 하나님을 믿는가 하는 질문과 답변입니다.

왜 욥이 이런 어려움에 있으면서도 하나님을 믿습니까? 이 말은 우리에게 있어서 왜 예수를 믿습니까? 하는 질문과 같습니다. 병낫기 위해서, 재산 축복 위해서, 자식 위해서, 도덕적으로 수양차원에서 등 수많은 이유에서입니까? 그것은 물론 성경에서 때때로 약속한 바이지만 본질적인 문제는 될 수 없습니다.

1) 사탄의 사고 방식을 보십시오.
① 욥이 하나님 섬기는 것은 그에게 주신 재산 때문이라는 것입니다(욥 1:9). 욥이 과연 그렇습니까? 우리 자신들의 신앙은?
② 욥이 하나님을 섬기는 것은 건강을 주셨기 때문이라고 했습니다(욥 2:2). 욥이 과연 그렇습니까? 사탄의 작전으로 인해서 생명만 남겨놓고 모든 것들을 송두리째 빼앗아 갔습니다만 어리석게 하나님을 원망치 아니 했습니다(욥 1:21). 그러므로 사탄은 틀렸습니다.
2) 믿음의 큰 산맥은 하나님을 인하여 입니다. 다른 것들은 2차, 3차적인 문제일 뿐입니다.
① 이것은 근본적인 신앙입니다(합 3:17).
② 근본적이 문제는 하나님은 결국 내 아버지시라는 점입니다(사 63:16). 이

신앙이 있을 때 어떠한 역경이 와도 이길 수 있습니다. 이 신앙이 있을 때에 예수를 바르게 믿는 성도가 됩니다.

둘째로, 욥기서의 두 번째 교훈은 바른 신앙관(信仰觀)이 있을 때 수많은 시험을 이기게 된다는 큰 교훈입니다.
바닷가의 파도처럼 작은 시험, 큰 시험이 오게 되어 있는 삶의 현장에서 우리는 신앙의 바른 자세가 중요합니다.
 1) 그것은 언제나 묵묵히 기도하는 일입니다.
 ① 어려운 때에 기도하는 사람에게 하나님은 신원하여 주십니다(시 140:12).
 ② 기도하는 가운데 끝까지 주님을 바라 보십시오(히 12:2).
 2) 그것은 어려운 때에 하나님 말씀을 가까이 하는 것입니다(시 37:23, 119:105).
 3) 바른 신앙관은 끝까지 인내하는 일입니다(약 5:11, 롬 5:3).

셋째로, 욥기서를 통해 주시는 큰 교훈은 참 믿음이 결국 이긴다는 교훈입니다.
참 신앙관이 있을 때 결국 이기고 승리하게 됩니다. 이 세상은 전쟁터와 같기 때문에 수많은 어려움과 시련이 있지만 참 믿음의 세상을 이기게 됩니다(요 16:33).
 1) 세상 끝 날의 예언인 요한계시록의 결론에도 세상은 망하지만 하나님 나라가 승리한다는 교훈입니다.
 2) 믿음의 선진들을 보세요. 모두가 믿음에서 승리했습니다.
 3) 오늘 본문에서 욥을 보세요.
 ① 산 믿음의 소유자 욥은 승리했습니다.
 ② 사탄 마귀는 거짓말쟁이요(요 8:44), 실패자입니다.
 ③ 결국 하나님께서 욥에게 모든 것을 갑절에 축복을 주셨습니다. 이것이 우리의 신앙입니다. 예수 그리스도 안에서 이 신앙으로 승리케 되기를 예수의 이름으로 축원합니다.
결론적으로, 세태에 속지 말고 산 믿음 위에 서야 합니다.

인생의 소망을 하나님께 두는 사람
(시편 39:1~7)

사람이 세상을 사는 기간에 제각기 모든 환경과 상황은 달라도 공통점은 때때로 문제와 어려움속에 살아간다는 점입니다. 산을 넘고 강을 건너야 하는 상황들이 많이 있게 됩니다. 여기에서 인간들은 낙심하게 되고 실망과 좌절에서 주저앉아 버리는 사람들도 있게 됩니다. 영국의 캠브리지대학 출신인 맬서스(Thonas Robere Malthus)는 그의 인구론(人口論)이라는 책에서 결국 인간들은 낙심과 실망하는데 식량부족으로 죽게 된다고 비관론을 편 적이 있습니다. 과학의 발달과 컴퓨터(Computer) 공학의 발달이 앞으로의 시대를 어떻게 전개시켜 나갈는지 예측불허의 공간으로 나아가는 때입니다. 우리나라가 앞으로 10년 이내로 국민소득 25,000불 시대에 돌입하게 된다고 합니다. 세상에는 밝은면도 있지만 어두운 면도 있습니다. 다윗은 그의 생애에서 이것을 체험했습니다. 그리고 궁극적 소망은 하나님께 두었습니다.

첫째, 다윗은 자기 자신이 나약한 존재임을 깨달았습니다.

"여호와여 나의 종말과 연한의 어떠함을 알게 하사 나로 나의 연약함을 알게하소서"(4절) 했습니다. 왕중에 왕이었던 다윗이 고백한 신앙입니다. 바울 역시 약함을 깨달았습니다(고후 12:10, 13:4). 이들은 하나님께 소망을 두었습니다.

1) 자기 자신의 존재를 깨달아야 합니다.
① 나 자신의 종말과 연한을 알게 하소서 했습니다. 이런 사실이 시편 여러 곳에 있습니다(시 90:10-12, 시 71:9,19). 영웅호걸들이 한때 큰 소리쳤지만 지구 한모퉁이에 한줌의 흙으로 누워있거나, 재로 흩어지거나, 아니면 미이라로 남아있는 경우들을 깨달아야 합니다.
② 바울도, 다윗도 자기자신을 약한 자라 하였습니다(고후 4:7, 사 41:14, 욥 25:5-6).
2) 우리는 어디에다가 인생의 소망을 두고 있습니까? 세상에는 눈속임 하는 헛된 것이 많이 있습니다. 궁극적인 소망을 둘 수 없는 곳에 소망을 두지 않습니까?

① 권력가가 권력에 소망을 두지만 물거품에 지나지 않습니다. 그래서 권불십년(權不十年)이라 했습니다.
② 재산에 소망을 두지만 역시 날아가 버릴 때가 있습니다(잠 23:4, 27:24). 다윗은 왕 중의 왕이었지만 하나님께 인생의 소망을 두었습니다.

둘째, 다윗은 자기 자신이 허무한 인생임을 깨달았습니다.

세상에서 영원히 사는 사람은 없습니다. 그런데 어리석은 사람들은 세상에서 영원히 살 듯이 착각할 때가 있습니다. "주께서 나의 날을 손 넓이만큼 되게 하시매"(5절)했습니다.

1) 우리 기독교는 허무주의(虛無主義—nihilism)는 아닙니다.
① 독일에 쇼펜하우어나 니체 같은 사람은 허무주의 철학을 사랑했습니다.
② 성도는 목적지가 이 세상이 아니라 천국이라는 사실입니다. 그래서 성경에는 인생을 말할 때에 안개, 꿈, 그림자 등으로 표현했습니다.
2) 인생은 지극히 작은 존재입니다.
① 천체가 얼마나 크고 넓은지 아십니까?
② 지구 인구가 창조이후에 지금까지 얼마나 되는지 아십니까? 그 앞에서 나라는 존재는 매우 작은 존재입니다. 겸손하게 하나님께 소망을 두는 지혜가 필요합니다.

셋째, 다윗은 자기 자신이 하나님 앞에 죄인이라고 고백했습니다.

칼빈(John Calvin)은 세상에는 의인시하는 죄인이 있고 죄인시하는 의인이 있다고 했습니다. 8절 '나를 모든 죄과에서 건지시며' 했습니다.

1) 인간의 죄는 하나님만이 사해 주십니다.
① 어느 인생도 죄사하는 권이 없습니다.
② 하나님의 보혈이 우리의 죄를 씻어 주셨습니다.
2) 하나님께 소망을 두는 인생은 죄사함이 있습니다. 인생의 궁극적 소망을 어디에 두시렵니까?

결론: 하나님께 소망을 두는 지혜로운 인생이 되시기 바랍니다.

성도에게 있어야 할 경주자의 자세
(고린도전서 9:24~27)

성도가 장망성과 같은 이 세상을 뒤로 하고 천국까지 가는 동안 많은 일들을 겪게 됩니다. 그리고 많은 일들을 보게 됩니다. 그렇듯이 신앙생활 역시 많은 일들을 겪게 됩니다. 그래서 우리의 신앙생활을 경주하는 경주자로 비유해서 진리를 가르치고 있습니다. 우리의 신앙생활을 비유컨대 좋은 경주자와 같다는 말씀입니다(딤후 2:5, 히 12:1). 경주자(Racer)가 경주를 잘 했을 때에는 많은 영광과 부귀가 따르게 됩니다. 사도 바울은 그 당시에 고대 올림픽(Olimpic)을 관전했을 것이고 여기에서 우리의 신앙생활을 빗대어서 복음을 전했을 것입니다. 현재에도 그리스(Greece)나 로마(Rome)에 가면 그 때에 일었던 경주자들을 볼 수 있습니다. 세상에서의 경주는 그 영광이 잠시 지나가지만 우리의 영적 경주는 그 결과가 영원히 남는다는 사실입니다. 영적인 경주자로 승리자가 되기 위해서는 몇 가지를 생각하게 됩니다.

첫째, 승리자가 되기 위해서는 목표만을 위해 달려가야 합니다.
26절 "그러므로 내가 달음질하기를 향방 없는 것 같이 아니하고 싸우기를 허공을 치는 것 같이 아니하여" 했습니다.
1) 목표가 분명해야 합니다.
① 목표가 분명하기 위해서는 그만한 용기와 결단이 필요합니다. 신앙적으로 불필요한 모든 것을 끊을 만한 용기와 결단입니다.
② 세상적이고 불신앙적인 것을 버리고 지혜가 요구됩니다(눅 9:62).
③ 우리의 영적인 목표는 예수 그리스도입니다(히 12:1, 엡 3:3).
2) 목표가 분명하게 정해졌으면 성공할 수 있는 방법이 필요합니다.
① 성도는 말씀 안에서 살아가야 합니다(마 4:4).
② 참된 친구가 되시는 예수님과 함께 해야 합니다(마 11:19, 요 11:11, 눅 12:4, 요 15:13). 예수님은 우리의 친구입니다(고전 15:33).
③ 이제는 예수 안에서 사용받기 위해서 힘써야 합니다(롬 6:13). 우리는 이제 의의 병기입니다. 하나님의 영광을 의해서 살아가는 의의 병기입니다

(고전 10:31). 미래의 성공을 위해서 영적인 경주를 잘 싸워 가시기 바랍니다.

둘째, 성도가 성공하기 위해서는 매사에 절제의 생활이 요구됩니다.

"이기기를 다투는 자마다 모든 일에 절제하나니 저희는 썩을 면류관을 얻고자하되 우리는 썩지 아니할 것을 얻고자 하노라"(25절) 했습니다.

1) 선수가 면류관을 얻기 위해서는 대단한 연습과 고된 훈련이 따르게 됩니다.
   ① 피나는 훈련이 따르게 되는데, 이 때에 자기와의 싸움이요, 절제가 따르게 됩니다.
   ② 성도가 승리하기 위해서는 절제가 따라야 합니다(갈 5:22). 절제(엥크라데이아)라는 말은 자제력(Self-control)을 뜻합니다.
2) 우리 그리스도인들은 매사에 자제력이 요구됩니다.
   ① 욕심(약 1:15)　　　　② 언어(약 3:2)
   ③ 자기 감정(잠 16:32)　　④ 물질에 대해서 (딤전 6:10)
   ⑤ 스스로 조심해야 합니다(막 13:9).

셋째, 성도가 성공하기 위해서는 경주에서 희생이 필요합니다.

"내가 내 몸을 쳐 복종케 함은"(27절)했습니다. 선수의 우승 뒤에는 피와 땀과 열정들이 숨어 있습니다.

1) 운동 선수와 같이 희생해야 합니다.
   ① 희생 없이 이길 수가 없습니다(요 12:24).
   ② 예수님은 희생으로 이기셨습니다(골 2:15).
2) 교회사는 희생의 역사입니다.
   ① 핍박 가운데서 이긴 역사입니다.
   ② 718년 지금의 터키에 위치한 니케아회의 때에 모였던 대의원들은 모두가 몸에 장애가 있었는데 팔려가서 고초를 겪으며 남긴 장애들이었다고 합니다.

현재에도 마찬가지입니다. 예수 안에서 희생으로 경주자로서 승리하게 되기를 주의 이름으로 축원합니다.

결론: 썩지 않는 면류관을 얻기 위한 경주를 해야 합니다.

하나님께서 우리와 함께 하시는 방법
(신명기 32:9~12)

하나님의 백성들이 메마른 광야에서 40년의 긴 세월동안 승리할 수 있었던 것은 하나님께서 그들 속에 함께 해 주셨기 때문인 것 같이 마치 광야와 같은 이 세상에서 우리가 세상을 이기고 승리할 수 있는 것은 하나님께서 함께 하실 때만이 가능합니다. 마태복음 1:21에 '임마누엘'이라는 말씀이 있습니다. 임마누엘이라는 것은 하나님께서 우리와 함께 계시다는 뜻인데, 이 말씀은 이사야서 7:14에서 남쪽 유다가 북쪽 이스라엘과 아람나라가 협공해 와서 제일 어려운 때에 남쪽 유다 백성들에게 하나님께서 함께 하시겠다는 증표로 보여주신 말씀이 '임마누엘'이라는 말씀의 뜻입니다. 하나님께서 지금도 우리와 함께 하시는데 짧아지지 않은 하나님의 손길(민 11:23)로 함께 하시며 구름기둥과 불기둥으로 함께 하시는 하나님이십니다(출 40:36-38, 민 9:15-23).

첫째, 하나님께서는 나를 눈동자 같이 보호하시며 함께 하시겠다고 약속해 주셨습니다.

10절 "여호와께서 그를 황무지에서 짐승의 부르짖는 광야에서 만나시고 호위하시며 보호하시며 자기를 눈동자같이 지키셨도다" 했습니다.

다윗은 "나를 눈동자같이 지키시고"(시 17:8) 했습니다.

1) 눈동자같이 보호하시며 함께 하시겠다는 말씀의 뜻이 무엇일까요?
① 세밀하게 함께 하십니다.
② 늘 가까이에서 함께 하십니다.
③ 눈동자와 같이 알뜰하게 함께 하십니다(눅 13:34).
2) 하나님께서 자기 백성을 훈련하실 때에는 그 어떤 것보다 보호하시며 사랑하십니다.
① 손바닥에 기록해 놓으셨다고 했습니다(사 49:13).
② 고아나 과부 같이 의지할 곳 없도록 버려 두시지 않겠다고 하셨습니다(요 14:18).
3) 이스라엘 백성들과 광야에서 이렇게 함께 하셨습니다.

① 만나와 메추라기 떼를 먹여 주셨습니다.
② 구름기둥과 불기둥이 언제나 함께 동행했습니다. 광야같은 이 세상에서 지금은 우리 하나님의 손길이 눈동자와 같이 이렇게 함께 해 주십니다.

둘째, 하나님께서 성도들을 독수리가 그 새끼를 훈련시키듯이 연단하시며 함께 하십니다.

11절 "마치 독수리가 그 보금자리를 어지럽게 하며 그 새끼 위에 너풀거리며 그 날개를 펴서 새끼를 받으며 그 날개 위에 그것을 업는 것 같이" 했습니다.
1) 성도는 훈련 받는 것도 하나님의 사랑에 속합니다. 사랑하시기 때문에 성도를 강하게 훈련하십니다.
① 광야에서 훈련시키셨습니다.
② 독수리의 날개를 업는 것 같이 인도해 주셨습니다(출 19:4). 말세 때의 성도와 교회도 역시 보호해 주시겠다고 약속해 주셨습니다(계 13:14).
2) 독수리의 날개는 여호와를 앙망하는 자에게 주십니다.
① 하나님을 부르시기 바랍니다(사 55:6).
② 새 힘을 주시겠다고 약속해 주셨습니다(사 40:27). 새 힘을 얻게 될 때에 이기고 나가게 됩니다.

셋째, 하나님께서는 결국 원하시는 목적지까지 인도하시며 함께 하십니다.

12절 "하나님께서 홀로 그들을 인도하셨고 함께 한 다른 신(神)이 없었도다" 했습니다.
1) 우리에게 어떤 일이 있든지 결국 그 일을 아름답게 인도해 주십니다.
① 할 수 있도록 도와주십니다.
② 창조주 하나님이시기 때문입니다.
2) 지나고 나면 현재의 역경은 결국 아름다운 결과로 인도해 주십니다.
① 이스라엘 백성의 역사는 우리의 거울입니다.
② 결국 인생의 생사화복이 하나님께 있음을 보여줍니다.
지금도 하나님께서 나와 함께 하심을 믿고 현실을 극복해 나가게 되시기를 축원합니다.
결론: 광야 같은 이 세상에서 하나님은 우리와 함께 하십니다.

내 시대가 주의 손에 있사오니
(시편 31:13~16)

사람이 세상에 태어나서 살아가는 동안에 대개의 사람들은 인생의 모든 것이 자기 자신에 의해서 움직여지는 것으로 생각하기 쉽습니다. 이른바 인본주의적 인생론자들입니다. 이런 사람의 생각과 모든 일은 이성론(理性論)에 있습니다. 신본주의(神本主意)나 신앙(信仰)과 전혀 관계가 없는 인생을 살아갑니다. 그러나 우리는 분명히 모든 주권이 하나님께 있음을 믿습니다(시 127:1).

본문에서 다윗은 "나는 주께 의지하고 말하기를 주는 내 하나님이시라 하였나이다. 내 시대가 주의 손에 있사오니" 하였습니다. 우리가 인생을 살아 가는 데 있어서 몇 가지 종류의 시간으로 구분할 수 있습니다. 첫째는 달력의 시간(Calendar Time)입니다. 이는 자연적 시간이요 하루 24시간입니다. 둘째는 생물학적 시간(Biological Time)입니다. 태어날 때부터 죽을 때까지의 시간이 있습니다. 셋째는 하나님의 시간(Theological Time)입니다. 신앙적이고 영적인 시간입니다. "내 시대가 주의 손에 있사오니"는 하나님 시간에 맞추어서 살아 가는 인생을 뜻합니다.

첫째, 이제부터는 하나님의 뜻대로 하나님의 뜻에 의해서 하나님을 바라보고 살아가는 생애를 살아야 합니다.

1) 자연적 시간과 하나님의 시간속에서 살아가는 것은 큰 차이가 있습니다.
① 자연적 시간은 한 시간이 60분이지만 하나님 시간속에 사는 사람은 계산할 수 없는 큰 시간이 됩니다.
② 성경에서 볼 때에 아브라함은 75세 때에 부르심 받아서 갈대아 우르를 떠나지만 어려운 결심을 하게 됩니다. 시간적, 환경적, 혈연적, 조건적인 것이 좋지 않았으나 떠나게 됨으로써 큰 결과를 나타나게 되었습니다(히 11:8).

2) 하나님의 시간을 사는 사람들은 내 것을 포기할 수 있어야 가능합니다.
① 아브라함은 포기를 잘 했습니다. 포기할 것은 포기하고 하나님께로부터

더 큰 축복을 얻었습니다. 고향, 친척, 아비집을 포기하고, 100세에 얻은 아들마저 포기했습니다. 그러나 하나님은 아브라함에게 더 크게 주셨습니다.
② 하나님의 뜻대로 살기로 결심하면 내 것을 포기해야 합니다. 이것이 영적 삶입니다(롬 8:5).
③ 예수님은 비유로써 말씀했습니다(마 21:27-). 우리는 지금까지 누구의 시간을 살아왔습니까?

둘째, 영적 시간을 살아가는 사람은 험산 준령도 넘어서 살아야 합니다.
1) 산은 험하지만 산 속에는 비밀이 담겨져 있듯이 하나님의 뜻대로 살아가고자 할 때에는 큰 비밀이 있습니다.
① 산은 교회를 상징해 줄 때가 많습니다.
② 예수님은 산에서 복음을 전했습니다.
2) 하나님의 시간을 사는 생활은 때때로 십자가를 지고 가야 되는 길이기도 합니다.
① 신자의 생활은 십자가를 지는 생활입니다(마 16:24).
② 십자가의 길은 반드시 구원의 길이기도 합니다.

셋째, 영적인 시간을 살아가는 사람은 목표가 분명하게 세워진 사람입니다.
1) 똑같이 살아가는 인생사이지만 살아가는 목표는 다릅니다.
① 세상 사람들은 육적인 목표가 전체를 차지합니다. 세상적이요, 극히 육적인 목표들입니다.
② 육적인 목표의 결과는 사망입니다. 결과적으로 썩은 면류관입니다(고전 9:25).
2) 주의 손에 의해서 살아가는 영적인 사람은 영생이 그 목표입니다.
① 하나님의 영광을 위해서 살아갑니다(고전 10:31).
② 하늘에 간직한 산 소망입니다(벧전 1:3-4). 주의 이름으로 축원합니다.
③ 바울은 이 삶을 살았습니다(빌 3:13-14). 성경 안에서 내 생애가 주의 손에 있음을 밝히 알고 믿음 안에 살게 되기를 축원합니다.
결론: 우리는 모두 하나님 손에 있습니다.

고독 속에서도 성장한 신앙
(창세기 28:10~22)

실존주의 철학(Existentialism Philosophy)자 중에 케에르케고르(Kierkegaard so ren Aabye 덴마크, 1813-1853년)는 '고독은 죽음에 이르는 병'이라고 하였습니다. 그런데 현대인들은 군중 속에서 고독을 느끼며 고독 속에서 살아갑니다. 로빈슨 크루소가 난파선에서 홀로 남아 무인도에서 살아갈 때에 가장 무서운 것은 식인종이나 맹수가 아니라 '혼자 있다'라는 절망과 고독이었다고 했습니다. 다윗은 시편에서 이렇게 고백했습니다(시 25:16). "주여 나는 괴롭사오니 내게 돌이키사 나를 긍휼히 여기소서" 했습니다. 본문에서 야곱은 형의 장자의 명분을 탈취해서 하란땅으로 도망하는 외로운 때에 벧엘 광야에서 밤을 맞이하였고 극도로 고독하고 어려운 때에 꿈속에서 하나님의 역사하심을 체험하는 장면입니다. 벧엘 광야의 야곱과 같이 어렵고 고독한 때에 우리는 다시 한번 신앙의 면모를 체험하기를 원합니다.

첫째, 야곱은 언제나 하나님이 함께 계심을 믿었는데 그 믿음이 고독을 이기게 했습니다.

믿음이 세상을 이기게 합니다(요일 5:4).
1) 하나님을 의지하고 믿게 될 때에 세상을 이기게 됩니다.
① 믿음이 모든 것을 극복하게 됩니다(15절). "내가 너와 함께 있어 네가 어디로 가든지 너를 지키리라" 군대 내에서 많은 젊은이 가운데 믿음으로 어려운 것을 극복해 나가는 현실을 보게 됩니다.
② 현재 생활 가운데에서 어려울 때에 하나님을 의지하고 바라보는 것은 그 어떤 일보다도 중요합니다(사 41:8, 10, 14).
2) 현대인들은 모두가 고독 속에 살아갑니다.
① 현대인들의 생활은 고독의 늪에 빠져 있는 듯합니다. 아침부터 저녁까지의 연속적인 생활이 고독하게 만듭니다. 문자 그대로 수고하고 무거운 짐을 진 자들(마 11:28)입니다.
② 현대인이 모든 고난과 고독 속에서 이길 수 있는 방법은 오직 하나님을

의지하고 하나님께서 주시는 새힘을 입을 때에 가능합니다. 하나님은 우리를 창조하신 창조주이시기 때문입니다.

둘째, 야곱은 낙심이나 실망을 버리고 하나님께 소망을 두었습니다.

왜냐하면 낙심이나 실망은 더 큰 고통의 원인이지만 소망은 내일을 열어가기 때문입니다. 하나님은 소망의 하나님이십니다(롬 15:13).

1) 믿는 성도에게 위기(cricis)는 호기(Good opportunity)이기 때문입니다.
① 야곱은 위기가 있지만 위기에서 끝나지 않고 위기를 기회로 돌리게 되었습니다.
② 위기가 온다는 것은 다시 좋은 기회를 주시는 때(time)입니다. 현재의 어려움에서 낙심하지 말아야 합니다.
2) 위기 때가 하나님을 바라보는 기회이기 때문입니다.
① 외롭고 고독한 시간이 하나님을 만나는 시간입니다(창 32:24). 야곱은 얍복강에서의 위기가 하나님을 만나게 했습니다.
② 모든 일이 잘 될 때에 하나님을 만나는 일보다 어려울 때에 하나님을 만나는 사람들이 많이 있습니다.

셋째, 야곱은 위기와 고독속에서도 하나님의 약속을 믿었을 때에 어려움에서 이길 수 있었습니다.

성경은 약속(promise)으로 가득 차 있습니다.
1) 어떤 약속입니까?
① 하나님이 나와 함께 하시는 약속입니다.
② 믿는 성도는 위기 때마다 이 약속을 굳게 믿어야 합니다.
2) 야곱은 하나님의 약속을 믿고 내일을 향해서 성숙해 나갔습니다.

현대와 같이 고독이 만연할 때에 성도는 세상을 이기되 믿음 안에서 야곱과 같이 성숙한 방향으로 이겨 나가야 하겠습니다. 야곱과 같이 고독 속에서도 성숙해 나가게 되시기를 축원합니다.

결론: 위기는 호기의 때입니다.

골짜기에 가득한 뼈들
(에스겔 37:1~10)

사람들은 대개 외형적이고 외모적인 면에만 관심을 가지고 사물을 보게 되고 거기에 따라서 판단할 때가 많이 있습니다. 그러나 하나님께서는 외모를 보시지 않고 중심을 보신다고 하시면서 이새의 아들 다윗을 택하실 때에도 이 조건에 의해서 세우시고 기름을 부으셨습니다(삼상 16:7). 본문에서 에스겔은 기도하다가 환상중에 볼 때에 골짜기에 죽은지 오래된 바싹 마른 뼈들이 가득했습니다. 하나님께서 에스겔에게 하신 말씀이 이 뼈들은 살리라는 것입니다. 하나님의 명령 따라서 에스겔이 명령하게 될 때에 뼈들이 살게 되었고, 극히 큰 군대가 되었는데 이는 곧 이스라엘 백성이라고 하셨습니다. 여기에서 우리는 이 세대에 큰 교훈을 얻게 됩니다.

첫째, 에스겔이 환상 가운데 보았던 이 뼈들을 통해서 주시는 교훈을 얻게 됩니다.

1) 이 뼈들은 다름 아닌 이스라엘 백성들이었습니다.
① 지금 바벨론 포로 중에 생활이 마치 죽은 것 같이 암울했고, 소망이 없는 듯이 말했습니다.
② 죽은 지 오래 되었다고 하였고 심히 말랐다고 했습니다. 의학적으로 전혀 소망이 없는 상태였습니다.
③ 그런데도 불구하고 소망을 가지라는 말씀입니다. 그래서 에스겔에게 말씀을 주셨고 같은 시대에 호세아에게 말씀하셨습니다(호 6:1).

2) 이 뼈들은 우리에게 주시는 시대적인 영적 교훈이 매우 큰 사건입니다.
① 영적으로 점점 침체되고 열성이 식어가는 시대입니다. 마치 산소 호흡기를 차고 위기에 놓여져 있는 상태와 같습니다. 이런 때에 교회들이 바른 생명의 말씀에 귀를 기울여야 할 때입니다. 왜냐하면 들을 때에 살기 때문입니다(요 5:25, 요 11:43).
② 시대가 병리현상으로 치솟을 때에 그 세대는 망합니다. 고대 로마가 군대가 없거나 힘이 약해서 망한 것이 아니라 자체적인 병 때문에 망했습니

다. 이런 때에 생명의 말씀만이 개인이 살고 사회나 국가가 다시 사는 방법입니다. 이 시대에 우리가 에스겔이나 죤 웨슬레, 죤 칼빈, 마틴 루터가 되어야 합니다.

둘째, 절망 가운데서 소망을 주셨습니다.

"주 여호와께서 이 뼈들에게 말씀하시기를 내가 생기로 너희에게 들어가게 하리니 너희가 살리라"(5-6절) 하셨습니다.
1) 하나님께서 그들에게 소망을 주셨습니다.
① 하나님 자신이 창조주로서 그들의 소망이 되셨습니다. 우리의 소망은 오직 하나님이십니다(롬 15:1-3).
② 하나님의 역사는 지금도 우리에게 향하시고 계십니다. 절망치 말고 하나님을 바라보아야 하겠습니다.
2) 부정적인 요소만 보지 말고 긍정적인 자화상을 가져야 합니다.
① 바른 믿음을 가져야 하겠습니다.
② 하나님은 언제나 깨어있는 사람을 부르서서 역사하십니다. 잠자지 말고 이 세대에 깨어있는 자가 되어야 합니다. 바울을 부른 마게도니아 사람처럼(행 16:7) 세계인들이 한국교회와 우리를 부르고 계십니다.

셋째, 우리는 에스겔의 사명을 이어 받아야 합니다.

1) 에스겔은 사명자로서 이런 사람이었습니다.
① 기도의 사람입니다. 하나님은 기도의 사람을 쓰십니다. 그래서 지금 기도하다가 환상을 보게 된 것입니다.
② 성령 충만한 사람입니다. 구구절절, 주의 성령이 충만했습니다(겔 3:14, 11:1). 성령의 능력을 받아야 합니다(행 1:8).
③ 하나님의 말씀을 받은 사람입니다(겔 17:1, 18:1, 21:1, 22:1, 23:1, 25:1, 27:1, 28:1-). 예수 그리스도는 말씀으로 우리에게 오셨습니다.
2) 우리는 이 세대에 사명자로서 살아야 합니다(요 1:4).
① 우리 주변에 뼈들이 가득함을 보아야 합니다.
② 우리는 뼈들에게 전해야 할 사명이 있습니다. 그래서 빚진 자입니다(롬 1:4). 눈을 들어 영적 세계를 볼 수 있게 되기를 축원합니다.
결론: 우리 주변에는 뼈들이 가득합니다.

왜 우리가 근심하지 말아야 합니까?
(요한복음 14:1~3)

인간은 세상을 살아가는 그 자체가 어렵고 힘든 일입니다. 왜냐하면 죄값으로 말미암아 사방이 캄캄하고 어둡기 때문입니다. 그러나 불신자와 성도가 다른 것은 불신자는 낙심과 실망하다가 인생의 종착역에서 영원히 지옥에 떨어지겠지만 예수 믿는 성도들에게는 영원한 천국이 준비되어 있기 때문입니다. 이스라엘 백성들의 역사 가운데 힘들고 어려울 때마다 하나님은 선지자들을 통해서 위로와 격려를 하셨는데 그 대표적인 말씀이 이사야 40-44장까지의 말씀입니다. 오늘 읽은 본문에서 예수님께서 십자가를 지신다고 하는 소리에 제자들이 낙심하게 되었고 실망하게 되었을 때에 예수님은 천국의 소망과 함께 낙심하지 말라, 근심하지 말라고 말씀하십니다.

첫째, 예수님께서 지금도 우리에게 위로가 되시기 때문입니다.

예수님은 가시기 전에 성령을 약속하셨는데 '보혜사' 라는 말은 '파라크레토스' (paracletos)로서 '위로자' 란 뜻이 있습니다.

1) 주의 성령께서 우리와 함께 하십니다. 여기에서 우리가 힘을 얻게 되고 위로가 됩니다.
① 지금도 우리를 위하여 간구하신다고 했습니다(롬 8:26, 34, 히 7:25). 그리고 예수님이 약속하셨습니다(마 28:20).
② 세상에 어려운 일이 많이 있지만 지쳐서 쓰러지지 않게 함께 하시겠다고 약속하셨습니다. (찬송 363장을 불러 봅시다) 이 찬송은 미국인인 엘리야 알브라잇 호프만(1830-1929) 목사님이 어려울 때 작사 작곡한 찬송인데 은혜가 넘칩니다. 예수님은 우리에게 약속하시기를 고아와 같이 버려두지 아니하시겠다고 약속하셨습니다(요 14:18).
2) 성경에서 제일 어렵고 힘들 때에 예수님이 곁에 계셨습니다.
① 예수님께서 함께 타고 계시던 배에도 풍랑이 일어났지만 예수님이 함께 계시기에 해결되었습니다(마 8:23).
② 여호수아가 믿음이 약해져서 요단강을 건너지 못했을 때에도 하나님은

용기와 능력을 주셨습니다(수 1:4-). 이것은 다윗이나 다니엘에게도 마찬가지입니다. 결국 믿음을 주셔서 세상을 이기게 하십니다(요일 5:4).
3) 현재에도 하나님은 이렇게 역사하십니다.
① 멋 옛날에만 함께 하심이 아니고 지금도 역사하시는 간증들이 우리 주변에는 많이 있습니다.
② 하나님께서 지금 나에게 역사하심을 믿어야 합니다. 산소가 우리 코에 들어오듯이 하나님은 가까이에 계십니다.

둘째, 예수님이 우리에게 소망이 되시기 때문에 근심하지 말아야 합니다.
1) 세상을 이길 수 있도록 힘이 되시고 소망이 되십니다. 그래서 담대하라고 하셨습니다(요 16:33).
① 이길 수 있도록 소망이 넘치게 하십니다. 고린도 교회를 개척할 때에 바울에게 주셨던 주님의 모습이 있습니다(행 18:9).
② 예수님도 지금도 우리 믿는 이들에게 소망(Hope)이 되십니다. 어려울 때일수록 소망을 주님께 두어야 합니다.
2) 예수님은 결국 우리의 영원한 소망이 되십니다.
① 천국도 예비하셨습니다. 우리가 장차 가는 곳입니다.
② 영원히 죽지 않고 늙지 않고 눈물이 없는 곳입니다(단 2:44, 계 21:4). 살아서는 주님과 동행하고 사후에 영원한 천국에서 살게 됩니다.

셋째, 예수님의 약속은 변하지 않기 때문에 근심하지 말아야 합니다.
세상은 모두 변해도 주의 말씀은 변하지 않습니다.
1) 예수님의 약속이 현존합니다.
① 작은 것이든 큰 것이든 지금도 불변합니다.
② 문제는 우리가 하나님 말씀의 원리에 입각해서 살아야 합니다.
2) 예수님은 지금 나에게 근심하지 말라고 하심을 믿어야 합니다.
① 먼 옛날이 아니라 지금 나에게 하시는 말씀입니다.
② 내게 당한 문제가 무엇이든지 말씀을 의지하십시오.
홍해가 갈라지고 요단강이 갈라지고 여리고성이 무너지게 됩니다. 이 신앙 위에서 승리해 나가시기를 축원합니다.
결론: 근심하지 말아야 합니다.

말씀으로 사는 인생
(마태복음 4:1~4)

　모든 생명체들은 제가기 살아가는데 있어서 먹이가 필요합니다. 하나님께서 세상을 창조하실 때에 살기 위한 먹이들을 주셨습니다. 개체마다 이른바 먹이 사슬인데, 미생물에서부터 고등 생물에 이르기까지 먹이 사슬이 있게 되고 그 위에는 인간이 있습니다. 인간에게는 고급 요리에서부터 시작해서 싼값의 음식까지 다양하게 존재합니다. 새벽부터 밤늦게까지 동분서주하며 뛰는 목적은 많은 사람들이 빵문제를 해결하기 위해서입니다. 본문에서 예수님께서 40일 금식한 이후에 육신의 약점을 이용하여 마귀가 시험을 하게 됩니다. 이때에 예수님께서 마귀를 물리치시면서 사람이 떡으로만 사는 것이 아니요, 하나님의 입으로 나오는 말씀으로 산다고 하셨습니다. 우리가 알아야 되는 것은 사람에게 빵이 필요하지만 빵만으로 사는 인간이 아니라는 사실입니다.

첫째, 사람에게는 빵도 필요하다는 교훈을 하셨습니다.
1) 예수 믿는 사람이라고 해서 세상에서 빵이 필요치 않다는 것은 아닙니다. 신앙인에게도 빵은 반드시 있어야 합니다.
① 세상에는 먹지 못해서 기아상태에 죽는 사람이 많이 있습니다(왕하 6:21). 북왕조때에 사마리아 성에서 배고픔을 못이기고 여인이 자기 자식까지 먹게 되었습니다. 예수님은 주기도문에서 일용할 양식이라는 말씀을 하셨습니다.
② 예수님은 우리의 육체의 빵이 필요하다는 것을 아십니다. 그래서 오병이어의 사건도 베푸셨습니다(마 14-). 우리의 대제사장은 육신의 문제를 다 아십니다(히 4:14-15).
2) 육신생활에서 빵문제가 고갈되지 않기 위해서 기도해야 합니다.
① 하나님의 창조 가운데서 우리는 육신의 빵이 필요하도록 지으셨기 때문입니다. 창조시 모든 것을 지으시고 마지막으로 인간을 지으셨습니다.
② 물질이 필요하지만 빵문제 때문에 실족하거나 죽음의 길로 나가면 안된다는 사실입니다. 첫사람 아담은 먹는 문제로 죽게 되었습니다. 아담을

무너뜨린 사탄은 예수님께 와서 시험하는 것입니다. 둘째 아담이신 예수님은 사탄을 물리치셨고 이기셨습니다.
③ 이 땅에는 물질 때문에 넘어지는 사람들이 많이 있습니다.
④ 하나님의 자녀는 먼저 그의 나라와 그의 의를 구하라(마 6:33) 하셨습니다. 여기에 축복이 있습니다.

둘째, 예수님의 교훈은 인간은 빵만으로 사는 존재가 아니라는 것입니다.
1) 사람이 빵만으로 사는 존재가 아닌데도 불구하고 빵만을 위해 살다가 망하는 사람이 있습니다.
① 옛사람을 소개합니다. 아담, 롯, 에서, 나아만의 문둥병이 걸렸던 게하시, 아나니아와 삽비라, 가룟 유다, 아간 같은 사람입니다. 많은 사람들은 말세 때에 666표는 경제부표라고 지적합니다.
② 우리는 바르게 교훈 삼아야 합니다.
2) 인간은 빵으로 살 수 없는 영혼이 있습니다. 영적 존재입니다.
① 영혼을 사모하는 영적 존재입니다(전 3:11).
② 영혼은 양식이 하나님 말씀입니다. 예수님 자신이 말씀이며(요 1:14), 영적빵입니다(요 6:27, 48). 이스라엘 백성들은 광야에서 만나를 먹었어도 죽었지만 생명의 떡이신 예수님을 먹게 될 때에 영원히 살게 됩니다.

셋째, 성도는 하나님 말씀으로 살아가는 존재입니다.
1) 성도는 말씀 따라 나아갈 때에 축복이 옵니다.
① 아브라함도 말씀 따라서 갔습니다. 말씀따라 가면 사는 길이 있습니다.
② 미국 대륙에서 말씀 따라 갔던 사람들은 청교도들로서 축복받았지만 금을 따라갔던 사람들은 망했습니다.
2) 성도가 말씀을 외면하면 사는 길이 없습니다. 몰락합니다.
① 어렵지만 말씀 따라서 살아가시기 바랍니다.
② 구라파 교회가 문을 닫게 된 것은 말씀을 외면했기 때문입니다. 교회의 존재 목적은 사회사업이나 구제가 아니고 말씀을 통해서 영혼을 구원하는데 있습니다. 말씀 따라서 승리하는 우리가 되기를 축원합니다.
결론: 말씀 따라서 살아야 소망이 있습니다.

왜 광야 길인가?
(신명기 8:1~6)

우리가 세상을 살아가는 길은 반드시 좋은 일, 아름다운 핑크색의 일만 존재하는 것이 아니라 오히려 어렵고 힘든 광야와 같은 세상의 길인 것을 체험하게 됩니다. 예수 그리스도 안에서 구원받아 하나님의 자녀가 된 우리 역시 이 세상은 광야와 같습니다. 애굽에서 나와서 가나안을 향해 가는 이스라엘 백성들이 가는 길은 10여 일 정도면 충분하게 들어갈 수 있었던 거리였습니다. 그런데 그들은 40년의 세월이 걸려서 가나안에 들어가게 되었습니다. 왜 이렇게 긴 세월이 소요되었겠는가? 하는 문제가 대두됩니다. 여기에는 분명한 하나님의 뜻이 있습니다. 그런데 왜 하나님께서 이스라엘 백성들에게 광야길을 통해서 가나안에 가게 하셨습니까? 본문에서 그 이유를 몇 가지 말씀해 줍니다.

첫째, 이스라엘 백성들이 하나님 앞에서 겸손의 훈련을 받게 하신 것입니다.

"네 열조의 알지 못하던 만나를 광야에서 네게 먹이셨나니 이는 다 너를 낮추시며 너를 시험하사 마침내 네게 복을 주려 하심이니라"(16절) 하셨습니다. 시험의 결과 낮추는 훈련을 통해서 복을 받게 하시려 했습니다.
1) 겸손의 훈련을 잘 받아야 합니다.
① 때때로 낮아져야 하겠고 하나님 앞에 겸손의 훈련이 필요합니다. 그래서 고난 당하는 것이 유익이라(시 119:71) 했습니다. 그러므로 교만은 멸망의 선봉입니다(잠 3:34).
② 기도할지라도 교만한 기도는 응답이 없습니다(눅 18:10-). 바리새인의 기도는 응답이 없었고 세리의 기도만 응답해 주셨습니다. 언제나 자기 자신을 낮추는 사람이 높아지게 됩니다.
2) 이 교만과 겸손의 차이가 무엇이겠습니까?(14절)
① 어떤 일이 있을 때 하나님을 잊어 버리고 자기가 주인인 양 착각했습니다. 교만한 사람의 형태입니다(17절). "또 두렵건대 네 마음에 이르기를 내 능력과 내 손의 힘으로 내가 이 재물을 얻었다 할까 하노라" 했습니다.

② 교만치 않으려면 언제나 하나님께 영광된 삶이 필요합니다. 가나안에 들어가는 것이 하나님의 전적인 은혜였다면 마찬가지로 우리가 구원 받은 것은 전적인 하나님의 은혜입니다(18절). "네 하나님 여호와를 기억하라 그가 네게 재물 얻을 능을 주셨음이라" 했습니다. 이것이 겸손입니다. 어거스틴(Augustine)은 말하기를 "신앙의 제일되는 미덕은 첫째도 둘째도 셋째도 겸손이라" 했습니다.

둘째, 이스라엘 백성들이 광야에서도 하나님의 말씀을 듣는가를 시험하시기 위해서였습니다.

시험하시기 위해서 광야로 보냈습니다.
1) 성도는 말씀만 따라가야 합니다. 광야 같은 세상이기 때문입니다.
① 성도는 말씀따라 가게 될 때에 그것이 축복입니다(2절). "너를 시험하사 네 마음이 어떠한지 그 명령을 지키는지 아니 지키는지 알려 하심이라" 했습니다.
② 때때로 하나님께서는 시험(Test)하십니다.
2) 주의 말씀 따라 가면 축복의 결실을 맺습니다.
① 경제 위기가 있어도 실망하지 말고 말씀만 따라 가는 성도가 되어야 합니다(1절).
② 주의 말씀은 능치 못하심이 없습니다(요 11:40).

셋째, 이스라엘 백성이 광야에서 하나님만 소망하고 바라보게 하기 위함입니다.

1) 전적으로 하나님에게만 인생의 소망이 있습니다.
① 광야와 같은 세상에서 사는 방법은 하나님께 소망을 둘 때 가능합니다.
② 광야 같은 세상에서 전적으로 하나님께 소망을 두어야 합니다.
2) 말씀을 깨달아서 하나님 안에 사시기 바랍니다.
① 말씀 속에 사는 길이 있습니다.
② 개인도, 가정도, 국가도 그 소망이 하나님께 있음을 알아야 하겠습니다.
광야 같은 세상에서 축복 속에 승리하시기를 축원합니다.
결론: 광야를 통과할 때에 가나안에 들어갑니다.

꿈을 이루게 하시는 하나님
(창세기 37:5~11)

우리는 세상에서 내일(Tomorrow), 미래(Future)가 없다면 세상이 얼마나 삭막할 것이며 꿈과 소망(Hope, Vision)이 없다면 얼마나 낙심이 크겠습니까? 세상 모든 피조물 중에서 하나님께서 유일하게 사람에게 주신 축복이 내일을 바라보고 미래를 살게 하며 꿈과 소망 가운데 사는 것입니다. 현재도 어렵지만 우리는 과거 50-60년대에 많은 어려움 속에서도 견딜 수 있었던 것은 꿈과 소망을 가지고 개척해 나왔기 때문입니다.

본문에서 요셉은 예수님의 모형이라고 불리워지는데 그는 그의 생애의 초창기부터 고난이 왔지만 꿈을 포기하지 않고 꿈속에서 승리했던 인물입니다. 실존주의 철학자 키엘케고르는 말하기를 '절망은 죽음에 이르는 병'이라고 하였는데, 우리는 다시 한번 요셉의 신앙을 가지고 신앙중심으로 승리해야 하겠습니다.

첫째, 하나님께서 요셉에게 꿈을 주시듯이 우리에게 하나님께로부터 오는 꿈을 꾸시기 바랍니다.
1) 하나님은 소망을 주시는 하나님이십니다.
① 덴마크라는 나라는 본래 가난했던 나라였지만 그룬트비(Grundtvig)라는 사람이 일어나서 하나님을 향한 소망을 가지고 나무를 심게 될 때에 오늘날, 세계적인 낙농 국가가 되었습니다.
② 하나님은 소망을 주시는 분이십니다. 요셉은 태어난 후부터 고난이 왔지만 고난 가운데서도 낙심치 않고 하나님을 바라보고 승리했습니다.
③ 애굽에 팔리기 전에 꿈을 꾸었는데 그 꿈은 반드시 이룩되었습니다. 요셉뿐 아니라 증조 할아버지격인 아브라함에게도 꿈이 있었고 그 꿈대로 되었습니다(창 14:14-). 성공적인 인물사, 신앙사는 언제나 고난 끝에 승리했습니다. 눈물로 씨를 뿌린 자는 기쁨으로 단을 거두게 됩니다.
2) 시련과 문제 앞에서도 넘어지지 않아야 합니다.
① 요셉의 일대기(一代記)는 한편의 드라마와 같습니다. 이 드라마에서 요셉

은 성공자가 되었습니다.
② 하나님께서 나를 붙잡아 주시고 희망을 주시는 분으로 믿어야 합니다(시 37:23).
③ 여호와의 손으로 붙잡아 주신다고 믿어야 합니다. 이 손은 짧아지지 않는 손이요(민 11:23), 나 위해서 십자가에 못박힌 손이요, 강한 손이요(출 6:1), 내 이름이 기록된 손(사 49:16)입니다.
④ 하나님은 소망의 하나님이십니다(롬 15:13). 그래서 요나는 물고기 뱃속에서도 꿈을 잃지 않았습니다(욘 2:1).

둘째, 요셉의 생애는 꿈이 현실화되는 생애였습니다.
1) 요셉은 극악한 환경 가운데서도 꿈은 현실화되었습니다.
① 그 꿈이 이룩되기 전에 많은 시련과 연단이 있었습니다. 건국대학교의 총장이었던 류태영 박사는 그의 일대기에서 "나는 언제나 꿈꾸는 청년이 되고 싶다"라고 하면서 꿈을 잃지 말라고 강조했습니다.
② 성도는 시련이 와도 꿈을 잃지 말고 하나님을 바라보아야 합니다.
2) 요셉은 그 대표적인 본보기의 인물입니다.
① 현재 어렵습니까? 요셉처럼 승리자가 되시기 바랍니다.
② 긍정적인 소망을 가지고 나갈 때에 믿음대로 이룩해 주시는 하나님이십니다.

셋째, 요셉의 꿈이 현실화되는 길목에는 하나님이 함께 하셨습니다.
1) 요셉에게는 하나님이 함께 계셨습니다.
① 애굽생활의 시련에도 하나님이 계셨습니다. 하나님이 나와 같이 계심을 믿어야 합니다.
② 어렵다고 해서 포기하지 말아야 합니다.
2) 요셉은 언제나 하나님 안에 있었다는 것이 중요합니다.
① 미국의 부재(富財)왕 깁슨(Gibson)은 그의 성공담에서 말하기를 그 첫째가 언제나 하나님 중심이었다고 했습니다.
② 우리의 현실이 어렵습니까? 하나님 중심으로 살아갑니까? 내 일생의 일대기가 언제나 하나님 중심으로 바뀌기를 축원합니다.
결론: 꿈을 포기하지 맙시다.

소망적인 사람
(이사야 43:14~21)

하나님 피조물 가운데 생각하고 창출해 나가는 피조의 세계는 인간밖에 없습니다. 그래서 인간은 만물의 영장이며 문화가 있습니다. 그리고 인간을 소망을 가지게 지으셨습니다. 그래서 극한적인 어려움 중에도 소망을 가지게 합니다(롬 15:13). 이스라엘 백성들이 스스로 죄를 짓고 그릇 가게 될 때에 어렵게 되었고 이 환난 속에서 있게 될 때에 하나님은 이사야 선지자를 통하여 새 일을 행하시겠다고 소망을 주셨습니다.

첫째로, 현재에 고난이 진행중이라도 내일의 소망을 잃치 말라는 말씀입니다.
1) 이스라엘 백성의 역사는 근원부터 역경이 많았습니다.
그러나 낙심치 않고 축복속에 지냈습니다. 아브라함, 이삭, 요셉, 모세, 모두를 보세요. 이들은 고난 가운데서 믿음을 지킨 사람들입니다(롬 8:18). 생각컨대 현재의 고난은 장차 우리에게 나타날 영광과 족히 비교할 수 없도다 했습니다.
2) 성도의 현재 고난은 모두가 뜻이 있습니다.
① 시련은 있어도 사망은 없기 때문입니다.
② 시련속에서 더 큰 축복이 약속되어 있습니다.
③ 이스라엘 백성들은 독수리 훈련처럼 훈련을 받았습니다(신 32:11). 그러므로 현재의 고난에서 미래의 축복의 소망을 잃치 말고 바라보아야 하겠습니다. 소망이 언제나 든든하게 되기를 축원합니다.

둘째로, 오늘 현재에 좋은 일이 있어도 그것만 가지고 만족지 말고 더 큰 미래의 꿈을 가져야 합니다.
소위 현실에 안주하는 주의입니다. 이스라엘 백성이 광야에서 고난받은 것은 약속의 땅 가나안을 바라보게 하기 위함입니다.
1) 더 발전적인 복이 있기 때문입니다.

바울은 빌립보서 3:12에서 푯대를 향하여 좇아가노라 했습니다.
2) 하나님께서 각 사람에게 향하신 일이 아직도 남아있기 때문입니다. 그래서 그리스도인은 복음의 진보에 유익된 사람이 되어야 합니다 (딤전 4:15, 빌 1:12).
"너희는 이런 일은 기억치 말라 옛적 일을 생각치 말라 보라 내가 새 일을 행하리니 이제 나타날 것이로다" 했습니다.

셋째로, 성도는 언제나 소망이 든든해야 합니다.

마귀는 실망, 절망, 낙심을 가져다줍니다. 그러나 하나님의 성령은 소망적이고 긍정적인 길이 열리게 하십니다.
1) 본문에서 광야의 길과 사막의 길에 강을 낸다 하였습니다.
2) 성도는 이 소망 가운데서 찬송이 나옵니다.
이 백성은 내가 나를 위하여 지었나니 나의 이름을 부르게 하려 함이니라 했습니다.
계속적으로 소망 가운데 승리하는 성도들이 되시기를 축원합니다.

결론적으로 하나님의 자녀는 소망적입니다.

> 교회

은혜와 평강이 있는 교회
(에베소서 4:1~8)

　현대는 과학문명이 하나님이 하시는 영역까지 넘나들려는 시대가 되었지만 여전히 사람들의 마음에는 평화가 없고 사랑이 점점 고갈되어 가는 시대를 맞이했습니다. 그래서 살벌하기까지 한 세상이 되었습니다. 개인의 마음의 평화나 가정의 사랑, 그리고 사회의 삶의 질이 학력이나 재산정도에 있지 아니함을 말해주는 단적인 예라고 할 것입니다. 사도 바울은 에베소서에서 교회론을 설명했습니다. 20주년을 맞이하는 우리교회가 어떤 교회가 되어야 할까요? 본문에서 배우게 됩니다. 은혜와 평강이 넘치는 교회는 이런 교회입니다.

첫째, 하나님의 부르심에 합당하게 행하는 교회입니다.
　하나님은 교회의 주인이시며 교회의 머리는 예수 그리스도이십니다. 하나님의 부르심을 입은 무리가 교회(에클래시아)라고 합니다. "너희가 부르심을 입은 부름에 합당하게 행하며"(1절)라고 했습니다.
　1) 교회는 부르심을 입은 사람들이 모인 사랑의 공동체입니다. 그래서 교회란 말은 부르심을 입었고 빼내심을 입었다는 뜻이기도 합니다.
　① 창세 전에 예정되었습니다(엡 1:3-14). 오늘 교회에 처음 오신 분들도 예정에 의해서 왔습니다.
　② 하나님은 때를 따라서 주의 백성들을 부르십니다. 아브람도(창 12:1), 모세도(출 3:4), 제자들도(마 4:18), 핍박자였던 사울(바울)도(행 9:4), 농부였던 아모스도(암 7:14) 부르셨습니다.
　2) 부르심을 입었으면 왜 부르게 되었는가의 뜻이 있습니다.
　① 왜 부르시게 되었는가를 알아야 합니다(딤후 2:3, 벧전 2:9).
　② 그것은 하나님의 자녀로 축복되게 사랑 가운데서 살게 하려고 부르셨습니다. 그러므로 먼저 부르심을 입은 우리는 하나님의 자녀로서 그 뜻에 합당하게 살아야 합니다.

둘째, 하나님의 사랑을 본받아 사랑하는 교회가 되어야 합니다.

여기에 은혜와 평강이 있게 됩니다. 성경에서 하나님을 사랑이라고 하였습니다(요일 4:16). 고린도 교회는 은혜를 많이 받은 교회였으나 싸움이 있었습니다. 모범된 교회가 될 수가 없습니다(2절). "모든 겸손과 온유로 하고 오래 참음으로 사랑 가운데서 용납하고" 했습니다.

1) 사랑 가운데서 평화가 있는 은혜가 있게 됩니다.
① 우리 교회가 사랑이 충만한 교회가 되어야 합니다. 말세에는 사랑이 고갈되기 때문입니다(마 24:12).
② 사랑 가운데 있을 때에 평화가 있습니다. 그래서 언어부터 달라지게 됩니다. 생활이 달라지게 됩니다.
2) 우리 교회는 사랑을 서로 주고 받는 교회가 되어야 합니다.
① 사랑은 서로가 주는데 의미가 있습니다(잠 11:24).
② 사랑은 서로가 베풀 때에 자기 자신에게는 은혜와 기쁨, 평강이 옵니다. 그래서 교회는 사랑의 공동체라고 합니다. 중세시대의 성자인 성프란시스(St. Francis)는 새들까지도 그의 어깨에서 놀았다고 합니다.

셋째, 교회에 머리이신 예수님을 본받아 하나가 되는 교회가 될 때에 은혜와 평강이 있습니다.

예수님은 제자들이 하나가 되기 위해서 기도하셨습니다(요 17:11) "평안의 매는 줄로 성령의 하나 되게 하신 것을 힘써 지키라" (3절) 했습니다.

1) 교회가 하나 되게 하신 것은 주님의 뜻입니다.
① 분쟁은 하나 될 수 없는 요인이기에 주의 뜻이 아닙니다.
② 바울은 본문에서 교회의 하나 되는 이치를 말씀했습니다(4절).
2) 하나되는 교회는 큰 힘을 내게 합니다. 여기에 평화가 있게 되고 은혜가 넘치게 됩니다(전 4:12). "삼겹줄은 쉽게 끊어지지 않는다"고 했습니다.
① 그래서 마귀는 교회가 서로 다투게 합니다.
② 그러나 성경은 성도가 하나가 되게 합니다.
③ 결과적으로 구원 받은 숫자가 날마다 더하게 하십니다(행 2:7).
결론 우리 교회는 은혜와 평강이 있습니다.

처음 것(사랑)을 회복하라
(요한계시록 2:1~7)

성경 66권 가운데 제일 마지막에 있는 요한계시록은 종말론에 대한 계시의 책입니다. 사도 요한은 핍박 가운데 밧모섬(Patmos land)에 유배되어 기도하던 가운데 주께로부터 받은 말씀입니다. 그 가운데 2장-3장은 초대교회 소아시아의 대표적인 일곱 교회에 관한 말씀인데 첫 번째 교회로서 에베소 교회에 관하여 기록되었습니다. 에베소 교회는 바울이 3차 전도여행시에(56-59년) 3년간 목회했던(행 20:31) 곳이기도 합니다. 지금은 터키의 서남부에 자리잡은 작은 소도시에 불과하지만 그 당시에는 소아시아의 수도라고 할 만큼 큰 도시요 정치, 경제, 군사, 문화 모든 면에서의 요충지였습니다. 에베소 교회에 대하여 말씀을 주시면서 칭찬의 내용과 책망의 내용으로 구분해서 우리에게 교훈하여 주셨습니다. 영적인 능력이 점점 약화되는 때에 우리는 에베소 교회의 교훈을 통해서 오늘날 우리의 영적인 거울로 삼아야겠습니다.

첫째, 에베소 교회에 대한 칭찬의 모습을 보겠습니다.
1) 에베소 교회는 아홉 가지의 칭찬의 내용이 있습니다.
① 행위가 주님 보시기에 아름다웠습니다. 이론적 신앙이 아니라 행동하는 신앙이 중요한 것은 행함이 없는 것은 죽은 신앙이기 때문입니다(약 2:26).
② 주님을 위해서 수고를 많이 했습니다. 우리는 죽도록 충성하는 수고의 신앙으로 가득해야 합니다. 주신바 달란트를 버리거나 묶어 둔다면 악한 종이 됩니다(마 25:14).
③ 인내하는 교회였습니다. 복음을 위해서 인내했습니다. 주님을 위해서 인내했습니다. 성도는 인내의 믿음이 중요합니다(약 5:10-11, 계 14:12).
④ 악한 자들을 용납지 아니했습니다. 진리를 왜곡하거나 믿음을 저버리고 주신바 직분을 소홀히 여기면 악한 자라고 책망받게 됩니다(마 25:14-).
⑤ 자칭 사도라 하되 미신자들을 시험해서 그 거짓을 밝혔습니다. 말세때에도 진리가 아니고 비진리가 판을 치고 거짓 지도자들이 많이 있을 것인데

⑥ 참는 일을 잘했습니다. 하나님 영광 가리우게 되고 이 때문에 복음에 저해되는 일 되지 않게 하기 위해서는 참아야 합니다. 이것까지 참아야 한다고 하셨습니다(눅 22:51).
　⑦ 예수 이름 때문에 견디었습니다. 신앙생활에서 내가 처한 입장에 대하여 견디는 것은 중요한 칭찬의 요소가 됩니다.
　⑧ 게으르지 아니했습니다. 말세에는 더욱 부지런하여 주를 섬겨야 합니다(롬 12:11). 게으른 자에게는 개미에게 지혜를 배우라 했습니다(잠 6:6).
　⑨ 니골라당을 미워한다 하였습니다. 교회에는 사적인 당이 필요없습니다. 오직 예수님만 모실 뿐입니다.
　2) 이 모든 일들을 주님이 아신다고 하였습니다.
　① 불꽃 같은 눈으로 다 보십니다(1:14, 삼상 16:7).
　② 하나님께 바르게 서야 합니다.

둘째, 에베소 교회는 한 가지 결정적인 책망을 받았습니다.

"그러나 너는 책망할 것이 있나니 너희 처음 사랑을 버렸느니라"(4절)하였습니다. 촛대를 옮길 만한 결정적인 것입니다.
　1) 우리는 처음 것을 잃지 말아야 합니다. 성경에서 처음 것은 매우 중요시 여겼습니다.
　① 처음 사랑입니다. ② 처음 열매입니다. ③ 처음 사명입니다.
　2) 회복하는 방법이 있습니다.
　① 어디에서 무엇 때문에 잃었는지 생각해야 합니다.
　② 그리고 회개해야 합니다. 회개는 사는 길목입니다. 회개치 아니하면 망하게 됩니다. 소아시아 일곱 교회는 천년의 긴 기독교문명을 꽃피웠지만 지금은 자취가 없습니다.

셋째, 주님의 권고를 듣고 회개하면 더 나은 축복과 약속이 있습니다.

　1) 귀로 들어야 합니다. 할례받지 못한 귀를 뚫어야 합니다(행 7:51).
　2) 낙원에 생명나무가 기다리고 있습니다.
　우리교회는 말세 때에 이런 좋은 교회가 되시기를 축원합니다.
결론: 처음 것을 회복해야 하겠습니다.

부흥해 가는 안디옥 교회처럼
(사도행전 11:19~30, 13:1~3)

모든 생명체는 태어날 때부터 성장해야 합니다. 성장한다는 것은 그 생명체로서의 존재가치적 면에서 볼 때에 가장 중요한 일이 되기 때문입니다. 지금 세계는 생태계의 보존운동에 늦게나마 완전파괴로부터 보호하겠다고 힘쓰고 있습니다. 안디옥(Antioc)은 B.C.300년경 수리마왕 셀레우고스 1세가 세운 도시로서 군사, 무역 교통의 요충지였습니다. 초대교회 대핍박으로 인해서 흩어진 성도들이 안디옥으로 흘러 들어가게 되었고 그곳에서 모범적인 교회를 세웠고 그 교회는 이방선교의 최초의 교두보 역할을 했던 교회였습니다. 그리고 처음으로 그리스도인(Christian)이란 명칭을 사용한 곳이기도 합니다. 우리교회의 영적 생명이 안디옥 교회와 같이 축복받기 원합니다. 안디옥 교회는 어떤 교회였습니까?

첫째, 안디옥 교회는 좋고 건실한 성도들이 모인 교회였습니다.
사도행전 11:19-20에 보면 안디옥 교회의 성도에 관해서 나옵니다.
1) 좋고 건실한 교회는 어떤 성도들입니까?
① 환난 가운데서 나온 성도들입니다. 예루살렘에서 핍박받고 그곳까지 흩어진 그리스도인들입니다. 이 사실을 베드로서에 기록했습니다(벧전 1:1-, 계 7:13-) 환난과 핍박 중에도 서 가는 성도가 견고한 성도입니다.
② 이들은 흩어진 무리들이지만 환난을 이기고 통과한 무리입니다. 말세 때의 이기는 성도는 주인공이 되는 성도들입니다. 건실한 성도는 세상의 온갖 죄의 오염에서 이기는 자가 되어야 합니다.
2) 사명을 다하는 교회로서의 결실한 교회입니다.
① 건실한 교회는 고난 가운데에서도 최선을 다해서 선교하는 교회입니다 (11:21). 그래서 수다한 사람이 돌아왔습니다.
② 이런 교회는 성숙한 교회입니다. 우리교회 성도들은 환난과 세속을 이겨 나가며 성숙한 교회와 신앙을 지켜 나가야 하겠습니다(요 16:33).

둘째, 안디옥 교회는 훌륭하고 유능한 사명자(일꾼)가 있는 교회입니다.

1) 좋은 일꾼이나 사역자의 기준이 어디에 있습니까? 외면에 있지 않고 내면적인 것에 있습니다.
① 안디옥 교회의 일꾼들은 성령이 충만했습니다(예수 충만). 성령의 능력을 받아야 합니다.
② 안디옥 교회의 일꾼은 지혜가 있었습니다. 교회 일꾼은 지혜가 있어야 합니다(마 10:16-).
③ 안디옥 교회의 일꾼은 칭찬만 듣는 일꾼이었습니다. 초대교회 안수집사의 자격 역시 그러했습니다(행 6:1-).
2) 안디옥 교회의 일꾼 가운데 대표적인 사람을 봅시다.
① 예루살렘 교회가 파송한 바나바가 있습니다(행 11:22). 바나바는 마가를 믿게 했고 바울을 바울되게 했습니다(행 15:35-41, 골 4:10, 행 4:37).
② 교회에는 바나바와 같은 일꾼이 있어야 좋은 교회입니다. 사울이 변한 바울 역시 좋은 그릇이었습니다(행 9:15). 교회의 기관이나 구역 역시 일꾼이 좋아야 합니다.

셋째, 안디옥 교회는 교회의 사명을 다하는 좋은 교회였습니다.

이 땅에 교회가 존재하는 목적은 전도요, 선교입니다. 뭇 영혼이 예수 믿고 구원 얻어 생명을 얻게하는 데 있습니다.
1) 선교 사역에 최선을 다하는 안디옥 교회였습니다.
① 교회는 복음 전하는 생명집단입니다(막 16:15, 딤후 4:1-). 이웃과 세계는, 지금 마게도니아 사람이 바울을 부르듯이 우리 교회와 한국교회를 부르고 있습니다.
② 안디옥 교회는 성령의 지시에 따라서 금식기도하며 바나바와 사울을 선교사로 보내게 되었습니다. 영국교회가 리빙스톤을, 미국교회가 언더우드, 아펜젤러를 보냈다면 한국교회 역시 세계로 보내야 합니다.
2) 안디옥 교회는 선교 차원에서 구제 일에 힘썼습니다.
① 교회는 영육을 구제해야 합니다(행 11:29-30).
② 주는 것이 받는 것보다 낫습니다(행 20:35).
우리교회가 날마다 더욱 생명력 있게 부흥해 나가기를 축원합니다.
결론: 교회는 영적 생명력이 충만해야 합니다.

자랑스럽게 소문난 교회
(데살로니가전서 1:~10)

　옛날보다 세상이 변했다는 증거들이 많이 있지만 옛날에는 겸손하게 자기를 비우고 낮추는 것을 미덕으로 여겼으나 시대가 변해서 이제는 다원화된 시대와 함께 자기 자신을 선전(P.R)하는 시대입니다. 비싼 값을 치루고 광고에 힘쓰는 것은 소비자의 구매력을 높이기 위한 상술입니다. 교회역시 세상적인 방법은 아니겠지만 알려지는 것이 중요하다고 봅니다. 여기에는 반사적으로 교회가 부흥하게 되고 소문이 잘 나게 되기 때문입니다. 초대교회들 가운데서 데살로니가 교회는 소문이 아름답게 나게 된 교회로 유명합니다. 데살로니가라는 도시는 알렉산더대왕(Great of Alexander)을 배출한 마게도니아의 수도였는데 바울의 제2차 전도여행시에 핍박 가운데 복음을 전하여 세운 교회입니다(행 18장 참조). 우리교회가 이제 더욱 부흥케 되어 데살로니가 교회와 같이 소문이 아름답게 나는 교회로 더욱 부흥케 되기 원합니다.

첫째, 데살로니가 교회의 장점인 소문의 내용을 보겠습니다.
　소문에는 좋은 소문과 나쁜 소문이 있는데 데살로니가 교회는 좋은 소문이 자자한 교회였습니다.
  1) 믿음의 역사가 있는 교회로 소문이 났습니다.
  ① 믿음이 있을 때 구원받습니다(벧전 1:9, 요 1:12).
  ② 믿음이 있을 때 하나님을 기쁘시게 해드립니다(히 11:6).
  2) 사랑의 수고가 있는 교회로 소문이 났습니다(살전 4:9).
  ① 하나님은 사랑이십니다(요일 4:16).
  ② 말세때에는 사랑이 식어지겠으나 더욱 사랑의 성도가 되어야 합니다(마 24:12, 벧전 4:8).
  3) 소망의 인내가 있는 교회였습니다(살전 5:1).
  ① 소망 가운데서 미래를 바라보아야 합니다.
  ② 우리 하나님은 소망의 하나님이십니다(롬 15:13). 그러므로 성도는 인내 가운데서 소망을 가지고 있어야 합니다(롬 5:4, 약 1:4).

4) 하나님 말씀을 잘 받아서 소화시키는 교회였습니다(살전 2:13).
① 성도는 말씀을 잘 받아야 합니다.
② 그리고 그 말씀에 순종해야 합니다(요 2:11, 눅 5:5).
③ 하나님께서 말씀 속에 역사하십니다(히 4:12).

둘째, 데살로니가 교회는 소문이 실제 내용 그대로였습니다.

속담에 소문난 잔치에 먹을 것이 없더라는 말이 있는데 실제 내용과 다른 것을 뜻하는 말입니다.
1) 데살로니가 교회는 실제로 사랑 가운데서 옥게 갇혀 있는 바울을 지극히 대접하였고 보살피게 되었습니다. 그리고 선교에 주력하게 되었습니다.
2) 우리교회가 좋은 교회로서 실제 내용에서부터 아름답게 소문이 이루어지는 교회가 되어야 하겠습니다.
① 행함이 없는 믿음은 죽은 것이기 때문입니다(약 2:26).
② 행함이 없는 신앙은 모래 위에 건축하는 집과 같아서 무너지게 되기 때문입니다(마 7:24). 말세를 만난 성도들이 주의 깊게 받아야 할 말씀입니다.

셋째, 소문난 교회가 되기 위해서는 해야 할 일이 있습니다.

옥중에 있는 바울에게 디모데가 소식을 가져 왔습니다(살전 3:6) 그것은 좋은 소식이었습니다.
1) 바울에게 배운 바대로 신앙생활 했듯이 성도는 배운대로 신앙생활 해야 합니다. 말씀 따라서 신앙생활 하게 될 때에 좋은 신앙의 소문이 나게 됩니다.
2) 예수님은 선한 사마리아 사람의 비유에서 말씀하셨습니다. "가서 너도 이와 같이 하라"(눅 10:37)입니다.
3) 기도의 능력을 받아야 합니다. 기도 없이는 역사할 수가 없기 때문입니다.

우리교회는 일어나서 빛을 발하여(사 60:1) 소문이 좋은 교회가 되기를 축원합니다.

결론: 교회는 성도들이 만들어가야 합니다.

초대교회에서 보는 은혜받은 생활
(사도행전 4:32~37)

　모든 인간은 하나님 앞에서 죄인입니다. 죄가 없는 사람은 세상에 없으며(롬 3:10), 그 죄값은 영원한 심판이요, 사망입니다(롬 6:23). 예수 그리스도의 십자가 대속적 죽으심의 은혜 안에서 우리는 영원한 생명을 얻어 살게 되었습니다. 그래서 하나님께 나아가며 아바 아버지라 부르게 되는데 하나님의 은혜라고 합니다. 하나님의 은혜가 아니면 살 수 있는 사람은 하나도 없습니다. 마태복음 18장에서 베드로는 예수님께 질문을 하면서 내 형제가 내게 잘못했을 때에 몇 번이나 용서해야 하느냐고 물을 때에 예수님은 일만 달란트 빚진 자가 탕감받은 비유를 말씀했습니다. 평생 갚아도 갚을 수 없는 죄값을 탕감받은 우리들입니다. 본문에서 초대교회 사도들을 비롯한 성도들의 은혜받은 후의 생활을 보여 줍니다.

첫째, 초대교회 성도들은 한 마음과 한 뜻이 되어 교회 생활을 하였습니다.
　교회가 무엇입니까? 그 크신 하나님의 은혜 속에서 구원받은 우리가 바로 교회입니다. 마틴 루터는 "하나님의 은혜는 마른 땅을 적시는 여름날의 소낙비와 같다"고 하였는데, 이처럼 귀한 은혜를 받은 것이 교회입니다.
　1) 초대교회는 은혜 속에서 한 마음과 한 뜻이 되었습니다(32절).
　　① 사람이 제각기인데 한 마음이 되는 것은 어려운 일입니다. 그래서 이혼율이 점점 높아가는 시대입니다. 은혜속에서 하나 되어야 합니다.
　　② 전혀 다른 이들이 모여서 신앙생활하는 교회 안에서 초대교회 성도들은 한마음이 되었습니다. 결과적으로 복음의 불모지와 같고 황무지와 같은 시대에 복음으로 영혼들을 구원했습니다(엡 4:1-).
　　③ 그들의 환경이 지금보다 좋았던 것은 아닙니다. 오히려 어려웠고 목숨을 내놓고 신앙생활을 해야 하는 핍박기였습니다(엡 2:18).
　2) 어떻게 하나될 수 있었습니까?
　　① 성령으로 하나되었습니다. 성령 받아야 성령 안에서 하나가 됩니다.
　　② 예수 그리스도 중심, 말씀이 중심이 되어야 합니다. 내가 이 교회의 중심

이 아니라 예수님이 중심이 되어야 합니다. 나는 다만 섬기는 종이요, 청지기입니다.
③ 무엇보다 사랑과 희생으로 섬기는 교회가 되어야 합니다. 예수님은 섬기려고 오셨습니다(마 20:28).

둘째, 초대교회는 나누는 교회로서 부흥되었습니다.

소위, 나누는 교회입니다. "모든 물건을 서로 통용하고 자기 재물을 조금이라도 제 것이라 하는 이가 없더라"(32절)했습니다.
1) 초대교회 배경 속에는 유월절을 통해서 온 외국인 교포들이 많았는데 이들을 향한 나눔은 교회의 일이었습니다(마 19:16-).
① 유대파도 있었습니다.
② 헬라파도 있었습니다. 그러나 구분 없이 서로 나누었습니다.
2) 은혜받으면 서로 나누는 생활이 필요합니다.
① 사랑도 생활 속에서 나누어야 합니다(고후 9:8).
② 은혜 받았습니까? 서로 나누는 생활을 하시기 바랍니다.
③ 나누는 생활 속에서 더욱 풍성한 축복이 옵니다.
④ 나누는 생활 속에서 더욱 생활이 달라지게 될 것입니다.

셋째, 초대교회 성도들은 전도에 힘을 썼고, 전도를 최고의 목표로 세웠습니다.

전도의 내용은 예수님의 십자가의 부활입니다. '사도들의 큰 권능으로 주 예수의 부활을 증거하니 무리가 큰 은혜를 얻어"(33절)라고 했습니다.
1) 사도들의 지시와 말씀 따라서 전도에 힘썼습니다.
① 여기에는 핍박이 따르는데 죽음도 불가한 전도였습니다. 전도에 힘써야 합니다(딤후 4:1).
② 전도의 제목은 십자가와 부활입니다. 예수 외에는 다른 길이 없습니다(요 14:6, 행4:12).
2) 전도하기 위해서는 은혜 받아야 합니다.
① 은혜받지 아니하면 자기 신앙도 고백할 수 없습니다.
② 이 나라와 세계의 소망은 전도에 있습니다.
결론: 초대교회와 같이 전도하는 교회가 되기를 축원합니다.

성도에게 풍성해야 할 것들
(고린도후서 8:1~9)

이 세상을 살아가면서 개인에게나 가정에나 또는 어떤 집단에나 국가에 이르기까지 없어도 될 것들이 있는가 하면 반드시 필요한 것들이 있고 풍성해야 할 것들이 있습니다. 미국의 사회학자인 로버트 벨라(Robert Bellah)는 말하기를 "종교는 역사를 변화시키는 정신적 동력(精神的 動力)이 되어야 한다. 그렇지 못할 때 사회뿐 아니라 종교 자체로 몰락하고야 만다"라고 하였습니다.

고린도교회는 바울이 제2차 전도여행 기간중이었던 주후 56년경에 세운 교회였습니다. 항구 도시였기 때문에 그 속성상 우상과 유행과 온갖 것들이 들끓는 곳이었지만 사도행전 18:10과 같이 예수님은 '이 성중에 내 백성이 많음이라' 하신 말씀과 같이 교회가 세워지게 되었는데 문제도 많았고, 부정적인 요소도 많았지만 은혜가 풍성한 교회로 자라나게 되었습니다. 우리교회가 어떤 것들이 풍성해야 할까요?

첫째, 하나님의 교회는 세월이 가면서 점점 사라져야 하는 것들이 있고 풍성해져야 할 것이 있습니다.

1) 교회 안에서 사라져야 할 것이 있습니다.
① 미움과 증오가 같은 인간적인 부정된 요소들이 사라져야 합니다. 십자가에 못 박았기 때문입니다(롬 6:5-6). 그래서 고린도교회에 나타난 당파 싸움이 근절되게 해야 했습니다.
② 시간이 가면서 세상적이고 세속적인 것들이 사라져야 합니다. 온갖 음행과 우상들이 그것입니다(고전 5:1, 10:8). 이것이 우리의 거울이기 때문입니다.
③ 불신앙적인 것들이 사라져야 합니다(롬 12:2, 골 3:1).
2) 교회가 시간이 가면서 더욱 풍성해야 할 것들이 있습니다.
① 예수 믿는 믿음이 더욱 견고하고 풍성해져야 합니다(고전 3:1).
② 지혜롭고 은혜로운 말(言語)이 가득한 교회가 되어야 합니다. 여기엔 위로와 평강이 있습니다. 성경에는 언어의 중요성을 교훈합니다(엡 4:29, 전

10:12).
③ 지식에 풍성해야 합니다. 예수 그리스도를 아는 지식입니다(벧전 2:2, 빌 3:8).
④ 열심에 풍성해야 합니다. '모든 간절함과' 라고 했는데 헬라어에서는 열정, 열심을 뜻합니다. 그리스도인들은 열심이 중요합니다(롬 12:11, 고후 11:2).
⑤ 주의 복음을 전하기 위해서 헌금이 풍성해야 합니다(고후 9:6-7). 예수님이 가난하게 되심은 성도들이 풍성하게 되기 위함이었습니다. 고린도교회 성도들은 가난한 중에도 이 은혜가 풍성했습니다.
⑥ 시간이 가면 갈수록 성령이 충만한 교회가 되어야 합니다. 특히 이 세대에서 성령의 불이 꺼지는 때에 더욱 성령이 불을 붙이는 일이 중요합니다(엡 5:18).
⑦ 시간이 가면서 교회에 더욱 사랑이 풍성해야 합니다(8절). 사랑이 메마르면 아무것도 아닙니다(고전 13:1-13).

둘째, 주의 교회가 풍성해지기 위해서는 과거 교회를 거울 삼아야 합니다(고전 10:11).
1) 부정적인 과거 역사도 거울이 됩니다.
① 책망 받았던 구약의 역사들을 보십시오.
② 책망 받은 신약의 사건들이나 인물들을 보십시오(5:22).
2) 긍정적인 면에서도 역사는 오늘의 거울입니다.
① 구약의 긍정적인 사건들이나 인물들을 보십시오.
② 신약의 긍정적인 사건들이나 인물들을 보십시오.

셋째, 교회의 주인은 하나님이십니다.
교회의 주인은 하나님이시며 머리는 주님이십니다.
1) 우리교회의 주인 되신 하나님 앞에 날마다 풍성해 가는 교회가 되어야 하겠습니다.
2) 교회를 통해서 수많은 사람들이 구원에 이르게 해야 합니다.
그리고 수 많은 일꾼들이 배출될 수 있게 되기를 축원합니다.
결론: 우리교회에 좋은 것들이 풍성해지기를 소원합니다.

장막터를 넓혀가자
(사도행전 54:1~3)

세계 지도속에 한국이라는 나라는 매우 작은 편에 속합니다. 그래서 실제로 가 본 국가들 가운데에는 미국이나 중국 같은 나라가 대단히 큰 나라로 생각되어 집니다. 우리는 영토만 작은 것이 아니라 생각이나 마음까지 좁게 보이는 때가 종종 있기 때문에 한층 더 마음이 아플 때가 많이 있습니다. 본문에서 유대인들이 바벨론에 포로될 것과 그 후에 될 일에 이르기까지 말씀하시면서 위로하고 격려와 함께 소망을 가질 것을 말씀하신 말씀입니다. 그리고 하나님께서는 그들에게 장막터를 넓혀야 한다고 하셨습니다. 그래서 그곳에서 자유로이 예배를 드리고 자자손손이 축복되게 살라고 하셨습니다. 이 말씀은 이 세대에 우리에게 말씀하신 영적인 의미가 매우 크다고 하겠습니다.

첫째, 성도는 마음의 장막터를 넓혀야 하겠습니다.
이스라엘 백성들이 바벨론에 포로되어 있는 동안에 얼마나 고생했는지 마음이 굳어지게 되었고 닫혀지는 모습이 미래의 사건이지만 이사야에서 보여주시게 된 것입니다. 어느 시대이든 성도는 마음의 텃밭이 넓어야 합니다.
1) 마음의 장막터가 넓을 때 다른 사람을 포용하게 됩니다. 교회는 포용력있게 하나님의 사랑을 가지고 감싸 안아야 합니다.
① 바울과 고린도교회 사이에는 문제 앞에서 포용력을 가질 것을 강조했습니다(고후 6:11-13). 마음을 넓히라 하였습니다.
② 솔로몬은 기도제목이 지혜와 넓은 마음을 가지는 것이었습니다. 그 기도제목대로 하나님께서는 솔로몬에게 넓은 마음을 바닷가의 모래와 같이 주셨습니다(왕상 41:9).
③ 아브라함은 아량과 넓은 마음이 그의 축복이 되었습니다(창 13:8-9).
2) 넓은 마음이 있을 때에 큰 믿음이 됩니다. 큰 일을 이룬 분들은 모두가 넓은 마음의 소유자들이었습니다.
① 사울과 다윗과의 비교에서 우리는 보게 됩니다(왕상 13:2).
② 다윗이 큰 마음인 것은 자기를 죽이려하던 사울을 포용했기 때문입니다.

원수를 갚지 아니했습니다.
③ 그리스도인들은 마음의 장막터가 넓어야 합니다.

둘째, 성도는 영적이고 신령한 면, 전도하고 선교하는 면에서의 장막터를 넓혀야 합니다.

영적이고 신령한 면에서의 장막터는 선교하고 전도하는 장막터입니다. 주변에서부터 세계에 이르기까지의 선교의 장막터를 넓혀야 하겠습니다.
1) 예수님은 우리에게 영적이고 신령한 선교의 장막터를 넓혀가야 할 것을 말씀하셨습니다.
① 그것은 영혼을 주 앞에 인도하는 것입니다.
② 개인적으로 영적이고 신령한 면에서의 선교, 구령적인 장막이 얼마나 넓어졌습니까. 장막을 넓혀야겠습니다.
2) 이제 우리는 세계속으로 장막터를 넓혀가야 합니다.
① 현재적으로 없다고 낙심치 말아야 합니다.
② 지경이 넓혀지게 되는 때가 올 것입니다. 그래서 나를 통해서 전도, 선교해서 영적 지경이 넓혀가도록 해야 합니다.

셋째, 우리교회의 장막터를 넓혀가야 하겠습니다.

1) 이제 우리의 수용시설이 넓혀가야 하겠습니다.
① 휘장을 아끼지 말라 했습니다. 휘장은 예수 그리스도의 육체적 희생입니다(히 10:20). 예수 희생 본받아 희생할 때만이 영혼을 구원하며 선교할 수 있습니다.
② 교회에는 희생자가 많아야 합니다.
2) 우리교회가 장막터가 넓혀가도록 기도해야 합니다.
① 생각부터 긍정적으로 가져야 합니다.
② 시행하게 될 때에 믿음의 분량대로 하나님께서 역사하실 것입니다.
우리교회가 일어나서 점점 더 넓혀가는 교회가 되기를 주의 이름으로 축원합니다.
결론: 좁은 현재에서 넓은 미래로 가야 합니다.

계속 부흥하는 교회
(빌립보서 1:1~11)

하나님의 교회는 역사 이래 지금까지 계속 부흥하여져 왔습니다. 수많은 핍박과 극한 상황 가운데에서도 세계 복음화는 지속적으로 되어 왔습니다. 이 교회는 하나님이 자기 피로 세운 교회요(행 20:11), 이 집은 살아계신 하나님의 교회요, 진리의 기둥이 되시기 때문입니다(딤전 3:15). 이 교회는 반석위에 주님이 세우셨으며(마 16:18), 이 교회는 촛대로서 주님이 계신 곳입니다(계 1:20). 빌립보 교회와 같이 계속적으로 부흥해가는 교회가 되기 위해서 말씀에서 은혜를 나누려 합니다.

첫째로, 성령 안에서 뜨거운 교제가 있는 교회가 됩시다(1:5).
"첫날부터 이제까지 복음 안에서 너희가 교제함을 인함이라" 했습니다.
1) 교제는 하나님과 성도 사이에 바로 이루어져야 합니다.
   왜냐하면 하나님과의 교제가 끊어지면 불쌍한 자입니다. 가인, 가룟 유다, 사울왕 등을 보십시오. 하나님과의 교제가 이룩되기 위해서는 날마다 회개가 성립되어야 합니다.
2) 교제(communication)는 성도와 성도가 해야 합니다.
   초대교회는 성전에서 기도하며 떡을 떼며 교제가 이룩되었더니 부흥되었습니다. 사랑과 말씀 안에서의 십자가로서 교제가 성립됩니다.
3) 교제는 가정 안에서 바로 되어야 합니다.
   교회 부흥의 첫 길은 가정의 교제가 바로 되어야 합니다. 부부, 부모, 부모와 자녀, 형제, 친척이 바로 교제가 되어야 합니다. 여기에서부터 교회부흥은 시작됩니다.

둘째로, 교회부흥은 성령의 역사를 힘입어야 합니다(6절).
"너희 안에 착한 일을 시작하신 이가 그리스도 예수의 날까지 이루실 줄 확신하노라" 했습니다.
  1) 성령은 감동, 감화, 역사, 인도하시는 분입니다.

여기에 순종하게 될 때에 개인신앙이 자라가고 교회가 부흥되어 갑니다.
2) 초대교회를 기록한 사도행전의 별명이 성령행전입니다.
성령께서 역사하신 초대교회이기 때문입니다.
3) 교회는 성령으로 인도함을 받는 교회입니다.

셋째로, 교회 부흥의 저력은 모든 성도가 최선을 다해서 사명을 감당해야 합니다(7절).

"너희가 다 나와 함께 은혜에 참여한 자가 됨이라"했는데, '참여한 자'는 최선을 다하는 일꾼의 모습입니다.
1) 여기에 적극적인 믿음이 요구됩니다.
2) 여기에는 부정적인 요구가 필요치 않습니다.
3) 여기에는 개인신앙의 성장과 부흥이 있을 뿐입니다.
교회는 마지막 시대에 부흥해가는 교회가 되시기를 축원합니다.

결론적으로 우리교회는 계속 부흥해 나가야 합니다.

생명력이 있는 교회 구현
(사도행전 2:40~42)

모든 생명체는 살아 있을 때에 그 기능이 효력이 있습니다. 작은 미생물에서 최고의 생명체인 사람에 이르기까지 살아 있을 때에 생명의 기능이 발휘됩니다. 그런데 교회는 영적 생명체이며 교회 안에 성도들은 모두가 영적 생명체의 구성원들입니다. 외적인 모습에서 생명의 유무를 확인할 수 없습니다. 요한계시록 3:1의 사데교회는 외적조건은 훌륭했지만 실상은 죽은 교회였습니다. 그리고 다행히 오직 몇 명만이 살았습니다(계 3:4). 말세를 사는 우리에게 큰 의미를 주는 말씀입니다. 빈사상태로 되어가는 어려운 시대에 교회는 생명력이 넘치는 교회가 되기 위해서 힘써야 합니다.

첫째로, 구원의 확증이 있는 성도들이 모인 교회가 됩시다.
1) 죽은 신앙의 모습은 어떻습니까?
① 형식화에 치우친 신앙입니다.
② 가인을 본받지 맙시다(창 4:4).
③ 하나님이 제일 싫어 하셨습니다(말 1:10).
④ 바리새인들처럼 하지 맙시다(마 23:13).
⑤ 그런데 언제부터인지는 알 수 없으나 한국교회의 일부에서 형식화의 조짐이 보이기 시작했습니다.
⑥ 세상을 좋아하는 것은 죽은 신앙입니다(딤전 5:5-6). 세속화의 물결에 조심해야 합니다.
2) 구원의 확증이 분명한 신자의 모습이 살아 있는 교회의 모습입니다.
① 구원의 기쁨이 넘치게 됩니다. 장소가 문제가 아닙니다(빌 4:4).
② 모이기를 힘쓰는 신자입니다(히 10:24).
③ 떡을 떼며 친교가 살아있습니다. 사랑의 교제가 성령으로 말미암아 충만합니다.

둘째로, 생명력이 있는 신자의 모습은 심장이 멈추지 않는 상태입니다. 심장이 뛰지 않는 것은 죽었기 때문입니다.

1) 성령의 역사는 불과 같아서 뜨겁게 역사합니다(눅 13:49). 예수님은 본을 보이셨습니다.
① 기도가 뜨겁습니다.
② 찬송이 뜨겁습니다.
③ 봉사가 뜨겁게 나타납니다.
④ 전도가 살아서 역사합니다.
2) 각종 은사와 직분이 뜨겁습니다. 유익하게 하시려고 주셨기 때문입니다(고전 12:7). 그리고 열매를 맺습니다(갈 5:22, 마 7:16).

셋째로, 생명이 있는 신앙은 전도에 힘쓰게 됩니다.

그래서 제자의 수가 날마다 더했습니다(행 2:47). 12제자에서→120문도→3,000명→5,000명씩 불어났습니다.
1) 생명력이 있는 전도꾼이 됩시다.
2) 생명력이 있는 신앙은 영혼을 사랑해서 전도합니다. 전도하여 내가 살아있음을 확인하시기 바랍니다.
3) 교회의 사명은 전도와 선교에 힘쓰는 데 있습니다.

유명무실한 신앙인이 되지 마십시오. 초대교회와 같이 살아움직이는 교회가 되기를 축원합니다.

결론적으로 나의 신앙, 나의 교회가 살아 있음을 확인합시다.

교회가 발해야 할 색채
(마태복음 28:18~20)

이땅위에 존재하는 모든 것에는 유형이든 무형이든간에 색채를 띠게 됩니다. 보이는 색도 있지만 보이지 않는 무형의 색채도 있습니다. 성도가 발해야 하고 교회가 나타내야 하는 색이 있습니다. 그것은 바로 복음전도의 색채입니다(행 1:8). 여기에 교회의 본질이 있기 때문에 교회가 발해야 하는 색채는 복음전도의 색채입니다(사 60:1).

첫째로, 교회는 죄인을 향하여 전도하는 색을 나타내야 합니다.
모든 자연계에도 색이 있듯이 교회의 색은 전도의 색입니다.
1) 이것은 죄인을 부르시고 계신 하나님의 색입니다. 그래서 이 색은 교회의 본질이요, 성도의 사명입니다.
① 아담과 하와를 부르시듯이 부르시고 있습니다(창 3:9).
② 요나를 부르시듯이 부르시고 있습니다(욘 2:1).
③ 강도 만난 이웃들이 누구인지 찾아야 합니다(눅 10:29).
2) 하나님은 의인을 부르시는 것이 아니라 죄인을 부르십니다.
① 죄인을 부르시고 계십니다(눅 19:9-10, 마 9:12).
② 건강한 자에게는 의사가 쓸데없고 병든 자에게라야 의사가 필요한 것과 같습니다(마 9:12).
③ 이 땅위에는 문제없는 사람이 없습니다.
모두가 문제 투성이 속에 살아갑니다. 그래서 예수님은 그들을 위해서 오셨습니다. 여기에 교회의 선교정책, 성도의 전도사명이 있는데 우리가 이 색채를 발해야 하겠습니다.

둘째로, 예수님은 십자가의 대속적 죽음의 색채를 보였듯이 교회는 희생과 봉사의 색채를 나타내야 합니다.
1) 예수님은 하늘 보좌를 버리시고 이 땅에 오셨습니다. 그리고 대속적 죽음을 죽으셨습니다(빌 2:6, 사 53:5).

2) 이것은 하나님의 사랑의 최고봉입니다.
① 하나님의 절대적 사랑의 극치입니다(롬 5:6).
② 이 사랑속에 성도가 태어났고 교회가 섰습니다.
3) 따라서 교회는 이 색채를 나타내야 합니다.
① 여기엔 반드시 희생이 따라야 합니다.
② 밀알이 땅에 떨어져 죽을 때 열매맺음과 같습니다(요 12:24).
③ 생활현장에서 사랑과 희생의 선교 색채를 나타내야 하겠습니다.

셋째로, 교회는 예수 복음 전하는 선교색채가 분명해야 하겠습니다.

선교학자인 데슬리 뉴버킨은 "선교적 비전을 상실하는 교회는 교회가 아니다" 했습니다. 전도는 이웃을 향한다면 선교는 세계를 향하는 것을 뜻합니다.
1) 교회의 역사는 성령의 역사요 선교의 역사입니다. 선교가 최고의 목표입니다(딤후 4:1).
2) 예수님의 제자들은 모두가 선교의 색이 밝았습니다.
3) 성경 전체가 선교의 색입니다(요 1:12, 3:16).

그림 가운데 그 그림을 돋보이게 하는 색이 있듯이 교회의 색채는 선교하는 색으로 돋보이도록 선교의 색채가 밝게 되기를 축원합니다.

결론적으로, 선교의 색채가 빛 바랜 교회는 교회로써의 사명을 상실한 교회입니다.

(가정)

축복된 자녀로 키우라
(디모데후서 1:3~5)

매년 5월이 오면 우리는 가정의 달을 지켜 옵니다. 가정의 달 가운데 뭐니 뭐니 해도 가정의 꽃은 어린이들이라고 하겠습니다. 현대사회의 배경은 하나님께서 주신 축복의 열매인 사랑하는 자녀들을 악의 구렁텅이로 빠지게 하는 환경들이 있습니다. 시대의 유행을 따라 자녀를 양육할 것이 아니라 믿음 따라서 말씀의 인도에 맞추어서 양육해야 할 사명이 요구되는 때가 되었습니다. 본문에 디모데를 소개하는데 사도 바울은 디모데를 참아들과 같이 여기면서 믿음의 사람으로 소개했습니다. '디모데오스' 라는 말은 '하나님을 공경한다' 는 뜻입니다. 그 어머니 유니게와 그 외조모 로이스 속에 있던 믿음이 디모데 속에 자라서 역사했던 모습입니다. 지금처럼 혼돈된 시대에 우리 자녀들을 축복되게 양육하기 위해서 몇 가지 교훈을 소개합니다.

첫째, 부모된 우리는 먼저 신앙의 본을 보이며 성경적으로 양육해야 하겠습니다.

디모데는 성경으로 성장했습니다(딤후 3:15).
1) 어른들이 먼저 신앙의 본이 되고 성경적으로 사는 법을 보여 주어야 합니다.
① 성경보다 더좋은 인생의 선생님은 없습니다. 성경에는 인생이 나아가야 되는 모든 길이 제시되었습니다. 이 도에 행하는 사람마다 복이 약속되었기 때문입니다(시 128:1-). 그래서 이스라엘 백성들은 자녀들에게 성경을 교육했습니다(신 6:4).
② 이 일은 육적인 일뿐 아니라 영적인 일이며 무엇보다 귀한 일입니다. 조직신학자인 토레이(R. A. Torrey)는 "이 세상의 정신사에서 큰 감화를 주거나 끼친 사람들은 성경에서 영향을 받은 사람들이다" 라고 했습니다. 미국의 죠지 워싱턴을 위시하여 토마스 제퍼슨, 아브라함 링컨, 에디슨, 슈바이처 등 많은 세계인을 우리는 주목해야 합니다.
2) 문제는 자녀들에게 부모가 신앙의 견본이 되어야 한다는 사실입니다.

① 성경적으로 사는 모습을 실제적으로 보여 주어야 하겠습니다. 자녀들에게는 부모의 생활 모습이 그대로 반영되기 때문입니다.
② 무엇이든 신앙적으로 매사에 긍정적인 면에서 보여줘야 합니다.

둘째, 부모된 우리는 자녀들을 믿음으로 양육하며 가르쳐야 합니다.
1) '수지부모'라고 했는데 자녀들에게 몸만 준 것이 아니라 믿음과 축복된 모습의 성경적 교육 역시 물려 주어야 합니다.
① 디모데는 성경적인 믿음을 물려 받게 된 축복된 사람입니다.
② 내 자녀에게 믿음의 유산을 반드시 물려 주어야 합니다. 제일 큰 유산이요, 축복입니다.
2) 그리고 부모는 때를 따라서 가르쳐야 합니다.
① 매를 때려서라도 교육해야 합니다. 이것이 사랑이요, 자식을 아끼는 일입니다(잠 22:6).
② 세상적이고 육적인 교육도 중요하겠으나 신앙적이고 영적인 교육이 우선되어야 합니다(마 6:33). 결과는 참으로 아름다운 모습입니다.

셋째, 우리들은 자녀들을 위해서 많은 축복을 심고 기도의 눈물을 많이 흘려야 하겠습니다.
유니게와 로이스의 기도 속에서 디모데는 성장하였고, 어머니 요게벳의 기도와 훈육 속에서 모세는 지도자의 길로 성장했습니다.
1) 기도밖에 없습니다. 자녀를 위하여 기도하고 있으십니까?
① 예수님도 당부하셨습니다(눅 23:28). 모니카(Manica)의 기도에 남편도 돌아오게 되었고 어거스틴(Augustine)도 돌아와 신학자가 되었습니다.
② 기도의 결과는 아름답게 개인과 가정 속에 남게 됩니다. 그리고 그 위력은 그가 가는 생애에도 영향을 끼치게 됩니다.
2) 내 자녀가 축복된 인생을 살게 해야 합니다.
① 자녀는 축복되게 살도록 태어났습니다. 그 축복을 잇게 하기 위해서는 그 축복을 받을만한 사람으로 성장시켜야 합니다.
② 하나님은 지금도 우리 자녀들에게 역사하시기 원하십니다.
우리 교회 자녀들이 제2의 디모데들이 많이 되기를 축원합니다.
결론: 축복된 자녀가 되게 해야 합니다.

즐거움을 부모님과 함께 하라
(잠언 23:22~26)

세상이 타락하면서 인간이 마땅히 지켜야 할 인간 도리를 무시해 버리고 인간이기를 포기하는 일들이 많이 발생하게 되는데 그 가운데 하나가 효에 관한 일입니다. 종말론적 일들이 세상에 만연하게 되고 물질 문명이 판을 치는 세상이 되었지만 자식의 부모에 대한 도리는 천륜에 속합니다. 또한 이 곳에 행복이 있게 되고 축복이 있다는 것을 성경은 교훈합니다. 창세기 3장에서 아담과 하와의 타락사건으로 인해서 이 세상에 찾아온 불행들이 세상을 뒤덮어 버렸지만 우리 그리스도인들은 예수 안에서 부모에 대한 효를 다해야 하겠습니다. 효는 언제나 할 수 있는 것이 아닙니다. 대가 되면 하고 싶어도 효를 할 수 없는 때가 올 것이니 부모에 대한 효는 시한부적이기에 기회를 놓치지 말고 부모에 대한 효를 다해야 하겠습니다.

첫째, 부모님의 따스한 사랑을 생각하며 부모님 말씀에 늘 경청해야 하겠습니다.

1) 부모님의 따스한 헌신적 사랑을 잊지 말아야 합니다.
① 내가 나이가 들어 장성했어도 부모님은 역시 부모님이십니다. 부모님 말씀을 소홀히 여기지 말아야 합니다.
② 효는 인간이 마땅히 해야 할 도리 중에 도리입니다. 새 중에 까마귀는 까맣기 때문에 혐오스럽지만 배울 점은 까마귀 새끼는 그 부모가 힘이 없을 때에 먹이를 가져다가 늙은 새를 봉양한다고 합니다.
③ 부모에게 불효하면 자기에게 유익이 없습니다. "아비를 조롱하며 어미 순종하기를 싫어하는 자의 눈은 골짜기의 까마귀에게 쪼이고 독수리 새끼에게 먹히느니라" (잠 30:17)했습니다.
2) 우리는 예수 안에서 부모를 청종하며 사랑해야 합니다. 이곳에 축복이 있습니다(잠 4:1-)
① 부모님께 효도할 때에 축복이 약속되었습니다(잠 6:1).
② 부모의 허물을 덮어 주었던 셈과 야벳은 그 후손들에게서 동서양의 축복

이 되었습니다(창 9:25).
③ 야곱은 요셉에게서 효를 받게 되었고 요셉은 큰 사람이 되어 실제적인 장자가 되었습니다(대상 5:1-, 창 25:22, 49:4).
④ 요한 사도는 마리아를 효도할 때에 장수했습니다(요 19:26).

둘째, 부모님에게 효하는 가정은 효자가 태어나며 축복이 옵니다.
1) 부모님을 가볍게 여기지 말라는 말씀입니다.
① 이것이 효하는 가정입니다. 솔로몬이 왕위에 앉아서 천하를 얻었지만 밧세바의 말에 경청하게 되었습니다. "내가 어머니의 얼굴을 괄시하지 아니하리이다"(왕상 2:20)했습니다.
② 물론 부모님도 인간이기에 실수가 있겠지만 덮어야 합니다. 어느 부모가 자식을 흉보며 키웁니까?
2) 이것은 대대로 지켜야 할 축복입니다.
① 축복받는 가문에서 축복의 사람이 태어납니다.
② 효하는 가정에서 효자가 태어나게 됩니다. 우리 가정에서 불효자가 태어나지 말게 해야 합니다.

셋째, 부모에게 효하는 사람은 부모님의 기대에 어긋나지 않게 살아가려고 힘을 쓰는 사람입니다.
1) 부모님은 먼저 신앙을 물려 주어야 하겠고 자식은 그 말씀을 교훈 삼아 순종해야 합니다.
① 가보 중에 제일 크고 귀중한 가보는 신앙적 가보입니다(23-24).
② 다윗은 유언하면서도 솔로몬에게 하나님 중심으로 살라고 유언했습니다. 이것이 가보였습니다(왕하 2:1).
2) 우리 가정들이 효하며 하나님 말씀 안에서 축복이 임하기 바랍니다.
신앙을 지킬 때에 그 안에서 효가 옵니다(신 10:13).
① 부모님은 신앙을 남겨야 합니다.
② 자식은 그 말씀에 순종해야 합니다.
청개구리 비화와 같이 말아야 하겠습니다. '효'하는 축복이 가보가 되시기를 축원합니다.
결론: 시대가 변해도 효를 잊지 말아야 합니다.

자녀 교육의 성공적인 모델
(디모데후서 1:3~8)

어떤 일을 모범적으로 배우게 될 때에 모델이라고 합니다. 자녀 교육 역시 모델이 필요합니다. 해 아래는 새것이 없지만(전 1:16), 그래서 다시 세월이 지나면 재판되어지고 있지만(전 3:16) 그러나 우리는 성경에서 우리의 새로운 자녀 교육에 대한 길을 모색해 하나님께서 주신 자녀 교육에 대한 축복을 찾고자 합니다. 가정의 달을 맞이하여 그 첫번째로서 오늘이 어린이 주일입니다. 세상사의 교육이 혼미한 때에 성경에서 바른 신앙적 교육을 찾아야 하겠습니다.

바울은 디모데를 향해서 '아들' 이라는 칭호를 아끼지 않을 정도로 디모데에게 호평을 하게 되었는데 왜냐하면 디모데의 신앙 인격이 아들이라고 할 만큼 훌륭하였기 때문입니다(고전 4:17, 딤전 1:2, 히 13:23, 롬 16:21, 살전 3:2). 오늘 이시간 디모데에게서 자녀 교육의 성공적인 모델을 찾아봅시다.

첫째, 가정에서 신앙중심의 가정교육이 선결되어야 합니다.

가정에서부터 모든 교육이 선행될 때에 학교나 사회교육이 성공적으로 나가게 됩니다. 그런데 지금 우리 가정에서는 가정 교육의 부재라고 할 정도로 병든 시대입니다.

1) 가정은 모든 영적 교육의 모태와 같습니다.
① 신앙적 가정 분위기에서 자라난 사람과 그렇지 못한 사람의 인격의 차이는 크게 다르게 됩니다. 자녀들에게 있어서 가정은 최고의 신앙적 모태와 같습니다.
② 성경의 교훈을 봅니다. 모세의 경우는 극단적 시대 분위기였는데 그의 어머니 요게벳이 모세를 잘 키웠습니다(출 1:16). 사무엘은 어릴 때부터 성전에서 자라나게 되었습니다(삼상 1:15, 1:24, 2:26).
2) 현실로 돌아와서 우리 자신들과 현실을 보아야 하겠습니다.
① 아이들이 자라 나기도 전에 공부에 지쳐 있습니다. 세계에서 제일 학교공부에 시달리는 백성들이 되었습니다. 가슴이 텅비어 있는 시대가 되었습니다. 페스탈로찌는 "세상에는 지식을 가르치는 학교도 있고 기술을 가르

치는 곳은 있지만 마음을 가르치는 학교는 없다"고 탄식했습니다.
② 이 시대에 교회는 자녀들에게 가정과 더불어서 성경을 통해서 마음을 가르치는 곳이 되어야 하겠습니다. 성경을 중심으로 가르치는 나라중 세계에서 제일 성공한 나라는 유대인입니다. 미국의 실버만(Silverman)교수는 '오늘의 미국의 유대인' 이라는 논문에서 유대인이 많은 부분을 차지했다고 했습니다. 사람의 되는 것은 떡잎에서부터 신앙교육이 중요합니다.

둘째, 가정 생활에서부터 신앙적 모범이 되어야 합니다.

본문에서 디모데는 "청결한 양심으로 조상적부터"(3절)라는 말씀에 귀를 기울여야 하겠습니다.
1) 부모는 자녀에게 영적이고 신령한 세계를 가르치고 교육해야 합니다.
① 구약에서도 말씀했습니다(신 11:28).
② 유대인들은 탈무드(Talmud)에서 말했습니다.
③ 신약에도 교육을 분명하게 가르치고 있습니다(엡 6:4).
2) 내 자녀가 떳떳하게 나를 보고 배우도록 신앙생활을 해 나가야 합니다.
① 부모의 신앙은 자녀들에게서 나타납니다.
② 자녀들의 성공적인 인생을 위해서라도 신앙의 본이 되십시다.

셋째, 자녀는 인격이지, 소유물이 아닙니다.

1) 내 생각대로 키우는 것이 아니라 하나님의 뜻대로 성장해야 합니다.
① 성경속에서 배워야 합니다.
② 하나님 주신 재능을 계발해서 살게 해야 합니다.
2) 여기에 소망이 있습니다.
① 하나님 말씀안에서 내 자녀가 소망이 넘치게 해야 하겠습니다(창 37:11).
② 요셉의 꿈은 부모를 마음에 두었다고 했습니다.
③ 자녀들에게 그리스도안에서 원대한 꿈을 안고 살도록 성장시켜야 하겠습니다.

우리 자녀들이 디모데나 모세와 같이 성장하는 축복을 받게 되기를 축원합니다.

결론: 하나님께서 주신 자녀의 축복을 받아야 하겠습니다.

주 안에서 부모에게 순종과 사랑을
(에베소서 6:1~3, 요한1서 4:16~21)

매년 5월이 되면 우리는 가정의 달을 맞이하여 교회에서 두 가지 기념예배를 드리면서 말씀을 듣게 됩니다. 하나는 어린이에 관한 말씀이요, 또 하나는 부모님에 관한 말씀입니다. 지금처럼 발달한 시대에도 세계 지구촌에서 언제나 잊지 않는 두 가지 개념은 자식과 부모에 대한 개념일 것입니다.

이 지구촌에는 15,000 종족이 살아 가는데 그 종족마다 문화가 다르고 언어가 다르고 생활방식이 생소하지만 다르지 않은 것은 부모님과 자식과의 관계일 것입니다. 가정의 달을 맞이하여 다시 한번 하나님의 말씀에 귀를 기울이고 경청하며 이 세대의 우리의 현실 모습을 다시 재점검하는 시간이 되어야 할 때입니다. 자식은 부모에게서 사랑을 받았으니 이제는 자녀가 부모에게 더욱 사랑과 순종으로 관심을 가져야 합니다.

첫째, 그리스도인들은 부모님께 더욱 사랑과 순종으로 관심을 가져야 합니다.

1) 부모님께 대한 사랑은 순종과 관심입니다.
① 자녀는 부모님께 관심을 보여야 합니다. 예수님은 십자가에 죽으시는 자리에서도 사랑하는 부모님을 제자 요한에게 부탁하셨습니다(요 19:26).
② 오늘날 부모님의 위치가 넘지 못할 선까지 넘어가는 위태로운 사악한 시대에 처해 있습니다. 특히 젊은이일수록 더욱 부모에게 대해서 관심을 기울여 드릴 때입니다. 미국교회에서는 부모님뿐 아니라 할아버지, 할머니 주일(Grandparents Sunday)까지 지켜나가는 추세인데, 1979년 대통령령으로 9월 둘째 주일이 할아버지 할머니 주일이 되었습니다.
③ 돌아가신 이후에 제사드려 보았자 소용없는 일이요, 울고 불고 해도 다 소용없는 일입니다. 살아 계실 때에 효를 다해야 합니다.
④ 부모님께 순종해야 합니다. "자녀들아 주 안에서 부모님께 순종하라" 했습니다. 예수님은 십자가에 죽기까지 복종하셨습니다(빌 2:6, 히 5:8).
2) 부모님의 시대는 시대적으로 외로운 시대입니다.

① 외로운 시대에 외롭지 않게 힘써 드려야 합니다. 미국에는 여러 가지 직업 가운데 들어주는 직업(Hearing Job)이 있어서 노인들에게 다가가서 하루종일 들어주는 직업까지 있다고 합니다.
② 어린 시절은 부모님이 책임졌으나 이제 노후에는 자녀가 부모를 책임지고 나가야 합니다. 예수 안에서 사랑과 관심속에 나가는 가정들이 되시기를 축원합니다.

둘째, 그리스도인들은 부모에게 사랑으로 실천해야 합니다.

우리가 자칫 잘못하면 이론에 그치고 실천에 옮기지 않는 경우가 있습니다. "자녀들아 우리가 말과 혀로만 사랑하지 말고 오직 행함과 진실함으로 하자"(요일 3:15)했습니다.

1) 부모님께 사랑으로 실천하십시오.
① 부모님이 기뻐하실 것입니다.
② 또한 자식된 도리로서 크게 기쁨이나 보람이 될 것입니다. 또한 고부간의 갈등 문제 역시, 사랑의 실천밖에는 없습니다.
2) 그리스도인들은 부모님이 살아계실 때에 최선을 다해서 효를 행하여야 합니다.
① 이것은 하나님의 명령입니다.
② 부모님은 자식에게 있어서 하나님의 대리인(代理人)이기 때문입니다.
③ 부모 공경할 때에 그 마음에 평안이 옵니다(8절). "사랑엔 두려움이 없고 온전한 사랑이 두려움을 내어 쫓나니"

셋째, 부모 공경할 때에 그리스도인들의 축복을 받게 됩니다.

1) 생명을 약속했습니다.
① 땅에서 잘되고 장수합니다(출 20:12).
② 축복과 저주의 갈림길이 되었습니다(창 9:25-).
③ 룻은 효부로서 복을 받았습니다(룻기).
2) 부모 공경은 이 세대에 우리가 받아야 할 축복입니다.
모두가 이 축복의 장본인들이 되시기를 축원합니다.
결론: 부모 공경은 아무리 강조해도 무리가 없습니다.

디모데가 배운 신앙인격
(디모데후서 1:3~5)

오늘은 매년 5월 첫주일에 지켜지는 어린이주일입니다. 옛날 어린이주일을 꽃주일이라고 부르기도 했습니다. 세월의 흐름속에서 명칭도 변하게 되었습니다만 그야말로 가난 속에서 지나온 옛 어린시절에 비교할 때에 감개무량하기도 합니다. 세상에서 살 동안에 우리에게 주신 자녀들을 어떻게 교육해야 될는지 방향감각을 상실한 시대이기 때문에 더욱 그러합니다. 가치관이 상실되고 가치관이 혼돈된 때에 다시 한번 어린이주일을 맞이하여 행사에 끝나는 것이 아니라 평상시에 우리는 믿음의 행보를 다시 찾아서 주신바 자녀양육을 바르게 해야 하겠습니다. 길을 잃어버린 시대이지만 하나님 말씀은 우리에게 나아갈 지표가 되게 합니다.

첫째, 디모데를 비롯한 성공적인 사람들의 어린시절을 살펴보겠습니다.
속담에 '될성 싶은 나무는 떡잎부터 알아본다' 는 말이 있습니다. 여기에서 어린시절이 매우 중요함을 말해 줍니다.
1) 유명인들의 어린 시절이 어떠했는지 보겠습니다.
① 예수님의 어린 시절이 두 구절에 기록되었습니다. "예수는 그 키와 지혜가 자라가며 하나님과 사람들에게 더 사랑스러워 가셨더라"(눅 2:52) 하셨고, "아기가 자라며 강하여지고 지혜가 충족하며 하나님의 은혜가 그위에 있더라"(눅 2:40) 하였습니다. 예수님은 건강과 지혜, 그리고 하나님 앞에 자라셨습니다.
② 사무엘의 어린 시절이 있습니다. "아이 사무엘은 여호와 앞에서 자라니라"(삼상 2:21) 하였습니다.
③ 모세의 어린 시절이 있습니다. '그때에 모세가 났는데 하나님께서 보실때에 아름다운 아이로 성장했다고 했습니다(행 7:20). 바로왕이 악정(惡政)을 펴는 때에도 그는 하나님 보시기에 아름다운 아이였습니다.
④ 다윗은 하나님 마음에 합한 아이였습니다. '내가 이새의 아들 다윗을 만나니 내 마음에 합한 사람이라' (행 13:20)하였습니다. 아이들과 청소년

모두가 하나님 앞에 합당한 인격체로 성장하게 해야 합니다.
⑤ 선교사인 리빙스톤(Livingstone) 이나 언더우드(Underwood)같은 사람들은 모두가 어릴 때부터 선교사의 꿈을 키워온 사람들이었습니다.
2) 큰 사람들은 모두가 어릴 때부터 신앙과 바른 인격의 바탕에서 성장하는 특징들이 있습니다.

둘째, 어떻게 할 때에 축복된 사람으로 자라날 수 있겠습니까?
1) 디모데를 보겠습니다.
① 조상때부터 청결한 양심으로 성장했습니다.
② 외할머니와 어머니의 신앙이 그를 바르게 성장시켰습니다.
③ 부모의 신앙은 자녀들에게 크게 작용합니다.
2) 하나님께서 크게 쓰시는 사람은 어릴 때부터 특징이 있습니다.
① 성경교육에서 자라났습니다. 그래서 성품 하나까지도 성경이 그 기초가 되었습니다.
② 우리나라는 교육열은 있으나 그릇된 점도 많이 있습니다.
③ 자녀교육이 한번 잘못된 곳에는 가문이 망하거나 사회에 크게 무리가 되는 인물이 배출되기 때문에 심각합니다.

셋째, 하나님께서 축복하시는 사람은 환경이나 배경에 크게 좌우되지 않습니다.
모든 것을 극복하게 되고 이기게 되기 때문입니다.
1) 디모데를 보겠습니다.
① 혼혈아라는 환경이나 배경을 신앙으로 이겼습니다.
② 어린시절에 많은 애로사항이 있었지만 승리했습니다.
2) 우리 자녀들이 이렇게 자라게 해야 합니다.
① 하나님 말씀에서 자라게 해야 합니다.
② 기도 가운데서 자라게 해야 합니다.
③ 믿음의 꿈을 가지고 천국의 시민권자들로 자라게 해야 합니다.
어린이주일을 맞이하여 다시 한번 주신 자녀들을 생각하며 축복된 아이들로 키워 나가게 되시기를 축원합니다.
결론: 이 시대에는 우리가, 내일은 자녀들이 세계를 이끌어 나가야 합니다.

축복과 저주의 경계선
(창세기 9:18~29)

지금 우리가 사는 시대는 옛날에 비교해 볼때에 훨씬 더 잘살고 풍요로운 시대라고 생각하지만 옛날 우리가 보릿고개라는 배고픔속에서 살았듯이 이지구상에는 배고픔과 기아의 현장에서 죽어가는 사람들이 한해동안에도 수천만명에 이르는 현실입니다. 그중에 대부분의 국가들은 아프리카에 속해 있으며 예부터 아프리카를 죽음의 검은 대륙으로 명명해 왔습니다. '뿌리'(Roots)라는 영화에서 잘 나타나 있듯이 노예계급에서 시달려야 했던 흑인들이 있는가 하면 그 흑인을 지배하고 지금도 세계를 지배해 나가려는 백인들이 있다고 합니다. 이 모든 것은 오늘 본문에서 비롯되었던 역사적 배경을 이시간 우리는 읽었습니다. 어버이주일(Parents day)을 맞이해서 축복과 저주의 원조격인 본문에서 효와 불효의 뿌리를 밝히고 은혜 나누어 봅니다.

첫째, 노아의 세 아들에게서 축복과 저주의 경계선을 밝히 배우게 됩니다.

본문은 노아가 홍수 후에 포도농사를 짓게 되었고 그 포도주를 많이 마시고 취했을 때에 벌어진 사건입니다.

1) 축복과 저주의 삼형제를 보게 됩니다.
① 큰아들 샘은 영적이고 정신적인 축복을 받았습니다. 예수 그리스도가 샘족에서 나셨습니다(요 4:22, 마 2:1).
② 셋째아들 야벳은 물질과 과학의 축복을 받았습니다. 서양인들의 창대케 된 이유가 여기에 있습니다. 자연과학 계통을 발전시켰습니다. 경제적 부흥을 가져왔습니다.
③ 둘째인 함은 역사이후에 계속 저주의 골짜기에서 살아왔고 지금도 저주의 늪에 있습니다. 주석가인 메튜 핸리(Matthew Henry)는 말하기를 "함의 잘못은 아버지의 하체를 악의적으로 즐기며 모욕하였다"고 하였습니다. 케일(Keil)은 "함은 아버지의 하체를 사랑으로 덮어주기는커녕 오히려 다른 형제에게 경멸과 조롱의 태도로 떠벌림으로 스스로 저주를 자초하였다"고 하였습니다.

2) 이 모든 일들은 축복과 저주의 갈림길이 되었습니다.
① 효는 축복의 지름길입니다.
② 불효는 저주의 지름길입니다.
③ 그리스도인들은 축복의 길인 효도의 길로 나가야 됩니다.

둘째, 효도하고 축복받는 그리스도인들이 되어야 하겠습니다.
1) 성경은 교훈했습니다.
① "자녀들아 너희 부모를 주 안에서 순종하라 이것이 옳으니라 네 아버지와 어머니를 공경하라 이것이 약속있는 첫계명이니 이는 네가 잘되고 땅에서 장수하리라"(엡 6:1-3) 했습니다.
② "내 아들아 네 아비의 훈계를 들으며 네 어미의 법을 떠나지 말라 이는 네 머리의 아름다운 관이요 네 목의 금사슬이니라"(잠 1:8) 했습니다.
2) 그런데 효도는 살아계실 때에 해야 합니다. 돌아가신 다음에 제아무리 효도하고 싶어도 할 수가 없습니다.
① 영혼을 구원해서 영원히 천국에 들어가시게 해야 합니다.
② 육신의 생활을 보살펴 드려야 합니다. 어릴 때에는 부모가 자식을 양육하지만 늙어지면 자식이 부모를 공양해야 합니다.

셋째, 효도하고 축복받은 사람을 보십시오.
1) 효도하면 본인과 자손이 복을 받습니다.
① 요셉은 효하고 축복받았습니다(창 37-40장).
② 홀시어머니를 모셨던 룻을 보십시오(룻 1-4장).
③ 사도 요한을 보십시오(요 19:26).
2) 우리교회 성도들은 효의 집안이 되어 잘되시기를 바랍니다.
① 효하는 길은 복받는 길입니다.
② 효는 하나님의 명령입니다.
③ 효는 인간이 해야 할 가장 기본적인 일입니다.
이 속에서 영원히 잘되는 여러분이 되시기를 축원합니다.
결론: 효는 축복과 저주의 갈림길이요, 선(Line)입니다.

여호와 앞에 자란 아이
(사무엘상 2:26)

5월의 가정의 달을 맞이하여 축복된 가정이 되기 원합니다. 가정의 구성요소 가운데 중요한 아이 교육의 숙제는 지금이나 옛날이나 같습니다. 옛날보다 과학시대요, 풍요의 시대에 그래도 성경에 나오는 아이들과 같은 성장이 우리들의 자녀들에게 있기를 원합니다. 세상에 살지만 마귀적인 인격에 맡기지 말고 진리위에 바른 인격체로 성장시키는 일이 중요합니다. 여기에는 사랑과 회초리의 두 가지 방법 속에 신앙의 틀으로 키워 나가야 합니다(잠 23:12, 13:24). 옛날 사무엘의 성장기를 보면서 축복된 가정 교육이 이루어지기를 원합니다.

첫째로, 사무엘은 여호와 앞에서 자랐습니다.
여호와는 하나님의 이름(출 3:15, 호 12:5)인바 신약시대의 예수의 이름과 같은 뜻입니다.
1) 기도가운데 자랐습니다.
① 기도 중에 얻은 아이입니다(눅 1:). 세례 요한 역시 기도 중에 얻은 아이입니다.
② 기도 중에 자랐습니다. 모세 역시 기도 중에 자랐습니다.
③ 성전에서 자랐습니다. 그래서 어릴때에 벌써 성전에서 하나님의 음성을 듣게 되었고 계시를 받게 되었습니다(삼상 3:1). 우리의 아이들이 철저하게 교회 안에서 자라게 해야 합니다. 이것이 축복 중의 축복입니다.

둘째로, 사무엘은 하나의 위대한 신앙위에서 자랐습니다.
부모님의 위대한 신앙이 자녀에게 전가되는 경우가 많습니다. 모세의 배후엔 요게벳이 있습니다. 디모데는 그 배후에 로이스와 유니게가 있습니다. 와나메이커나 콜게이트는 그의 아버지의 신앙이 큰 축복이 되었습니다.
1) 한나는 기도하면 응답해 주시는 신앙을 사무엘에게 물려주었습니다. 그래서 사무엘은 기도의 사람이 됩니다(삼상 12:5).
2) 한나는 하나님께 서원한 것을 꼭 갚을 때에 축복이 온다는 것을 보

여 주었습니다(삼상 1:26).
① 그래서 사무엘을 하나님께 드리게 되었고 무자했던 한나에게 세 아들과 두 딸을 얻게 되었습니다(삼상 2:20).
② 서원은 축복으로 연결되는 길입니다(전 5:4, 시 50:14, 시 76:11).

셋째로, 우리 자녀들이 이 시대의 사무엘이 되게 성장시켜야 하겠습니다.

1) 이 일은 한나와 엘가나가 합심해서 되었습니다.
① 부부가 합심해서 성장시켜야 합니다(삼상 2:18).
② 부부의 합심된 신앙이 자녀에게 크게 영향을 끼치게 됩니다.
2) 지금은 제2의 사무엘이 필요한 때입니다.
① 국가에 필요합니다.
② 교회에 필요합니다.
③ 가정에 필요합니다.

"아이 사무엘이 점점 자라매 여호와와 사람들에게 은총을 더욱 받더라" 했습니다. 400만 명밖에 안되는 인구의 이스라엘이, 7억이 넘는 아랍을 이기며, 노벨상 수상자가 24명, 미국대학교수의 30% 이상이 유대계이며 세계 재벌이 유대계입니다. 그 비결은 어릴 때부터의 철저한 신앙과 성경교육에 있습니다.

우리 자녀들에게 하나님의 축복이 함께 하시기를 축원합니다.

결론적으로, 우리 아이를 예수 앞에 자라게 합시다.

(영적전쟁)

우리가 깨어 있어야 할 이유
(마가복음 13:32~37)

예수 그리스도 안에서 믿음으로 구원받은 사람이라면 언제나 들었고 또 계속해서 들어야 할 말씀이 있는데 그것은 종말론에 관한 복음일 것입니다. 예수님께서 언제 오실지는 아무도 알수가 없지만 여러 가지 나타나는 현상들을 볼 때에 그 날이 가까이 오고 있다고 보여지는 이런 때에 예수님께서 주시는 교훈, 영적인 점은 자지 말고 깨어 있어야 한다는 사실입니다. 시험에 한 번 실패한 학생은 다시 재수해서 응시할 수 있지만 예수님의 재림사건은 1회로 끝이 나기 때문에 재시하거나 또 다른 기회가 없습니다. 그래서 손에 쟁기를 잡고 뒤를 돌아 보아서는 안되듯이(눅 9:62) 깨어 있어야 할 이유가 분명해집니다. 이 중대한 일이 곧 이 역사 가운데 펼쳐지려는 움직임이 시작되었는데 사람들은 깨닫지 못하고 있습니다(창 7:16, 마 25:10, 창 19:14). 왜 깨어 있어야 하겠습니까?

첫째, 예수님께서 약속대로 대림하시기 때문입니다.
1) 그 시는 알 수가 없습니다(마 24:36).
① 시한부 종말론과 그것을 따르면 잘못된 것입니다.
② 말세 때에는 신앙생활의 열매 맺지 못하게 하기 위해서는 여러 각도에서 방해하기 때문에 조심해야 합니다(마 13:22). 특히 경제, 돈이라는 이름하에서 신앙을 떨어지게 만듭니다(눅 17:31). 지붕위의 거리(기도-행 10:9). 밭에서의 자리(보화-마 13:44)를 잘 지켜야 합니다.
③ 예수님은 도적과 같이 오십니다(마 24:43, 살전 5:4).
2) 예수님께서 징조들에 관해서 언급하셨습니다(마 16:2).
① 태양계의 징조입니다(일월성신). 여러 번 엘리뇨 현상과 라이뇨 현상, 현재 이상 기온들이 모두 이것입니다.
② 자연 생태계가 죽어가고 있습니다(마 24:28).
③ 혼합종교들의 성행입니다. 종교다원론들이 이것에 축하해 결국 예수 그리스도의 십자가 보혈을 약화시키는 사단의 역사입니다.
④ 이단자들이 성행합니다.

⑤ 민족이 민족을 나라가 나라를 대적해서 일어납니다.
⑥ 곳곳에 기근과 지진이 시도 때도 없이 일어 납니다.
⑦ 바벨탑을 쌓아서 하나님의 눈을 피하려 합니다.
⑧ 생명 경시 풍조가 만연합니다.
⑨ 음행이 만연해서 성적타락에 기울어 갑니다.
⑩ 진리를 외쳐 보지만 듣지 않습니다(딤후 4:3).

둘째, 왜 깨어 있어야 합니까?

예수님께서 심판하시려고 재림하시기 때문입니다. 양과 염소 비유, 달란트 비유, 열 처녀의 비유(마 25장)에서 언급하셨습니다.

1) 초림으로 오신 예수님은 구원주로 오셔서 십자가에 죽으셨습니다.
① 베들레헴에서 태어나셨습니다.
② 십자가 지시고 대속적 죽음을 죽으셨습니다.
2) 두 번째 오실 예수님은 심판주로서 오십니다.
 개인마다 재림주 앞에 설 때가 다가옵니다(겔 18:20, 전 12:14, 히 9:27).
① 여기에는 누구에게나 적용됩니다.
② 피할 사람은 아무도 없습니다.
③ 철장 권세를 가지고 오시겠다고 약속하셨습니다(계 2:27).

셋째, 왜 깨어 있어야 합니까?

영적으로 깨어 있는 사람만이 또 다른 사람을 깨울 수가 있기 때문입니다. 잠든 사람은 또 다른 잠든 사람을 깨울 수가 없습니다.

1) 내가 먼저 깨어 있어야 합니다.
① 군대에서 불침번과 같습니다(시 57:7-8).
② 어거스틴은 로마서 13:11-12이 말씀을 보고 회개했다고 전해집니다.
2) 내가 깨어 있을 때에 타인을 깨울 수가 있습니다.
① 가족을 잠에서 깨워야 합니다.
② 이웃과 세계를 향해서 깨우도록 해야 합니다.
③ 외쳐야 합니다. 먼저 구원받은 성도여! 교회들이여! "깨어 있으라"고 세상을 향해서 외쳐야 합니다.

결론: 우리는 지금 영적으로 깨어야 할 때입니다.

말세 성도가 이겨야 할 유혹들
(갈라디아 6:1~6)

전쟁터에 매설된 지뢰나 폭발물과 같이 신앙생활하는 현장에는 마귀가 설치해 놓은 온갖 시험과 유혹과 올무들이 때와 장소를 가리지 않고 가득하게 되는데 모든 것을 이겨 나가야만 합니다. 영어의 'Temptation' 이란 것은 시험이라는 말도 되지만 유혹이라는 말도 됩니다. 시험과 유혹은 같은 어원이기 때문입니다. 시험과 유혹을 이기기 위해서는 뿌리가 깊어야 합니다. 하나님께서는 감당할 시험밖에는 주시지 않기 때문이고 자세히 살펴보면 피하고 이겨 나가는 길이 있기 때문입니다(고전 10:13, 벧후 2:9, 계 3:10, 벧전 5:8). 첫 아담에게 유혹했던 사탄은 예수님께도 와서 시험했습니다. 마귀 사탄을 이기기 위해서는 우리가 몇가지 요소들을 알아야 합니다.

첫째, 마귀가 주는 유혹이나 시험들을 알아야 합니다.
예를 들어서 어떤 것들이 있을까요?
1) 사탄은 말하기를 '이것은 누구나 하는 일인데 뭐' 하는 식으로 유혹합니다.
   ① 합리화(合理化) 내지는 보편화 된 유혹과 시험입니다.
   ② 내 신앙은 내 신앙으로 반드시 지켜 나가야 됩니다. 남을 따라서 범죄치 말아야 합니다.
2) 사탄은 말하기를 '이것은 크게 대수롭지 않은 것인데 뭐' 하면서 유혹합니다.
   ① 작은 것이 큰 것이 되는 것을 잊지 말아야 합니다.
   ② 성경에는 작은 것에서 기적들이 나타납니다(마 14:16, 눅 16:10, 마 15:14, 마 13:31).
3) 사탄은 말하기를 '이것은 아무도 모르는 일인데 뭐' 하면서 유혹합니다.
   ① 하나님은 모두 아십니다(욥 11:11).
   ② 아나니아와 삽비라는 결국 성령을 속인 것이 되었습니다. 하나님을 속일 수는 없습니다. 여기에 속지 말아야 합니다. 자기 자신의 양심을 속일 수

없고 하나님의 눈을 피할 수 없기 때문입니다.
4) 사탄, 마귀는 와서 말하기를 '이번 한 번만'이라는 용어를 사용케 합니다. '딱 한 번이야'라고 합니다.
① 신앙생활에서 이 용어는 불합격 용어입니다. 우리는 위엣 것을 생각해야 되기 때문입니다(골 3:1).
② 신앙생활은 결단이 중요합니다. 다음으로 미룰 것이 아니라 지금부터입니다.
5) 사탄은 와서 말하기를 '마음은 원이로되 육신이 약해서'라는 말로 미화시켜 나가려 합니다. 결국 범죄하고 넘어져도 괜찮다는 식입니다.
① 마음이 있으면 행해야 합니다. 이것이 믿음입니다.
② 사탄 마귀는 수단과 방법을 가리지 않기 때문에 속지 말아야 합니다.
6) 사탄은 말하기를 '너는 괜찮다'고 말합니다. 조심해야 합니다. '넘어질까 조심하라'(고전 10:12) 하였습니다.

둘째, 사탄을 이겼던 분들을 본받아야 합니다.
1) 예수님이 그 대표자이십니다(마 4:1).
① 세 가지 시험을 가지고 왔습니다.
② 세 가지 모두 인간들에게 필수적으로 여겨지는 것인데 이것이 사탄의 시험의 주제가 되었습니다. 그러나 예수님은 이기셨습니다.
2) 믿음의 선진들이 이겼습니다.
① 요셉도 이겼습니다(창 39:9).
② 폴리캅도 이기고 순종했습니다.
③ 한국교회사에서 길선주 목사님도 이겼습니다. 이긴 분들을 본받아야 합니다.

셋째, 시험과 유혹을 이길 때에 천국의 주인공이 됩니다.
1) 계시록 2-3장에서 이긴 자에게 주시는 상급과 축복을 약속했습니다. 각 교회마다 다르게 약속했습니다.
2) 시험과 올무를 이겨서 천국의 주인공들이 되어야 하겠습니다.
천국은 이긴 사람의 것이니 이기고 모두가 주인공들이 되시기를 축원합니다.
결론 : 이긴 자만이 천국에서 웃는 자가 됩니다.

여호와 닛시의 은혜와 축복
(출애굽기 17:8~16)

성도가 세상을 살아간다는 것은 연속적인 싸움과 전쟁속에서 살아간다고 할 것입니다. 그래서 불란서의 빅토르 위고는 말하기를 "인간은 평생에 살아가면서 세 가지와 싸운다"고 하였습니다. 하나는 자연과의 싸움이요, 둘째는 이웃과의 싸움이요, 셋째는 제일 힘든 싸움인데 자기 자신과의 싸움이라고 했습니다. 사도 바울은 자기 자신과의 싸움을 고민으로 털어놓은 때가 있었습니다(롬 7:15). 우리는 세상에서 잠시 동안은 승리했으나 결국 실패했거나 반대로 잠시 동안에는 실패자 같으나 결국은 성공의 역사를 남긴 사람들을 보게 됩니다. 빌라도는 예수를 십자가에 못 박아 승리자 같았으나 실패자가 되었습니다. 본문은 모세가 이스라엘을 이끌고 가던 광야에서 일어난 시기입니다. 아말렉이 쳐들어 오게 되었을 때에 모세가 손을 들면 이기고 모세가 손을 내리게 되면 패했던 사건속에서 우리는 인생 싸움에서 많은 교훈을 얻게 됩니다. 여호와 닛시, 승리의 깃발이 우리에게도 휘날리기를 원합니다.

첫째, 우리는 영적인 전쟁에서 이겨야 합니다.

우리는 지금 영적인 전쟁 속에 있습니다(엡 6:12). 싸움의 대상은 영적 원수 마귀권세입니다(요 14:30, 고후 4:4, 요일 5:18).
1) 유대인을 통해서 영적전쟁은 승리케 했습니다. 예수 그리스도는 유대인입니다.
① 구원이 유대인에게서 나게 되었습니다(욥 4:22). 예수님은 승리하셨습니다(골 2:15, 계 5:5).
② 예수 그리스도 안에 있게 되면 우리도 이기게 됩니다(갈 3:7). 예수 믿음 안에서 아브라함의 자손이기 때문입니다.
2) 이스라엘 민족역사에서 승리의 역사를 보게 됩니다.
① 그들의 역사는 과거에 많은 피해를 본 역사였으나 이제 그들에게 피해 끼친 민족은 망해가며 유대인들은 세계 속으로 우뚝 서 가고 있습니다. 노벨상을 받은 ¼, 80여 명이 유대계입니다.

② 이기는 승리의 원동력을 하나님께 있습니다. 지금도 아랍계(에서의 후손들)와 이스라엘(야곱의 후예들)의 싸움은 계속되지만 이스라엘이 이기고 있습니다(창 32:28). 아말렉은 에서 족속의 일부 민족입니다. 이들 틈에서 이기게 되는 것은 현재에도 마찬가지의 역사적 현실들입니다.

둘째, 여호와 닛시의 역사는 기도하는 사람의 승리의 표본입니다.
우리는 영적인 싸움에서 이겨야 합니다.
1) 어떻게 해야 하겠습니까?
① 여호수아는 나가서 싸웠고 모세는 손을 들었습니다. 손을 들었다는 말은 기도했다는 의미입니다. 기도 없이 어떤 일에 앞서지 말아야 합니다.
② 모세의 손이 내려오게 될 때는 아론과 훌이 필요합니다. 기도의 동지, 신앙의 동지는 매우 중요합니다. 바울도 기도를 부탁했습니다(골 4:3, 살전 5:25, 살후 3:1). 히브리서 기자도 부탁했습니다(히 13:18).
2) 생활속에서 언제나 기도가 요청됩니다.
① 생활속에서 기도해야 합니다(롬 12:12, 살전 5:16).
② 어떤 일이 잘되면 잘되는 대로 안되면 안되는 대로 기도해야 합니다.

셋째, 여호와 닛시는 하나님 편에 서 있는 자의 승리입니다.
아브라함과 이삭과 야곱에게 약속하신 약속의 땅을 가는데 막아서는 것은 사단의 역사와 같습니다. 아말렉이 대표입니다.
1) 미래에는 하나님 편에 서 있게 되는 사람이 승리합니다.
① 정의의 편이기 때문입니다. 마틴 루터는 애로사항이 많았지만 결국 종교개혁에서 승리한 것은 하나님 편에 있었기 때문입니다.
② 지금도 하나님 편에 서 있게 된 자는 결국 승리합니다.
2) 내가 하나님 편에 서 있다면 반드시 이기게 됩니다.
① 숫자에 있지 않습니다(삿 7-8장) 기드온 군대를 보아 알게 됩니다.
② 현재 생활이 최악의 경우라도 반드시 하나님의 이름을 불러 보십시오. 이기게 됩니다.
여호와 닛시의 승리가 있게 되기를 축원합니다.
결론: 오늘도 우리는 전쟁 중에 있습니다.

여호와 닛시의 사람들
(출애굽기 17:8~16)

세상 역사는 전쟁의 역사라고 말합니다. 국가와 국가사이에 벌이는 전쟁이지만 개인의 역사 역시 싸움의 연속 속에서 살아가게 됩니다. 그런데 전쟁은 반드시 승리해야 한다는 것입니다. 영적이고 신앙적인 세계에도 전쟁사속에서 나왔습니다. 이 싸움에서도 이겨야 합니다(고전 9:24-25). 이스라엘 백성이 홍해를 건너게 되었을 때에 아말렉과의 싸움이 벌어지게 되었습니다. 이때에 모세는 산에 올라가게 되었고 여호수아로 싸우게 되었는데 모세의 손이 올라가고 내려옴에 따라서 전쟁의 상태가 달라지게 되었는데 여기에서 우리는 영적인 큰 교훈을 배우게 됩니다.

첫째, 모세는 지도자로서 산에 올라가게 되었습니다.

아말렉은 광야의 지리적 조건에 능숙한 싸움에 능한자들이고 이스라엘은 훈련되지 못한 백성들입니다. 아말렉은 에서의 후손(창 36:12)으로서 전투적이며 공격적이었습니다. 우리가 세상 사는 동안 이와같은 영적싸움을 하게 됩니다.

1) 모세는 산에 올라가게 되었는데 왜 그랬습니까?
   ① 성경에서 산은 하나님께 예배의 장소요, 기도의 장소로서 유명합니다(요 4:20, 창 22:1).
   ② 응답의 사건들이 대부분 산에서 이룩됩니다(왕상 18:37-38).
2) 성경에는 이와같이 예배시에, 기도시에, 신앙교육시에, 산과 연결된 곳이 많이 있습니다.
   ① 노아의 방주가 머문 곳(창 8:4), 모세를 부르신 곳(출 3:1), 십계명을 받은 곳(출 30:1), 산상보훈 하신 곳(마 5:1), 산에 올라가 나무를 찍어다가 성전을 지으라 하셨습니다(학 1:8).
3) 따라서 모세가 산에 올라간 이유를 밝혀 줍니다.
   ① 모세가 산에 올라간 이유는 예배하기 위해서입니다.
   ② 성도의 승리는 예배속에서 얻게 됩니다.
   ③ 모세가 산에 올라간 이유는 기도하기 위해서입니다. 모세의 손든 것은 기

도의 손입니다. 성도가 승리하는 것은 기도의 손이 내려 오지 않을 때 가능한 일입니다. 사무엘도 기도했습니다(삼상 15:47).
④ 기도외에 다른 길이 없습니다(막 9:29). 지금 죽느냐 사느냐의 기로에 있을 때의 일입니다. 따라서 예배당도 좋고, 산도 좋고, 골방도 좋습니다. 엎드려 기도하는 성도들이 되시기 바랍니다. 지금은 기도의 손이 올라갈 때입니다.

둘째, 모세가 산에 올라갈 때에 두 가지 특징을 보여 줍니다.
1) 손에 지팡이를 들고 올라가게 되었습니다.
① 지팡이는 하나님의 함께 하심의 표징이었습니다.
② 지팡이는 가는 곳마다 능력이 나타나게 되었는데 능력의 표징이기도 합니다(시 23:1, 시 118:6).
③ 높은 데 올라가게 될 때에 사방이 잘 보이게 됩니다.
2) 아론과 훌이 함께 동행하여 돕는 자가 되었습니다.
① 하나님께서 함께 하셨습니다.
② 일꾼들이 함께 도왔습니다.
③ 하나님이 사람들 곁에는 돕는 사람들이 따라오게 됩니다. 바울에게는 브리스길라와 아굴라를 비롯해서 디모데, 실루아노, 누가 등 많은 일꾼이 복음사역에 함께 싸웠습니다.

셋째, 모세의 손이 내려오지 않았고 이스라엘이 승리했습니다.
1) 모세의 승리는 몇 가지 의미가 있습니다.
① 모세의 승리는 하나님의 승리요 이스라엘의 승리입니다.
② 모세의 승리는 참되게 하나님편에선 사람의 승리입니다.
2) 이겼을 때에 아말렉은 박멸해야 합니다. 후에 사울왕 때에 아말렉으로 인해서 후환이 생긴 것을 보면(삼상 15:18) 모세때에 박멸했어야 했습니다. 이긴 곳에 깃발을 세우고 '여호와 닛시'라고 했습니다.
우리의 평상시의 신앙생활이 여호와 닛시의 생활이 될 수 있게 되기를 축원합니다.
결론: 지금도 우리는 영적인 싸움을 하는 기간입니다.

금방패를 사수하라
(열왕기상 14:25~28)

하나님께서 인간을 세상에 태어나게 하실 때에는 누구나 그에게 각각 재능과 재질을(Talant) 주셨습니다. 그래서 그 재능과 재질을 잘 갈고 닦을 때에는 개인은 물론이고 모두에게 빛이 되고 하나님께는 영광이 됩니다. 그러나 그렇지 못했을 때에는 있는 것도 빼앗겨 버리고 부끄러운 인생이 되고 말 것입니다. 여기 르호보암 왕은 부친 솔로몬으로부터 물려받게 된 영광의 상징인 금방패를 애굽왕 시삭에게 빼앗기고 대신 놋으로 채웠습니다. 여기에 큰 교훈이 있습니다.

첫째로, 금방패는 믿음이요 영적이고 신령한 것의 모형입니다.
이것은 믿음에 해당하며 하나님께서 주신 것이기 때문에 매우 중요한 것입니다. 그런데 그 귀한 것을 빼앗겨 버렸습니다.
1) 하나님께서 주신 믿음은 잘 간직하며 사수해야 합니다(엡 2:8).
2) 믿음으로만 구원이 있기 때문입니다(요 1:12, 14:6). 믿음이 있을 때에 하나님이 기뻐하십니다(히 11:6).
3) 믿음이 있을 때 기적이 체험됩니다. 믿음이 없으면 기적도 없습니다(마 15:28).
4) 이시간 우리는 하나님께서 내게 부신 영적인 모든 것을 어떻게 관리하고 있는지 살펴보아야 하겠습니다.
   왜냐하면 마귀는 애굽의 시삭과 같이 우리가 가지고 있는 금방패와 같은 것을 빼앗으려 노리고 있기 때문입니다. 그래서 조심해야 합니다(눅 18:8, 벧전 5:8, 계 12:12).
   ① 기도하며 무장해야 합니다(마 24:24).
   ② 하나님 말씀으로 무장해야 합니다(엡 6:10).
   ③ 하늘의 소망으로 승리해야 합니다.

둘째로, 금방패는 하나님이 주신 직분과 사명과도 같습니다.

하나님은 각 사람에게 성령으로 사명이나 직분을 주십니다(고전 12:1-7).
1) 바울과 같이 일해야 합니다(고전 4:1, 빌 2:17).
2) 이사야와 같이 일해야 합니다(사 6:8). 이사야는 마지막으로 므낫세 왕에 의해서 순교 당했습니다.
3) 그러나 에서를 보십시오(창 25:34, 히 12:16).
   귀한 장자의 명분을 소홀히 여겼고 팥죽 한 그릇에 빼앗겼습니다. 후에 다시 얻으려고 애썼지만 회복이 불가능했습니다. 그래서 망령된 자라고 했습니다(히 12:16-17). 가룟 유다를 보세요. 은 30냥에 예수를 팔았습니다. 결국에는 회복이 불가한 자가 되었고 자살해 죽었습니다(행 1:18).

셋째로, 금방패는 영화의 상징이기에 축복입니다.

솔로몬은 부귀와 영화, 지혜의 왕입니다. 이 상징인 금방패에 모두 함축되어 있습니다. 금방패를 빼앗긴 것은 국력을 상실한 것입니다.
1) 결국 르호보암 왕은 그 축복의 상징인 금방패를 빼앗겼습니다.
2) 놋방패는 금방패를 대신할 수 없습니다.

같은 누런색을 가진다고 해서 놋이 금이 될 수는 없습니다. 믿음의 성도들은 하나님 주신 본래의 것을 끝까지 잘 사수하게 되기를 축원 합니다.

결론적으로, 금방패를 사수해야 합니다.

영안이 회복된 사람
(열왕기하 6:8~17)

사람의 눈이 밝은 것은 귀한 일입니다. 그런데 눈에는 육신적인 눈도 있지만 영적인 눈이 있습니다. 라오디게아 교회는 영안이 어두웠습니다(계 3:17). 우리는 이시간 육신의 눈은 밝다고 자랑하지만 영적인 눈이 어떠한지 살펴보아야 합니다. 본문에 나오는 엘리사는 영적인 눈이 밝은 동시에 게하시는 눈이 어두웠습니다. 그래서 하나님의 역사를 볼 수 없었습니다. 여기에서 이 세대에 사는 우리 자신들을 신앙적으로 조명해 봅니다.

첫째로, 성도가 떠야할 영적인 눈이 있음을 말씀해 줍니다.
영적인 일이든 세상적인 일이든 간에 눈이 밝아야 합니다
1) 이것은 믿음의 눈을 떠야 함을 교훈해 줍니다(히 11:1).
   믿음의 눈이 떠야 영적으로 승리하게 됩니다. 열두 명이 정탐꾼에서 여호수아와 갈렙 외에는 모두가 눈이 어두운 사람들이었습니다.
2) 소망의 눈을 떠야 함을 교훈해 줍니다.
   믿음의 눈이 꺼지게 될 때에 소망의 눈이 밝아집니다. 우리 하나님은 소망의 하나님(롬 15:13)이시기 때문에 장래 소망을 잊지 말아야 합니다.
3) 기도의 눈을 떠야 함을 교훈해 줍니다.
   믿음의 눈을 떠야 소망이 생기고 소망의 눈이 밝아야 기도하게 됩니다. 그리고 기도하게 될 때에 여러 가지 기적과 능력들이 체험되어지고 나타나게 됩니다.

둘째로, 영적인 눈이 밝을 때 큰 일을 하게 됩니다.
성경에서나 실제 교회생활에서 큰 일을 했던 사람들은 모두가 영적인 눈들이 밝은 사람들입니다.
1) 이들은 멀리 그리고 높이 바라보기 때문입니다. 시야가 밝을 때에 보기도 합니다.
2) 신앙의 큰 체험들은 영적인 눈이 밝을 때 간증으로 나타나게 됩니

다.
3) 우리는 영안이 밝아야 하겠습니다.
① 큰 일을 하기 위해서입니다.
② 이것을 영적으로 독수리의 눈이라고 합니다.

셋째로, 엘리사처럼 능력이 있든지 엘리사의 시종 게하시와 같이 눈을 뜨던지 해야 합니다.

본문에서 주인공을 말하자면 두 사람입니다. 엘리사와 게하시입니다.
1) 엘리사는 기도의 사람이었고, 엘리야는 갑절의 능력을 받은 사람입니다.
   기도할 때에 능력이 임하게 됨을 보여 줍니다.
2) 게하시는 엘리사의 몸종입니다. 기도하게 될 때에 그의 눈을 열어서 하나님의 역사를 보게 되었습니다.
3) 우리교회 성도들 모두가 기도하게 될 때에 영안이 열리게 되고 하나님의 큰 역사를 체험하게 되기를 축원합니다.

결론적으로, 이 세대는 영안이 밝은 사람이 되어야 합니다.

서머나 교회 성도들에게 약속하신 면류관
(요한계시록 2:11)

초대교회 소아시아에 있던 일곱 교회에 보내신 말씀이 계시록 2-3장에 기록되었습니다. 시대마다 교회들 가운데는 특징이 있겠지만 초대교회들 가운데 서머나 교회와 빌라델비아 교회는 책망이 없고 칭찬이 가득한 교회로서 남았습니다. 오히려 핍박과 환난 가운데서 순교자가 나온 가운데 있었지만 죽도록 충성할 것과 생명의 면류관을 약속하셨습니다. 직장마다 직급이 있게 되고 따라서 대우가 달라지듯 신앙에는 내가 있어야 할 위치가 있습니다. 그래서 교회 직분은 계급이 아니고 헌신과 충성의 위치를 지켜 나가는 봉사의 현주소가 직분입니다. 운동 선수가 자기에게 주어진 역량대로 최선을 다하듯이 약속하신 면류관이 내 머리에 씌어질 때까지 최선을 다해서 달려가야 하겠습니다.

첫째, 서머나 교회는 핍박과 순교자가 나온 열악한 환경 가운데서도 최선을 다해서 충성하는 교회로 그 교훈이 큽니다.

1) 서머나 교회의 실정을 보시기 바랍니다.
① 환난이 심했던 환경입니다. 대핍박으로 인한 목숨까지도 내 놓아야 하는 환난입니다.
② 궁핍이 따라왔습니다. 초대교회 교인들은 모든 것을 예수 위해 버리고 오직 신앙 하나 지키기 위해 모두가 버렸습니다. 지금은 로마의 카타콤이나 터키의 갑바도기아에 가면 그 흔적이 뚜렷하게 남아 있습니다.
③ 더욱이 서머나 교회 지역에는 사단의 피가 있었습니다. 예수 그리스도를 믿는 대신 황제숭배사상이 온 천하에 만연했습니다.
2) 현실로 돌아와서 우리에게 주어진 환경들을 보시기 바랍니다.
① 신앙생활에 전념해야 하고 최선을 다해야 하는데 그렇게 할 수 없도록 방해하는 요소들이 있습니다.
② 물질적 생활에서 욕심이 지나치게 될 때에 신앙생활에 방해가 되고 그것은 곧 황금우상이요 바알신이 됩니다. 성도는 어떤 경우에도 믿음과 예수를 잃지 말아야 합니다. 에서는 잠시 동안의 배고픔 때문에 장자권을 상

실했습니다(히 12:16-17). 반대로 모세는 애굽의 왕좌까지 버렸습니다(히 11:24).
③ 잠시 동안의 세상적인 영화나 쾌락 때문에 신령한 것을 잃지 않도록 해야 합니다(전 11:9). 이생은 짧습니다. 어떤 환경 가운데서도 천국의 보화를 잃지 않도록 해야 하겠습니다. 이것은 교회 생활에서 판가름이 납니다.

둘째, 그 신앙생활은 영적이고 신령한 일이기에 최선을 다해야 하고 충성해야 합니다.

서머나 교회는 핍박중에도 최선을 다했습니다.
1) 고난중에도 충성을 다해야 합니다.
① 죽을 때까지 충성을 다해야 합니다.
② 죽을 힘을 다해서 충성을 다해야 합니다.
③ 죽을 각오를 하고 충성을 다해야 합니다.
2) 내가 지고 있는 직분이나 사명에 최선을 다해야 합니다.
주께서 성도에게 주신 위탁의 사명이 있습니다. 미국의 대통령이었던 지미 카터는 최선을 다할 때에 대통령이 되었다고 하는데 우리의 신앙생활도 최선을 다해서 천국상급의 주인공이 되어야 합니다. 최권능 목사님은 임종시에 '하늘에서 날 오라고 전보가 왔구나' 했다고 합니다. 최선을 다한 결과입니다.

셋째, 최선을 다한 생애 끝에는 면류관이 약속되어 있습니다.

1) 시련과 환난은 끝이 있기 마련입니다.
① 비바람, 폭풍우도 끝이 있습니다.
② 세상에서 믿음 지키다가 오는 환란에도 끝이 있습니다. 그래서 10일동안 환난이라고 했습니다.
2) 그러나 축복과 천국상급은 면류관과 함께 영원히 빛이 납니다.
① 서머나 교회뿐 아니라 우리에게 약속하신 축복입니다.
② 면류관은 충성한 사람에게 약속하신 축복입니다. 이 면류관의 주인공들이 되시기를 축원합니다.
결론: 구원은 믿음으로 면류관은 충성한대로 받게 됩니다.

사자굴에서도 승리한 신앙
(다니엘 6:9~24)

하나님의 자녀인 성도가 살아가는 것은 마치 이스라엘 백성들이 광야 40년의 험한 길을 걸었던 것과 비교가 됩니다. 그만큼 환난과 시련이 있다는 말씀입니다. "보라 내가 너희를 보냄이 양을 이리 가운데 보냄과 같도다" 하셨고, 시편 37:1에서 시편 기자는 "행악자를 인하여 불평하지 말며 불의를 행하는 자를 투기하지 말찌어다" 했습니다. 오늘 본문 말씀은 남왕국 유다가 바벨론에 70년간 포로 되어 갔을 때의 일입니다(B.C. 586년). 바벨론 왕 느부갓네살이 유다에서 잡아온 다니엘로 하여금 바벨론의 세 총리와 함께 일하도록 하였는데 다른 두 총리가 다니엘을 당할 수 없음을 깨닫고 하나님 믿는 종교적 문제를 가지고 문제를 만들게 되었고 다니엘은 계속해서 하나님께 기도하게 됨으로써 다니엘은 저들이 쳐 놓은 그물에 걸리듯이 사자굴에 들어가게 됩니다. 그러나 사자굴에서도 건짐을 받게 되는 다니엘의 승리의 모습을 본문에서 소개해 주는데 이 세대의 성도에게 주시는 의미가 매우 크다 하겠습니다.

첫째, 사자굴이 주는 의미를 우리는 생각해야 합니다.

1) 사자굴에서도 굴하거나 약하지 않았던 신앙을 보여 줍니다.
① 사자굴은 들어가면 죽는 곳입니다. 그런데 그와 같은 사자굴도 두려워하지 않았습니다. 예수님은 12제자를 파송하시면서 "장차 형제가 형제를, 아비가 자식을 죽는 데 내어 주게 될것이다" 하였습니다(마 10:21). 몸은 죽여도 영혼은 죽이지 못하는 자를 두려워 말라고 하셨습니다(마 10:28).
② 죽을 줄 알면서도 하루에 세 번씩 기도하는 일을 멈추지 않았습니다. 죽으면 죽으리라는 신앙입니다.
③ 이 세대는 많은 사람이 정조 관념이 약화되었다고 하는데 육적인 것 뿐아니라 영적이고 신앙적인 정조까지도 약화되는 세대입니다. 몇푼의 돈이나 보이는 일들 때문에 신앙 정조까지 잃지 않도록 해야 하겠습니다.
④ 배신, 배교는 장기간이나 장시간 동안에 이루어지지 않습니다. 순간적인 유혹이 배교가 되고 배신이 됩니다.

2) 사자굴은 하나님 앞에서 다니엘의 믿음과 정직성을 시험하는 계기가 되었습니다. 평상시의 믿음, 정직, 성실성 등이 시험이 올 때에 증명됩니다.
① 다니엘의 평상시의 신앙과 정직성이 하나님 앞에 시험되었습니다.
② 바른 성도는 평상시에 사자굴과 같은 시련이 온다고 해도 이기는 성도가 되어야 합니다(벧전 1:6-7).

둘째, 사자굴에서도 하나님의 살아 계심을 보여 주었습니다.
1) 사자 앞에서도 살아 나온 다니엘은 사람이나 하나님 앞에서 떳떳함을 보여 주었습니다.
① 천사를 보내사 사자의 입을 봉하셨습니다. 성경에는 종종 천사의 활동을 기록했습니다(행 12:12, 왕하 6:17, 계 8:12, 히 1:14).
② 왕 앞에서도 그릇됨이 없었고 하나님 앞에서도 그릇됨이 없었습니다.
③ 다니엘은 사자굴에서도 하나님께서 보호해 주실 것을 믿었습니다.
2) 하나님께서 결국 다니엘을 구원하셨습니다.
① 이 세대에서도 하나님이 보호해 주셔야 합니다.
② 성경에는 약속해 주셨습니다(사 43:1-3).

셋째, 환난을 통과한 후 더욱 형통케 한 다니엘을 봅니다.
1) 다니엘을 모함하던 총리 둘은 오히려 자기가 파놓은 우물에 빠진 격이 되었습니다.
① 다니엘이 승리했습니다. (요셉이나 에스더 역시 승리했습니다)
② 바른 신앙 위에 서게 될 때 결국 승리합니다.
2) 하나님을 믿고 따르면 결국 승리합니다.
① 형통이 약속되어 있습니다(신 29:9).
② 시험을 이기고 형통케 되기를 바랍니다.
 성도에게 이 세대의 사자굴이 많이 있지만 믿음을 바로 지키고 승리케 되기를 축원합니다.
 결론: 믿음이 결국 이기게 됩니다.

오직 예수만 바라보자
(마태복음 17:1~8)

사람이 세상을 살아가는데 각 사람들에게는 목표(目標)가 있기 마련입니다. 성도가 세상에서 가장 중요한 목표는 천국입니다. 그리고 그 방법에 있어서는 오직 예수만 바라보고 살아가는 일입니다. 동방박사는 별을 바라보고 따라오다가 잠시동안에 잘못 판단해서 헤롯궁에 가게 되었고 결과적으로 2세 이하인 아이들이 대량학살 당하는 일이 벌어지게 되었습니다(마 2장). 히브리서 기록자는 오직 예수를 바라보자(히 12:1) 했습니다. 본문에서 예수님께서 베드로, 요한, 야고보를 데리고 변화산에 올라가시게 되었는데 갑자기 변화된 예수님 앞에 모세, 엘리야가 나타나서 장차 십자가 지실 것에 관한 이야기를 합니다. 너무 휘황찬란한 모습에 놀라 베드로는 말하기를 "주여 우리가 여기 있는 것이 좋사오니 초막 셋을 짓되 주를 위해서, 모세, 엘리야를 위해서 짓겠나이다"라고 하지만 결국 다 사라지고 오직 예수님만 눈앞에 계셨습니다.

첫째, 우리는 신앙의 경주에서 예수님만 바라보아야 합니다.

세상이기에 좋은일 나쁜일이 많이 있지만 그 가운데서 성도의 눈은 오직 예수님만 바라보아야 합니다.
1) 우리는 지금 영원한 목적지인 천국을 향해서 경주합니다.
① 영광스러운 그 광채며, 모세, 엘리야가 나타났다고해서 그곳에 치우치면 곤란합니다. 그때에 베드로는 성급한 나머지 모세나 엘리야를 예수님과 동급으로 생각했습니다.
② 또한 분명한 것은 우리가 바라보는 대상은 모세도 엘리야도 아니라는 사실입니다. 그분은 오직 예수 그리스도뿐이십니다. 고린도 교회에 문제가 생겼을 때에 바울은 말하기를 바울이 어찌 너희를 위하여 십자가에 못박혔으며 바울의 이름으로 세례를 받았느냐고 질책했습니다(고전 1:13).
2) 예수만 바라보기 위해서는 몇가지 생각해야 합니다.
① 오직 인내(忍耐)해야 합니다. 무슨 일에 대한 목표가 빠르든지 느리든지 인내해야 합니다. 빠르다고 교만하면 패합니다(잠 3:34). 우리가 잘 아는

거북이와 토끼의 경주에서 교훈삼습니다.
② 인내하면서 오직 겸손으로 예수를 바라보아야 합니다. 베드로는 물위로 걷다가도 빠져 들어갔습니다(마 14:31). 그러나 스데반 집사는 순교하면서도 예수를 바라보게 됩니다(행 7:55).

둘째, 신앙의 경주에서 예수님의 말씀에 귀를 기울여야 합니다.
1) 세 제자에게 이런 소리가 들여왔습니다.
① '너희는 저희 말을 들으라' (5절) 모세의 율법도 아니요 엘리야의 기적도 아니라 예수님의 말씀에 귀를 세워야 합니다. 유대인은 표적을, 헬라인은 지혜를 구하지만 우리에게는 오직 예수 그리스도입니다(고전1:22).
② 살아가면서 힘들 때에는 주의 말씀에 귀를 세우세요. 미국 32대 대통령인 루즈벨트(Franklin D. Roosevelt)는 신체장애자이지만 훌륭하게 대통령직을 수행했는데 그가 어려울 때에 여호수아 1장을 읽고 승리했다고 합니다.
2) 우리의 목표는 경주에서 이기는 것입니다.
① 세상소리에 귀담아 들을 필요가 없습니다.
② 흥분에 치우칠 필요도 없습니다. 주의 말씀을 들어야 합니다.

셋째, 신앙의 경주에서 바라보는 예수님은 하나님의 아들이십니다.
1) 우리가 바라보는 분은 예수님이신데 그분은 하나님의 아들이십니다 (마 16:17).
① 모세나 엘리야가 문제가 아닙니다. 그들은 피조물이요 세례 요한도 역시 마찬가지입니다(마 16:17).
② 하나님께서 증언해 주셨습니다(벧후 1:17-18).
2) 신앙의 경주에서 이기기 위해서는 하나님의 아들이신 예수님을 기쁘시게 해야 합니다.
① 바울의 고백을 보십시오(빌 1:20).
② 예수님만이 구세주가 되십니다.
하나님의 아들로서 이 땅에 오셨고 십자가에서 대속해 주셨습니다.
결론: 예수님만 바라보고 승리케 되시기를 축원합니다.

미스바에서 출발한 에벤에셀의 축복
(사무엘상 7:5~14)

구약성경에서 일어난 사건이나 인물들은 신약에 와서는 큰 교훈과 거울이 됩니다(고전 10:12). 그래서 신약교회에 주는 영적생활과 교회관(敎會觀)을 바르게 갖도록 해 줍니다.

이스라엘 백성들이 가나안에 정착해서 생활해 나가는 때에 그들에게 사사시대가 가치고 왕정 시대가 도래하면서 심히 위태로운 정국일때가 많았습니다. 사무엘은 모든 백성을 미스바로 모이게 하였고 미스바에서 영적 부흥운동을 벌이게 되었고 이때에 블레셋이 침범해 왔지만 이기게 되었습니다. 그래서 그 때에 붙여진 이름이 '에벤에셀' 이니 '여호와께서 우리를 여기까지 도우셨다' 는 뜻입니다. 에벤에셀이 이 시대에 나타나고 체험되시기를 바랍니다.

첫째, 먼저 하나님께 모이기를 힘썼습니다.

영적으로 피폐한 시대에는 모이기를 힘써야 합니다. 그 때에 살 길이 열리게 되었습니다. 에벤에셀의 기적은 모이는 데 있습니다. 에벤에셀의 축복을 원한다면 하나님 앞에 모이기를 힘써야 하겠습니다(5절).

1) 에벤에셀의 시작은 모이는 데 있습니다(5절).

① 말세가 될 때에 모이기를 피하는 습관이 있겠지만 더욱 권해서 모여야 합니다(히 10:24-25, 롬 13:11). 우리교회가 모이는 데 힘써야 합니다.

② 모여서 할 일이 있습니다.

③ 물을 길어 여호와 앞에 부었습니다. 말씀(엡 5:26)과 성령운동(요 7:37-39) 입니다. 엘리야도 갈멜산에서 제단에 물을 부었습니다(왕상 18:33).

④ 모여서 금식하며 회개 기도했습니다. 금식하며 회개할 때에 역사가 나타납니다. 우리는 마음을 찢어야 합니다(호 6:1, 욜 1:14, 2:12) 지금은 회개할 때입니다. 그래야 살 길이 열리게 됩니다.

2) 현대사회는 사람들이 하나님 앞에 모이는 일이 형식적이기 쉬운 시대입니다.

① 세상일, 육신의 일에 너무 바쁘거나 취해 있기 때문입니다. 영적인 일에

각성해야 할 때입니다.
② 에벤에셀의 역사는 반드시 살아있는 신앙 가운데 나타나게 됩니다.

둘째, 에벤에셀의 역사는 온전한 번제와 부르짖는 곳에 나타납니다.
1) 부르짖어야 합니다(8절).
① 부르짖으면 응답해 주시겠다고 하셨습니다. 성경에 반드시 약속되어 있습니다(렘 33:1-2, 시 50:15).
② 우리의 기도를 하나님께서 들으시겠다고 약속했습니다(시 94:9, 마 18:19, 마 7:7-).
2) 온전한 번제를 드렸습니다(9절).
① 바른 예배가 중요합니다 예배에 형식적이지 말아야 합니다.
② 지금도 하나님은 예배자를 찾고 계십니다(요 4:24-25). 바른 예배의 생활 가운데 곧 에벤에셀의 축복이 옵니다.

셋째, 에벤에셀의 결과는 아름답습니다.
여기에는 기적이 일어났습니다.
1) 적군이 물러가게 되었습니다. 철병거를 이끌고 왔지만 그들은 물러가게 되었습니다.
① 하나님 편에 서 있어야 합니다(시 18:1-3).
② 우리를 괴롭히는 영적인 적군이 물러가게 됩니다.
2) 잃어버린 땅을 회복했습니다.
① 경제권이나 세상 생활권에서 상실했던 것들을 회복해야 합니다.
② 영적 문제도 잃은 것이 있다면 회복되어야 합니다.
3) 평화가 주어지게 되었습니다(14절).
① 예수 안에서 진정한 평화입니다(요 14:27).
② 에벤에셀 속에는 언제나 평화의 축복입니다.
지금과 같이 복잡한 시대에 평화와 축복이 있는 에벤에셀의 기념비가 세워지게 되시기를 축원합니다.
결론: 지금은 미스바에서의 에벤에셀이 다시 세워질 때입니다.

시험당할 때 기억할 일
(고린도전서 10:12~13)

사람이 세상을 살아가면서 어려움이 없는 사람은 없습니다. 더욱이 예수 그리스도 안에서 살아가는 참된 신앙인이라면 그 믿음을 바로 지켜 나가고자 할 때에 핍박이 있고 어려운 시련이 있기 마련입니다(딤후 3:12). 예수님이 공생애를 시작할 때에도 마귀는 좇아 와서 40일 금식하신 예수님을 시험했습니다. 빵으로 인한 경제문제, 성전에서 뛰어내리라는 명예에 관한 문제요, 경배하고 절하라는 종교적 신앙의 문제였지만 예수님은 이기셨습니다. 모두가 기록된 말씀을 인용하셔서 이기셨습니다(신 8:3, 6:16, 6:13). 그리고 천사들이 와서 수종들었다고 했습니다. 마귀, 사탄, 귀신은 말씀이 없는 곳에 좇아다닙니다(마 12:43). 성도가 가는 길은 내리막길도 있고 오르막길도 있습니다.

첫째, 시험은 이길 수 있을 만큼만 오게 됩니다.
"사람이 감당할 시험밖에는 너희에게 당한 것이 없나니" 했습니다.
1) 정신 차리고 이기면 됩니다.
① 방황하거나 서둘지 말고 침착하게 대처해야 합니다. 천로역정에 나오는 기독도의 이야기에서 주인공 되는 기독도는 사자가 있는 길에서 여호수아 1:4-9 말씀을 읽고 통과했습니다.
② 불같은 시험이라도 담대하게 나가면 이기게 됩니다. 시험은 누구에게나 모두 있기 마련입니다.
③ 다른 사람을 위로해 주는 계기가 되어야 합니다. 여기에 큰 의미가 있습니다(고후 1:3-).
2) 성경에는 시험을 이겼던 사람들의 이야기가 많습니다.
① 욥은 그 중에 하나입니다. 시험이 왔을 때에 이기는 자가 되었습니다(욥 1:21). 견딜 수 없는 중에도 견디고 이기게 되었습니다(약 5:10-11, 욥 2:9).
② 요셉 역시 이긴 사람입니다(창 39:9). 이긴 사람들 편에 내가 서야 하겠습니다(단 3:16-18).

둘째, 시험이 올 때에 하나님께서 이길 수 있는 길을 열어 주십니다.
1) 시험이 왔을 때에 이길 수 있는 방법이 있습니다.
① 하나님 말씀이 이기는 방법입니다. 말씀에 귀를 귀울이면 이기게 되는 길이 있습니다.
② 기도가 방법입니다. 시험이 왔을 때에 엎드려 기도하면 이기게 됩니다.
③ 참고 인내하면 이기게 됩니다(약 5:10-11, 계 14:12). 욥과 같이 인내해야 합니다.
2) 시험을 이겨야 합니다. 이기는 자가 승리자입니다.
① 시험은 이기는 자가 차지하게 됩니다(계 2:7,11,17,26, 3:5,12,21). 소아시아 일곱 교회에게 당부하신 말씀입니다.
② 시험에서 이긴 자가 천국의 주인공입니다. 시험에서 패하고 넘어진 자는 천국의 주인공이 될 수 없습니다.

셋째, 성도는 시험에서 반드시 이길 수 있게 해 주십니다.
예수님이 이기셨으니 성도 역시 이기게 되는 비법이 있습니다.
1) 예수님은 꽉 막힌 막다른 길에서도 새로운 길을 내셨습니다.
① 출애굽 때에 홍해를 갈라 놓으시고 요단강도 건너게 했습니다(출 14:1). 눈을 크게 뜨고 믿음으로 나가야 합니다.
② 하나님께서는 이 세대에도 역시 함께 하십니다.
  1800년대에 미국의 어느 분이 세무서에서 근무하다가 명퇴를 당하게 되었는데 낙심치 말고 글을 써 보라는 부인의 말을 듣고 글을 써서 신문사에 제출했는데, 그 소설이 일약 히트를 치게 됩니다. 그 소설이 유명한 '주홍글씨'(The Scarlet Letter)라는 소설이고, 저자는 나다나엘 호손(Nathaniel Hawthorne)입니다.
2) 시험도 오겠지만 성도에게는 바른 신앙 위에 있기만 하면 시험도 이기게 하십니다.
① 현재의 어려움만 보지 말고 주님을 바라보고 이겨야 합니다(히 12:2).
② 시험에서 이긴 사람이 천국의 주인공입니다. 시험의 무대에서 이기는 성도들이 되시기를 축원합니다.
결론: 지는 자는 할 말이 없고 이긴 사람만이 승자가 됩니다.

주님의 타작마당
(마태복음 3:7~12)

　모든 일에는 시작이 있으면 끝이 있기 마련입니다. 그래서 지혜의 왕 솔로몬은 천하에 범사가 기한이 있고 모든 목적이 이룰 때가 있다고(전 3:1) 하였습니다. 세상의 모든 것이 그 이치가 그러하거니와 세상이 시작한 태초(太初)가 있는가 하면 세상 모든 것이 끝나는 종말론이 있습니다. 종말에는 개인적인 종말과 인류 전체에 대한 종말이 있습니다. 본문의 말씀은 세례 요한이 예수님께 대해서 소개해 주는 대목인데 예수님은 타작마당은 정하게 되었고 알곡과 쭉정이를 분별하시게 된다고 하였습니다. 그래서 그 날과 그 때는 아무도 알 수 없지만(마 24:36) 되어지는 모든 징조들이 예수님의 재림과 인류의 종말을 암시해 주는 때입니다.

첫째, 예수님께서 재림하시는 것은 알곡을 모아서 천국창고에 쌓으려고 오십니다.
　1년 농사한 후에 곡식을 추수해서 창고에 쌓는 것과 같습니다.
　1) 성경에는 알곡 신자에 대한 비유가 많이 있습니다.
　① 열 처녀의 비유에서 준비된 슬기로운 다섯 처녀와 미련한 다섯 처녀를 말씀했습니다(마 25:1-13).
　② 달란트 비유에서 충성스러운 종과 게으른 종에 대해서 말씀했습니다(마 25:14-30).
　③ 양과 염소의 비유에서 양된 성도가 있거니와 염소된 삶이 있다고 하였습니다(마 25:31-46).
　④ 예수님은 타작하기 위해서 오실 때에 밤에 도적같이 오신다고 하였습니다(마 24:42, 살전 5:4). 그러므로 언제나 알곡으로서 생활해야 합니다.
　2) 이 세상은 넓은 들판과 같습니다.
　① 알곡과 같은 인생들이 있습니다. 세상 그 어떤 것으로 치장하였어도 예수 생명이 없으면 쭉정이와 같은 인생입니다(요일 5:11-13).
　② 예수님은 알곡과 쭉정이를 판가름하려고 오십니다(마 13:30 참고).

둘째, 주님의 타작마당은 왜 정해졌겠습니까?

모든 추수는 겨울전에 이루어지기 마련입니다. 이 세상에는 의와 불의, 악과 선이 섞여 있습니다. 때로는 예수 믿는 의인들이 고통을 당합니다(합 1:13, 렘 12:1). 전도자 바울과 종교개혁자 마틴 루터(Martin Luther)는 믿음을 강조했습니다(롬 1:17).

1) 세상이 더욱 악해지고 있습니다.
① 사람들의 마음이 더욱 악해집니다(렘 5:1).
② 죄악이 훨씬 더 많아지고 관영해지고 있습니다. 노아의 때와 같고 소돔과 고모라의 때와 같다고 여러 번 말씀했습니다(마 24:37, 눅 17:28).
③ 이런 악한 곳에서 나오라고 했습니다(계 18:4). 죄악의 심판을 받지 말아야 합니다.

2) 심판 때에 여러 가지 징조들이 세계 곳곳에서 일어나고 있습니다.
① 인간계에서 일어나고 있습니다.
② 자연계에서 일어나고 있습니다.
③ 하늘에서 일어나고 있습니다.

셋째, 예수님께서 재림하시면 새로운 세계가 열리게 됩니다.

예수 그리스도의 나라가 완성되게 되는 것입니다.

1) 선천신지 새 예루살렘으로서 알곡들이 가는 곳입니다.
① 지금은 죄악의 세상입니다.
② 불의가 더 득세하는 듯한 세상입니다.
③ 그러나 주님은 곧 이 세상에 다시 오십니다(계 22:7, 12:30).

2) 어떻게 준비해야 하겠습니까?
① 날마다 죄를 회개해야 합니다(8절). '회개에 합당한 열매를 맺으라' 하였습니다.
② 성령충만한 생활에 힘써야 합니다. 육신대로 살면 쭉정이 생활입니다.
③ 날마다 기도 가운데서 사명에 충실해야 합니다.

주님의 재림은 타작의 때입니다. 모두 바르게 준비해서 주님 오실 때에 천국 창고에 들어가게 되기를 축원합니다.

결론: 타작의 때가 곧 올 것입니다.

이기는 신앙생활
(여호수아 3:1~17)

세상사는 시작부터 지금까지 전쟁사입니다. 전쟁이 없는 시대는 없었고 지금도 세계도처에서 전쟁하고 있습니다. 그런데 세상적인 전쟁도 전쟁이지만 영적인 전쟁은 더욱 이겨야 합니다. 그래서 성경에는 많은 내용가운데 전쟁의 사건이 많이 기록되어 있습니다(삼상 7:44, 출 17:8). 모세의 손이 내려오지 않았던 아말렉과의 싸움이 골리앗을 이긴 다윗의 싸움이 잘 말해 줍니다. 마찬가지로 우리는 영적 싸움에서 이겨야 합니다(요 16:33, 요일 5:4).

첫째로, 싸움의 대상을 바로 알아야 합니다.
적을 바로 알 때에 이길 수 있어야 됩니다.
1) 제일 어려운 적은 마음에 있습니다(수 1:4).
   낙심하고 할 수 없다고 앉아 있는 상태를 보십시오. 큰 적이 이길 수 없습니다.
2) 약속의 말씀을 불신하고 의심하는 자체가 큰 적이 아닐 수 없습니다.
   마음에서 나오는 적을 보세요. 욕심, 교만, 남을 죽이려는 시기, 질투, 게으름, 의심하는 것 등 얼마나 많습니까?
3) 눈에 뵈는 적도 이겨야 합니다.
   유혹, 마귀의 위협, 핍박 등 많은 장애물이 있습니다. 이런 것을 바로 알게 될 때에 세상을 이기고 영적 싸움에서 이기게 됩니다.

둘째로, 싸움에서 이기는 비결이 무엇입니까?
영적인 전법이 필요하고 작전이 필요합니다.
1) 하나님 앞에서 짐을 잘 지는 자 되어야 합니다.
   더욱이 교회 일에는 법궤를 잘 메고 가야 합니다.
   ① 부지런해야 합니다. "여호수아가 일찍 일어나서" 했습니다.
   ② 법궤를 메고 가야 합니다. "너희는 법궤를 메고 백성 앞에 걸어 가라" 했

습니다.
③ 신앙생활에 앞장서야 합니다. "너희는 법궤를 메고 요단강을 밟고 들어서라" 했습니다.
④ 책임성이 있어야 합니다. 그래서 강 가운데서 돌 하나씩 메고 갔습니다.
2) 모든 성도들이 질서를 지켜야 합니다.
　여기에서 이스라엘 백성들의 승리가 있었듯이 교회에는 질서 유지가 필요합니다. 하나님은 질서의 하나님이시기 때문입니다(고전 14:33).

셋째로, 싸움은 이겨야 영광이 됩니다.
지는 자에게는 말이 필요 없습니다.
1) 이기는 자에게 영광이 옵니다.
2) 이기는 자에게 영광이 옵니다(계 8:26, 2:7, 3:5, 3:12, 21).
　이스라엘 백성은 이기고 가나안을 정복했습니다. 영적 싸움에서 이기고 축복과 상급을 받게 되기를 축원합니다.

　결론적으로 우리는 지금 영적 싸움을 하고 있습니다.

길을 잃지 말라
(예레미야 6:16~19)

비행기나 물위의 배가 아무렇게나 떠나는 것 같지만 각각 그 길이 있습니다. 배는 물위에서 뱃길이 있고, 배행기는 공중에서 항로가 있습니다. 자동차도 가야 되는 길이 있고, 바다속에는 해류가, 공중에는 한냉전선과 더운 기류가 흐릅니다. 인생은 살아가야 되는 인생의 법도가 있고 살아갈 바른 법이 있습니다. 이스라엘 백성들은 이길에서 벗어 나게 되었을 때에 책망을 받게 되었고 그래도 듣지 아니할 때에 배가 파선하듯 비행기가 추락하듯이 망했습니다(사 1:2-10). 현대인은 모두가 길을 잃어버렸습니다. 예레미야 선지자는 눈물로 호소했습니다. 이 시간에 하나님의 말씀에 귀를 기울이고 회복되는 시간이 되시기 바랍니다.

첫째, 하나님께서 주신 본래의 길을 잃지 말아야 합니다.

지금 세상은 마치 타락문화의 정글속에서 길을 잃은 것과 같습니다. 하늘도 캄캄하고 사방에 길을 찾을 수가 없습니다.

1) 길을 잃기 좋은 환경들로 가득해 있습니다. 무전기가 좌표가 있어도 사용할 수가 없습니다.
① 세상 모든 일이 상업주의로 빠져 있습니다. 경제주의는 차갑습니다. 돈을 사랑하면 일만 악의 뿌리가 됩니다(딤전 6:10).
② 편리주의 시대라서 신앙생활 역시 편리주의에 빠져 있습니다.
③ 우상주의에 빠져 있습니다. 최첨단 컴퓨터 시대이지만 우상으로 득실거리는 시대가 되었습니다. 이스라엘이 결국 망했습니다(렘 2:11).
④ 마치 소돔과 고모라와 같이 향락으로 가득 차 있습니다. 큰일입니다.
2) 길을 잃지 말라고 하셨습니다.
① 믿음의 길을 잃지 말아야 합니다. 정신차리고 믿음의 밧줄을 굳게 해야 합니다.
② 영원히 천국의 상 받는 길이 어떤 곳인가를 살펴서 살아야 합니다(갈 3:14).

③ 길을 잃고 저주받은 길에 나가지 말아야 합니다. "그리하면 너희 심령이 평강을 얻으리라" 했습니다.

둘째, 하나님은 인생들에게 그 길을 주셨습니다.

세상이 어둡고 캄캄해도 그 길을 바라보아야 합니다.
1) 그 길은 예수님이십니다(요 14:6). 내가 곧 길이요 진리요 생명이니 (I am the way. truth. life)했습니다.
① 인생이 사는 길은 다른 길이 없습니다.
② 앞으로의 세상은 더욱 현혹시키는 다른 길이 많이 나타나게 될 것입니다(마 24:7).
③ 예수 믿는 바른 길을 잃지 말아야 합니다(눅 18:8).
2) 하나님 말씀이 길입니다(시 119:105).
① 생명길을 밝혀 주는 길은 하나님 말씀입니다. 그래서 말씀이 양식이 됩니다(마 4:4).
② 말씀은 인생들에게 이정표와 같습니다. 말씀이 사는 길입니다(롬 10:17, 시 19:10, 계 1:3).

셋째, 영적 이스라엘인 우리는 육적 이스라엘과 같이 망하는 길로 가지 말아야 합니다.

육적 이스라엘은 선지자의 전하는 소리를 듣지 않다가 망했습니다. 이제 예수 그리스도 안에 있는 우리를 새롭게 변화된 영적 이스라엘입니다.
1) 그들은 선지자의 말에 불순종했습니다. 선지자의 말은 곧 하나님의 말씀이었습니다(16절, 렘 25:3-).
① 하나님은 부지런히 보내셨습니다.
② 그러나 그들은 불순종 했습니다. 그 결과 망하게 되었습니다.
2) 영적 이스라엘인 우리는 생각해야 합니다.
① 예수 그리스도 안에 있기 때문입니다.
② 천국을 유업으로 얻을 자들이기 때문입니다.
장망성인 세상을 따라가지 말고 믿음안에 살게 되기를 축원합니다.
결론: 믿음의 길을 잃지 말아야 하겠습니다.

열매가 맺도록 그 믿음은 성장해야 한다
(마태복음 13:1~9)

다른 해보다 비교적 유난히 눈이 많이 왔고 추웠던 겨울이 지나고 이제는 촉촉한 대지위에 새싹들이 푸르게 나오게 되고, 겨울 내내 묶여 놓았던 농기구들이 새단장을 하면서 농사의 계절이 왔습니다. 금년에는 농사라도 풍성이 되어서 백성들의 마음이 훈훈해지기를 바라는 마음 간절합니다. 비단, 농사뿐 아니라 사업장이나 직장에서도 모든 일이 잘 풀려 나가게 되기를 바라는 마음입니다. 예수님은 평상시에 천국 복음을 전하실 때에 자연을 소재로 해서 교훈하실 때가 많았습니다. 본문에서도 농사 짓는 일을 통해서 영적교훈을 말씀해 주시고 있습니다. 이른바 네 가지 마음밭에 관한 진리의 말씀입니다. 여기에서도 우리 자신들을 생각하며 다시 한번 바르게 서게 되시길 원합니다.

첫째, 사람의 마음밭이 네 가지 밭으로 비유되었습니다.

사람의 마음밭이 네 가지로 비유되었는데 어떤 밭들이라고 하였습니까?
1) 먼저 길가와 같은 마음밭입니다. 길은 오래토록 사람들이 밟고 다닌 길입니다.
 ① 하나님께서 본래 창조하신 아름다운 마음을 찾아 볼 수가 없는 밭입니다 (시 1:1). 악한 자의 길입니다.
 ② 그릇된 다른 이교나 다른 불신앙적인 이교문화에 배어서 조상숭배나 온갖 다른 것이 그 마음을 굳게 했습니다.
 ③ 그래도 하나님은 주의 복음을 부지런히 보내었습니다. 그들에게도 복음이 필요하기 때문입니다. 그래도 그들은 듣지 않습니다(딤후 4:1). 그리하다가 결국 망하게 된다고 하였습니다.
2) 흙이 얇은 돌밭이 있습니다. 돌무더기가 쌓여 있는 곳이기 때문에 흙이 있기는 합니다.
 ① 싹이 나오지만 성장할 수 있는 자리가 못됩니다.
 ② 교회에 나오기는 하지만 믿음 때문에 어떤 문제가 생기게 될 때에 막혀서 넘어지는 사람들이 있습니다. 세상줄을 끊어 버려야 되는데 끊지 못해서

망하는 경우들이 있습니다. 안타깝게도 이런 사실들은 지금에도 우리 주변에 많이 있습니다.
3) 가시덤불이 우거진 밭이 있습니다.
흙이 좋듯이 마음이 약해서 싹이 잘 나게 됩니다. 그러나 엉겅퀴와 같은 일들이 눌러 버릴때에 눌러서 결실이 어렵게 됩니다.
① 착한 인간성의 소유자이지만 결실까지는 갈 수 없습니다.
② 세상 염려와 제리의 유혹들이 기도를 막아버렸습니다. 성령은 이 모든 것을 결실할 수 없는 마음밭이라고 했습니다(막 1:15, 마 6:31-).
4) 잘 다듬어진 옥토와 같은 마음밭입니다.
옥토와 같이 부드러운 마음밭입니다.
① 말씀의 씨앗이 떨어질 때마다 심령 속에서 잘 자라게 되고 결실합니다.
② 말씀의 씨앗이 떨어질 때마다 아멘이 있고 순종이 있습니다(욘 2:5).
③ 이 옥토밭에서 30배, 60배, 100배가 결실합니다(눅 8:15). "좋은 땅에 있다는 것은 착하고 좋은 마음으로 말씀을 듣고 지켜 인내로 결실하는 자니라" 하였습니다.

둘째, 옥토가 되기 위해서는 해야 할 일이 있습니다.
묵은 땅은 기경해야 합니다.
1) 회개하여 죄를 없이 해야 합니다.
① 철저한 회개와 돌이키는 생활입니다.
② 사나 죽으나 주님의 뜻대로 살기로 해야 합니다.
2) 날마다 말씀의 물을 촉촉하게 주어야 합니다. 말씀만이 역사하는 힘이 있습니다(히 4:12).

셋째, 우리는 옥토와 같은 성도가 되어야 합니다.
1) 하나님께서 요구하시는 것은 옥토가 되어서 열매 맺는 생활입니다 (갈 5:22-). 성령의 열매를 맺게 해야 됩니다.
2) 하나님은 금년에도 우리에게 기회를 주셨습니다(눅 13:6-) 무화과에 열매를 요구하셨듯이 우리에게도 영적 열매를 요구하십니다.
금년에 열매가 풍성한 옥토들이 모두가 되시기를 축원합니다.
결론: 주인은 열매를 요구하십니다.

믿음이 위력
(히브리서 11:1~3)

우리가 예수 그리스도로 말미암아 구원 받아 천국에 갈 때까지는 이 세상에서 살게 됩니다. 세상에 존재하는 동안에 반드시 필요한 신앙적인 요소들 가운데 하나가 믿음(FAITH)이라는 것입니다. 물론 이 믿음 역시, 그 출처가 하나님께서 그 택하신 백성들에게 주시는 은혜의 선물입니다(엡 2:8). 이 믿음이라는 것은 마치 위성을 공중에 쏘아 올릴 때에 목적지까지 도달하기 위해서는 로케트(Roket)가 있어서 로케트에 의해서 올라가게 되듯이 믿음이 있을 때에 영적인 일들이 나타나게 됩니다. 믿음이 없이는 구원이 없습니다. 믿음이 없으면 하나님을 기쁘시게 할 수 없습니다. 믿음이 없이는 기적이 나타날 수 없습니다. 그리고 믿음이 없이는 주님 앞에 좋은 일꾼이 될 수 없습니다. 영적 생활에 있어서 이 믿음은 가히 위력적인 것입니다.

첫째, 믿음은 바라는 것들의 실상입니다.
1) 믿음은 바라고 기대했던 이상을 현실로 나타나게 합니다. 꿈의 실현이 믿음을 통해서 옵니다.
   ① 요셉이 그 대표적인 인물에 속합니다. 비록 훈련과 시련의 연속이었으나 결국 믿음의 세계가 이룩되었습니다.
   ② 이 땅에 수많은 주의 종들과 하나님의 자녀들이 믿음으로 일궈온 세계가 기독교 역사 가운데 펼쳐지는데 파노라마와 같이 기록되었습니다. 이 믿음을 이어 받아서 또 한사람의 간증자가 되십시오.
2) 바라고 믿고 나갈 때에 명심해야 할 일이 있습니다.
   ① 여기에는 기도가 동반되어야 합니다. 기도 없이는 이런 유가 나갈 수 없다고 하셨습니다(막 9:29). 주시기로 약속되어 있어도 구해야 한다고 하셨기 때문입니다(겔 36:37).
   ② 여기에는 인내와 기다림이 또한 요구됩니다. 내 힘과 의지에서 이룩되는 것이 아니라 하나님의 주권적 일이기 때문에 인내해야 합니다(계 14:12).
   ③ 여기에는 성령의 도우심이 필요합니다. 성령의 도우심 속에서 믿음이 성

숙되어 믿음의 역사가 나타나게 됩니다. 그래서 보혜사(파라클레토스)를 보내 주셨습니다(요 14:16, 26) 내 믿음이 더욱 견고해지기 위해서 성령의 도우심을 요청해야 합니다.

둘째, 믿음은 보지 못하는 것들의 증거라고 했습니다.
현재 볼 수 없는 것이 믿음의 세계에서 보여집니다.
1) 믿음의 세계에서는 볼 수 있습니다.
① 불신자들은 하나님을 볼 수 없고 천국 역시 볼 수 없지만 믿는 자는 믿음 안에서 하나님의 계심과 천국의 존재를 믿고 바라봅니다(마 5:8, 요 3:13). 6·25때에 공산당에 끌려가 고초받던 이승복 목사님은 말하기를 천국의 본점은 앞으로 가겠지만 지점은 내 마음에 있다고 했습니다.
① 축복된 생활 역시 믿음으로 볼 수 있게 됩니다. 역대상 4:9-10의 야베스는 그 대표적인 인물입니다.
2) 불신앙자들은 눈에 보이는 것만 믿으라 합니다.
① 눈에 보이는 것이 얼마나 되겠습니까? 현대 과학으로 증명할 수 없는 세계가 얼마나 많습니까? 파스칼(Pascal)은 말하기를 기독교 진리는 증명하고 믿는 것이 아니라 믿고 들어갈 때에 증명된다고 했습니다.
② 매사에 믿음 속에서 살아야 합니다. 불신자가 지옥과 천국을 부인한다해도 반드시 있습니다.

셋째, 선진들은 이 믿음으로써 증거를 얻었습니다.
막연한 추측이나 막연한 심중이 아닙니다. 확실한 증거입니다.
1) 믿음으로 증거를 얻었던 사건들을 소개합니다.
① 아벨, 에녹, 노아, 아브라함, 모세, 어찌 다 말할 수 있겠습니까?
② 이들은 모두가 믿음의 증거자들입니다.
2) 우리는 이 세대에 믿음의 증인들이 되어야 합니다.
① 지금은 믿음의 간증들은 계속됩니다.
② 말세 때에 이 믿음이 요구됩니다(눅 18:8). 믿음의 산 증인들이 되시기를 축원합니다.
결론: 믿음은 축복입니다.

이성적이고 좋은 믿음
(누가복음 5:1~11)

성도가 천국에 갈 때까지는 세상에서 제일 중요한 신앙적 요소가 믿음입니다. 그래서 믿음을 많이 강조합니다. 말세 때에는 세상에 믿음을 가진 사람을 보겠느냐고 까지 말씀하셨기 때문에 두렵습니다(눅 18:8). 믿음에 관하여 파선된 사람들이 있기 때문에 조심해야 합니다(딤전 1:19). 그런가 하면 믿음이 적은 자가 있기 때문에 더욱 힘써야 합니다(마 14:31). 제자들 마져도 풍랑 앞에서 두려워 했기 때문에(마 8:26) 우리 자신은 믿음에 있는가 살펴야 하겠습니다(고후 13:5). 예수님이 칭찬하신 믿음들도 많이 있습니다(마 9:1, 중풍병자에게, 마 9:20, 12년의 혈루병 여인에게, 마 15:28, 가나안 여인에게). 본문에서 예수님은 밤새도록 물고기를 잡지 못한 시몬에게 찾아오셨습니다. 예수님은 시몬에게 배 오른편에 가서 그물을 내리라고 할 때에 시몬은 그 말씀에 의지하여 그물을 내리게 되었고 믿음의 큰 역사가 나타나게 된 사건입니다.

첫째, 이상적이고 좋은 믿음은 주의 말씀에 '의지'하는 데 있습니다.
1) 내 약한 존재를 인식하는 데 있습니다.
① 밤이 새도록 잡을 수 없었던 나약한 존재를 인식하게 되는 일입니다. 실패한 자기 자신을 발견하는 것입니다.
② 실패한 사건이 없습니까? 자기 자신의 나약한 모습을 발견하는 데서 믿음의 눈을 떠야 하겠습니다. 그리고 주의 말씀에 귀를 기울여야 합니다.
2) 이 말씀은 어떤 말씀입니까?
① 이 말씀은 창조의 말씀입니다. 데살로니가 교회 성도들은 이 말씀에 아멘 했습니다(살전 1:13). 이 말씀에 앞을 비추이는 빛이 있습니다(시 119:105).
② 이 말씀은 곧 예수 그리스도이십니다(요 1:1-, 요 1:14). 태초에 계신 말씀이요, 창조주의 말씀입니다. 이른바 로고스(Logos) 되신 말씀입니다.
③ 주의 말씀은 곧 하나님의 말씀입니다(빌 1:14). 주의 말씀은 구원의 말씀입니다(행 13:26). 주의 말씀은 생명의 말씀입니다(빌 2:16). 축복의 말씀

이요(히 6:14), 능력의 말씀이요(히 1:3), 성령의 검이요(엡 6:17), 살아있는 능력의 말씀이요(히 14:12), 불과 같고 방망이 같은 말씀이요(렘 23:30), 고통에서 건지시는 말씀이요(시 109:19), 해골과 같은 죽은 인생을 살리는 말씀입니다(겔 37:1-). 이 말씀을 의지하고 나갈 때에 승리케 됩니다.

둘째, 이상적인 믿음은 말씀에 '순종' 하는 데 있습니다.
1) 바른 믿음은 말씀에 순종하는 데 있습니다.
① 불순종의 사람들을 보십시오. 아담과 하와를 비롯해서 아간이며 사울왕이며 이들은 모두가 불순종의 조상들인데 불순종은 믿음이 아니라 거역이며 멸망의 첫걸음입니다.
② 순종이 제사보다 낫다고 했습니다(삼상 15:22). 거역하는 것은 사실 우상에게 절하는 죄와 같습니다.
2) 이상적으로 순종했던 기사 속에는 능력이 나타났습니다.
① 예수님도 순종을 배웠습니다(히 5:8).
② 아브라함은 순종의 믿음을 보인 축복의 사람입니다(창12:1, 21:14, 22:1). 믿음으로 순종하는 곳에 축복이 있습니다.

셋째, 이상적인 믿음은 '겸손' 에서 나타납니다.
1) 이상적인 믿음은 겸손입니다.
① 무디(Moody)는 말하기를 겸손은 은혜를 많이 받는 길이라고 했습니다.
② 어거스틴(Augustine)은 말하기를 신앙의 제일되는 미덕은 겸손인데, 첫째도, 둘째도, 셋째도 겸손이라고 했습니다.
③ 야고보도 겸손한 자에게 은혜를 더 주신다(약 4:6)고 하였습니다.
2) 이상적인 믿음에서 기적과 축복이 나타납니다.
① 실패를 보지 말고 내 믿음부터 점검해야 합니다. 실패 속에서 주의 은혜를 받기 때문입니다. 믿음+순종+겸손=기적과 축복의 산실이 됩니다.
② 인간적인 수단과 힘을 다했으나 실패했던 일을 모두 접고서 오직 주의 말씀에 의지했던 시몬의 신앙이 이상적이고 좋은 믿음입니다.
이 세대에서 우리 성도들 모두가 이 신앙으로 승리케 되시기를 축원합니다.
결론: 오늘날에도 좋은 믿음은 있습니다.

성도가 소유해야 할 믿음
(민수기 13:25~33)

사람이 이 세상을 살면서도 사람과 사람 사이에도 믿음과 신뢰가 필요합니다. 사람과 사람사이에 믿음이 없고 신뢰성이 없다면 개인이나 사회가 얼마나 불행하겠는가는 짐작할 수 있는 문제입니다. 하나님과 인간 사이에도 그래서 강조하셨고 하나님을 신뢰하라고 하셨지만 이스라엘 백성들은 불행하게도 하나님을 의심하게 될 때에 큰 화를 자초했습니다. 이것은 또한 우리들에게 거울이 됩니다(고전 10:10). 본문을 중심으로 몇 가지를 교훈삼으며 은혜를 나누어 보겠습니다.

첫째로, 내가 구원받았음을 확신하고 믿어야 합니다.
예수 그리스도를 믿기 때문입니다.
1) 이스라엘 백성들은 하나님을 믿고 신뢰했어야 하듯이 우리들은 철저하게 믿음위에 서야 합니다.
① 믿음은 구원의 첫째 조건입니다(롬 3:28, 요 5:24). 그래서 톨스토이는 '믿음은 삶의 힘이다' 라고 했습니다.
② 또한 믿음은 시한부적이 아니고 영구한 믿음이 되어야 합니다. 그리고 언제나 입으로 시인해야 합니다(롬 10:10).
2) 이미 우리는 구원받았습니다.
① 한 번 구원은 영원합니다.
② 의심없는 믿음으로 나가야 합니다.

둘째로, 구원받은 성도이기 때문에 앞길에 삶도 균형적인 믿음 위에 서야 합니다.
지금은 불확실성의 시대이지만 믿음 안에 있는 사람들에게는 확실히 보장받습니다(사 12:2).
1) 12명의 정탐군들 중에 10명은 불확실하였고 믿지를 못했습니다.
결국 가나안에 들어가지를 못했습니다(히 4:1). 우리는 앞길에 대해서는 확신을 가지고 하나님을 신뢰해야 합니다(빌 1:6).
2) 우리의 모든 사고가 하나님께 초점이 맞추어 있어야 합니다.
여기엔 언제나 긍정적입니다(단 3:17). 하나님은 우리의 앞길까지 책임져 주십니다.

셋째로, 우리교회는 부흥한다고 긍정하십시오.

구약의 교회가 가나안이 목표였다면 우리는 천국이 목표입니다.
1) 그러나 그들은 의심하다가 광야에서 멸망 받았습니다. 천국에 갈 때까지 우리 교회는 크게 역사함을 믿으십시오.
2) 그리고 여호수아와 갈렙과 같이 충성스럽게 하나님을 신뢰하십시오.
그 믿음대로 됩니다. 우리 모두가 이 믿음 가운데 승리케 되기를 축원합니다.

결론적으로, 믿음은 바라는 것들의 실상입니다.

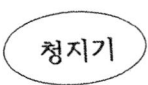

준비되었습니까?
(마태복음 24:42~51)

매사에 어떤 일이 있을 때에 준비과정이 필요합니다. 군인이 전투를 하기 위해서는 승리를 위하여 준비가 필요하고 학생이 시험에 합격하기 위해서도 준비가 필요합니다. 준비를 잘한 사람만이 승리의 기쁨을 누릴 수 있습니다. 새천년(New Millenium)을 맞이해서 성공적인 인생사를 써 내려가기 위해서는 여러 가지 준비된 일들이 필요하게 되겠지만 그리스도인들이 반드시 잊지 않고 준비해야 되는 일이 있습니다. 그것은 예수님의 재림이요, 영적 준비입니다. 다른 것은 다시 재도전한다든지 준비기간이 다시 오게 될 수도 있겠지만 예수님 맞이하는 문제는 기회가 한 번밖에 없기 때문에 언제나 준비하고 있어야 합니다. 예수님은 본문에서 중요하게 재림 준비에 대해서 강조하셨습니다.

첫째, 예수님의 재림은 필연적으로 이룩됩니다.
필연적이라는 말은 될 수도 있고 되지 않을 수도 있다는 뜻이 아니라 반드시 이룩되어서 역사적 사건이 되는 것을 뜻합니다.
1) 예수님의 초림 역시 필연적이었습니다.
 ① 구약의 39권 성경은 구절마다 직접, 간접적으로 예수님의 초림에 대해서 예언했습니다.
 ② 예수님이 이때에 오시는 목적에 대해서도 예언되었습니다(사 53:1-).
 ③ 성경대로 오셨고 십자가에 대속적 죽음을 죽으셨고 3일만에 다시 살아 나셨습니다(고전15:1-58).
 ④ 승천하셨습니다(행 1:9).
2) 이제 예수님의 재림만이 남았습니다. 이 예수님의 재림은 필연적입니다(행 1:10-11, 살후 1:6).
 ① 성경에서 예언했습니다(약속입니다).
 ② 예수님의 재림사건에 모든 일이 빨리 이루어지고 있습니다. 예수님의 재림은 반드시 속히 이룩됩니다(계 1:9). 언제인지는 모르지만 반드시 속히 이룩됩니다(계 22:21). 사형수가 바란다고 해서 해가 늦게 뜰 수 없듯이

세상 죄짓고 사람들이 예수님의 재림을 부인한다고 해서 예수님이 늦게 오시게 하실 수 없는 필연적 사건입니다.

둘째, 재림의 징조들이 나타나고 있습니다.

재림의 날은 아무도 알 수 없는 사건입니다(마 24:26, 행 1:7, 막 13:32). 그래서 깨어 준비하라고 하셨습니다.
  1) 징조들을 주셨습니다. 세계에는 지금 여러 가지 징조들이 일어나고 있습니다.
    ① 천체에 나타날 징조들입니다(마 24:29, 벧후 3:12).
    ② 인간계에 타락문화를 보십시오.
    ③ 거짓선지자들이 난무합니다.
    ④ 하나님의 심판이 준비되었습니다.
  2) 예수님의 재림이 초읽기에 들어간듯 합니다.
    ① 하나님의 세계가 우리에게 어떻게 될지 아무도 모릅니다.
    ② 도적같이 오시겠다고 했습니다(살전 5:6).

셋째, 예수님을 맞을 준비 되었습니까?

  1) 영적 준비를 해야 합니다.
    ① 예수님은 깨어 있으라고 하셨습니다(마 25:1-7).
    ② 도적같이 오시겠다고 했습니다(살전 5:6).
  2) 주님 앞에 설 때를 대비해야 하겠습니다.
    ① 부끄러운 구원도 있습니다(고전 3:15).
    ② 상급받는 구원이 있습니다(고전 15:58, 마 16:20, 계 22:12, 마 25:14).

예수님의 재림은 필연적입니다. 손으로 태양을 가리울 수 없듯이 예수님의 재림은 누구도 막을 수 없을텐데 성도들이 준비되었습니까? 준비된 성도들이 되시기를 축원합니다.

결론: 새천년에 준비된 축복이 있기를 바랍니다.

하나님의 참 일꾼들
(디모데후서 2:15)

우리가 죄 가운데 빠져서 영원히 죽게 되었을 때에 예수 그리스도의 십자가 공로 의지하여 구원받아 하나님의 자녀가 되었고 영원한 천국의 시민권자가 되었습니다. 세상의 그 무엇과도 바꿀 수 없는 축복 중에 축복입니다. 그리고 또 축복인 것은 하나님의 일을 할 수 있는 일꾼이 되게 하신 것이 축복 가운데 축복입니다. 그렇다고 해서 우리가 무슨 자격이나 특별한 힘이 있어서가 아니라 직분이나 사명을 주신 일 역시 하나님의 은혜입니다. 이와 같은 놀라운 은혜를 받은 우리 성도들은 무조건 감사하며 하나님의 일꾼으로서의 자리를 굳게 지켜야 하겠습니다. 제자들이 배와 그물을 버리고 예수님을 따라 갔듯이(마 4:18) 예수 그리스도의 참 제자는 하나님의 참 제자가 되는 일입니다(고전 4:1). 사람이 마땅히 우리를 그리스도의 일꾼이요 하나님의 비밀을 받은 자로 여길찌니 "그리고 맡은 자들에게 구할 것은 충성이니라" 했습니다. 하나님의 참 일꾼의 요건이 무엇인지 오늘 본문에서 생각합니다.

첫째, 참된 주의 일꾼은 진리의 사람이 되어야 합니다.

참된 일꾼의 자세는 진리 위에서 진리에 붙잡힌 바 된 자가 참된 주의 일꾼이 됩니다. 두 아들 가운데 둘째 아들이 말씀의 순종자가 되었습니다(마 21:28).

1) 참된 진리 위에 세워진 신앙이 아니면 주를 배반하고 떠나게 되기 때문입니다.

① 하나님의 성령은 진리의 영이시기 때문입니다(요 14:17). 은혜를 받았다면 진리에 서야 되는 것이 당연합니다. 그리고 그와 같은 사람이라야 일꾼이 되게 됩니다.

② 진리 위에 굳게 서지 못했을 때에 예수님을 배반하고 교회를 배반하게 되고 또한 사단에 미혹되는 경우도 있습니다. 그래서 말씀을 읽고 듣고 행하게 될 때에 복이 있습니다(계 1:3, 히 5:12-). 선악을 분별하는 말씀의 진리 위에 서야 하겠습니다.

2) 진리 위에 굳게 서기 위해서는 해야 할 일이 있습니다.

① 성경을 부지런히 읽고 배워야 하겠습니다. 성경은 진리의 영이시기 때문에 바른 신앙은 밀접한 관계 속에 있습니다.
② 성경을 읽고 들을 때에 믿음이 성장하며 믿음이 좋아집니다(롬 16:19).
③ 하나님 말씀이 사람을 변화받게 합니다. 그리고 말씀이 가는 곳에는 영적 생동감과 영적 능력이 생기게 됩니다(히 4:12, 겔 37:1-). 진리에 선 사람이 참 일꾼이 됩니다.

둘째, 하나님의 일꾼은 바른 인격을 가져야 합니다.
1) 심판대가 반드시 다가옵니다. 심판대에서 웃는 승리자가 되어야 하겠습니다.
① 주신 것도 빼앗길 날이 옵니다(마 25:14-).
② 한번 죽는 것은 정해져 있습니다(히 9:27-). 그 때에 칭찬듣는 일꾼이 참 일꾼이요, 바른 인격자입니다.
2) 우리는 지금 주의 일꾼입니다. 그러므로 부끄러움이 없는 일꾼이 되기 위해 힘써야 합니다.
① 주의 일꾼은 내 뜻이 아니라 하나님의 뜻에 따라 살아가는 것이 참된 모습입니다.

셋째, 하나님의 참된 일꾼은 성령의 뜨거움이 있어야 합니다.
1) 열성적이고 뜨거운 마음이 식어지지 말아야 합니다.
① 내가 봉사할 수 있는 일이 무엇인지 찾아서 해야 합니다.
② 교회 안에는 복음을 위해서 헌신해야 하는 일이 수 없이 많이 있습니다.
2) 주님은 오늘도 우리를 쓰시겠다고 하십니다(마 21:3, 눅 19:34).
① 주가 쓰시겠다고 하실 때에 사용되어야 합니다. 내일로 미루지 마십시오. 내일은 내 것이 아닙니다.
② 오늘 내게 있을 때에 헌신자가 되어야 합니다. 이것이 참된 주의 일꾼입니다.

일꾼이 필요한 때에(마 9:3) 하나님의 참 일꾼으로 승리하기를 축원합니다.

결론: 우리는 모두 하나님의 자녀로서 일꾼이 되어야 합니다. 바쁘다고 핑계하지 말고 주의 일에 힘쓰는 것만이 영원히 내게 돌아오는 분깃이 됩니다.

에서와 야곱이 주는 교훈
(히브리서 12:16~17)

과거 역사에 대한 연구는 매우 중요합니다. 왜냐하면 과거 역사를 통해서 현대를 가늠하게 되고 미래를 펼쳐 나가는 이정표가 되기 때문입니다. 그러하기에 일반 역사도 중요하지만 성경속에 나오는 인물이나 사건들이며 교회사에 등장하는 사건이나 인물들이 중요하다고 생각하고 역사 연구에 몰두하게 됩니다. 이것은 우리의 거울이 되기 때문입니다(고전 10:11). 성경에는 수많은 인물이나 사건들이 기록되어 있는데 본문에서 에서와 야곱의 사건을 회상하며 기록했습니다. 이 말씀은 창세기 25:21-34와 27:1-46절에서의 말씀을 회상하게 됩니다. 팥죽 한 그릇에 장자 명분을 팔아 버린 에서가 결국 축복을 모두 빼앗겨 버린 사건입니다. 여기에서 큰 교훈을 얻게 됩니다.

첫째, 에서와 야곱의 차이점에서 오늘의 우리를 발견하게 합니다.
한날 한시에 출생한 에서와 야곱의 생애의 모습이 다르듯이 교회 안에서도 같은 시간에 예배 드리는 사람들의 상태 역시 제각기 다른 모습들입니다.
1) 에서를 보겠습니다.
   에서는 활발하였고 사냥꾼이며 성격도 옹졸한 사람이 아니라 활발한 사람이었습니다. 그러나 문제는 하나님께서 에서를 미워하셨다는 사실입니다(말 1:1, 롬 9:12-13). 왜 그랬을까요?
   ① 장자의 명분을 경홀히 여겼습니다. 이스라엘 민족사에서 장자의 명분은 중요하듯이 장자의 명분이 우리에게 주는 영적 의미는 또한 중요합니다. 그런데 에서는 이 귀한 것을 경홀히 여기고 팥죽에 팔아 먹게 되었습니다(창 25:31). 결정적인 실수요 패인입니다.
   ② 자기를 믿고 칼을 믿고 사는 인본주의의 표상입니다. "너는 칼을 믿고 살겠고"라는 말씀과 같이 하나님을 의지하지 않고 살았던 인본주의의 대표자입니다.
2) 야곱을 보겠습니다.
   차자로 태어난 것이 언제나 애석하였고 장자의 귀중성을 사모한 사람입니다. 하나님께서 사랑하는 사람이 되었습니다(말 1:1, 롬 9:12).
① 장자를 늘 사모했습니다. 하나님께서는 사모하는 영혼을 만족케 하십니다(시 107:9).
② 어머니 리브가의 말에 경청하였는데 리브가는 오늘날 교회의 그림자격입니다(갈 4:26). 참성도는 교회에서 말씀에 귀를 기울여야 합니다. 여기에 영적인 승리가 오게 됩니다. 오늘날 교회 안에는 에서와 야곱의 두 종류의 사람이 있음을 발견하게 됩니다.

둘째, 본문에서 성도가 배워야 할 것은 귀한 것을 귀한 것으로 여겨야 한다는 사실입니다.
귀한 것을 받아도 귀하지 않게 여기고 버린다면 곤란합니다.
1) 에서는 하나님께서 선천적으로 주신 귀한 것을 귀하지 않게 여겼습니다.
① 장자의 명분을 경홀히 여겼습니다.
② 배가 고프다고 해서 팥죽에 눈이 어두웠습니다. 현대인들이 물질 때문에 신앙적이고 영적인 것을 경홀히 하지 않게 해야 합니다.
③ 체험만 믿고 사는 인본주의자들의 대표적이었습니다.
2) 하나님께서 주신 좋은 것을 귀하게 사용(간직)해야 합니다.
① 하나님께서 주신 귀한 것은 빼앗기지 말아야 합니다.
② 영적이고 신령한 모든 것이 여기에 속하게 됩니다.

셋째, 한번 빼앗기면 회복할 길이 없습니다.
1) 에서는 세 번씩이나 다시 회복하려 했으나 헛수고였습니다(창 27:33-34, 27:36, 36, 38 등에서 봅니다).
① 하나님의 은혜를 헛되이 받지 말라(고후 6:1-2) 했습니다.
② 축복을 귀하게 여기는 것도 축복입니다.
2) 시간과 기회는 두 번 다시 오지 않습니다.
① 시간을 사야 합니다(엡 5:16).
② 야곱의 길을 걸어갈지언정 에서의 길을 가지 말아야 합니다. 에서와 야곱을 교훈으로 살게 되시기를 축원합니다.
결론: 주신 것을 잃지 마십시오.

준비하라
(마태복음 25:1~13)

우리 인생은 평생을 준비하며 살아가는 존재입니다. 어머니가 출산준비해서 나를 낳은 데서 비롯해서 학업준비, 입학준비, 취업준비, 결혼준비 등 매사에 준비 속에 살다가 마지막에 죽을 준비가 필요합니다. 그런데 세상에서의 길은 한번 실패하면 다시 재기할 수도 있지만 마지막 부르실 때의 임종시에든지 주께서 재림하실 때에는 다시(again)라는 기회가 없습니다. 모든 역사는 지금 예수 그리스도의 재림이라는 대단원의 명제를 향해서 그 초점(Focus)이 맞추어진 채 대단히 빠른 속도로 그 날이 다가오고 있습니다. 예수님께서는 그 사실을 여러 가지 비유 가운데 결혼예식의 비유로써 우리에게 교훈하시며 준비하라고 하셨습니다. 빈 등만 가진 미련한 자가 되지 말고 등에 기름을 예비한 지혜롭고 슬기로운 사람이 되어야 합니다. 그때가 언제인지는 아무도 모른다고 하시면서 준비하고 깨어 있으라고 하셨습니다(막 12:22). 본문에서 몇가지 생각하며 깨어 있어야 하겠습니다.

첫째, 예수님의 재림은 혼인 때의 축제와 같이 준비하라는 말씀입니다.
준비된 사람만이 축제 분위기가 되지만 준비되지 못한 사람은 곤혹과 곤경의 때가 됩니다.
1) 축제 분위기 속에서 예수님 맞기 위해서는 준비되어야 합니다.
① 준비할 시간이 없습니다(10절).
② 여기에는 두 가지 종류의 사람이 있습니다. 하나는 잔치에 참석하는 주인공이요, 또 하나는 뒤늦게 후회하는 사람입니다. 지금까지 준비의 기회를 주었습니다(고후 6:1-3).
2) 예고된 예수님의 재림은 반드시 역사의 현장에서 실현됩니다(어떤 꾸민 이야기가 아닙니다).
① 늦을지라도 반드시 그 날이 옵니다. 예수님은 사도 요한에게 속히 오리라고 말씀으로 약속하셨습니다(계 22:7, 12, 20).
② 예수께서 재림하실 때에 누구나 예외가 없습니다. 세상에서는 법을 어기

고도 얼마동안 피할 수 있겠지만 그 앞에는 피할 수 없습니다(계 6:12, 욥 4절). 현대과학이 천문학적 돈으로 우주 정복에 나서지만 그 날에는 피할 수 없습니다. 주께서 웃으신다고 했습니다(시 2:30). 지혜로운 인생이 되어서 그날을 준비하시기를 축원합니다.

둘째, 예수님 오실 때에 축제 분위기가 되기 위해서는 미리 말씀과 같이 준비해야 합니다.

여기 두 종류의 사람에게서 그 차이가 있습니다. 하나는 주신 말씀이 등한히 여겼고 또 하나는 말씀대로 준비했습니다.

1) 어리석은 다섯 처녀가 왜 쫓겨났습니까?
① "신랑이 더디오므로 다 졸며 잘새" 했습니다. 세상 살아가면서 모두가 피곤합니다. 지금 얼마나 피곤합니까? 생활현장에서 예수님은 오십니다(마 24:40-41).
② 문제는 기름준비가 되었느냐입니다. 비행기가 중도에 기름이 떨어졌다고 생각해보십시오. 이 얼마나 끔찍한 일이겠습니까? 이렇게 준비가 중요합니다.
2) 형식적인 신앙을 탈피해서 준비해야 합니다.
① 하나의 종교인으로서만 생각합니까? 다시 생각하십시오.
② 깨어서 영적준비해야 합니다. 성령으로 거듭남에서부터 시작해야 합니다. 의자만 따뜻하게 하는 사람이 되지 마십시오.

셋째, 재림 때가 축제가 되기 위해서는 준비를 내일로 미루지 마세요.

세상에는 내일하는 일도 있지만 때가 늦으면 손쓸 수 없는 일이 많이 있습니다.

1) 성령 받아 기름 준비하는 일에 급선무을 두어야 합니다.
① 신앙점검부터 해야 합니다(니고데모를 생각하세요. 요 3:1).
② 우리가 거듭나서 살기를 지금도 원하십니다(롬 8:26).
2) 준비된 우리교회 성도들이 되시기를 바랍니다.
① 믿음 준비 반드시 해야 합니다.
② 졸지 말고 깨어 있어야 합니다.
결론: 주께서 오실 때에 주인공들이 되시기를 축원합니다.

귀하게 쓰는 그릇
(디모데후서 2:20~26)

세상에는 그릇들이 많습니다. 옛날부터 내려오는 묵은 그릇부터 금방 만들어진 새 그릇도 있습니다. 그런데 이 그릇은 금과 같이 귀한 그릇처럼 사용하는 그릇도 있고 허드레로 쓰는 천한 그릇이 있습니다. 이 그릇은 질그릇입니다. 이 질그릇에 보배를 가지고 있습니다(고후 4:7). 질그릇이기 때문에 깨지기 쉽습니다. 따라서 깨지지 않기 위해서 사랑과 기도와 믿음으로 간격을 잘 유지해야 합니다(벧전 4:8).

첫째로, 그릇이 여러 종류가 있습니다.
1) 담겨져 있는 내용에 따라서 그릇이 달라집니다.
① 물을 담으면 물그릇입니다.
② 비워 놓으면 노는 그릇입니다.
③ 그런데 우리는 예수의 복음을 담은 그릇이 되어 있기 때문에 성도는 하나님의 자녀입니다.
2) 이 그릇은 토기장이신 하나님이 임으로 만드십니다(롬 9:20). 하나님은 토기장이요, 우리는 질그릇입니다.
① 성도도 지으셨습니다.
② 목사도 지으시고, 장로와 권사와 안수집사와 그리고 서리집사들 많은 질그릇이 있습니다(엡 4:11). 하나님이 사용하십니다.
3) 깨진 그릇은 사용하실 수 없습니다.
① 믿음이 깨지지 않게 해야 합니다.
② 인격이 깨지지 않게 해야 합니다.
② 질그릇이기 때문입니다.

둘째로, 하나님이 사용하시는 귀한 금그릇이 됩시다.
재료는 질그릇이지만 금과 같이 귀하게 사신다는 뜻입니다. 이새의 아들 다윗은 천한 그릇이었습니다(행 12:22).

1) 깨끗한 그릇이 됩시다(요 3:3).
2) 자기부족을 깨닫고 늘 회개하는 그릇입니다(눅 18:13).
3) 겸손한 그릇입니다. 사울과 다윗은 대조적인 사람이었습니다.
4) 충성스러운 그릇입니다(마 25:14, 고전 4:1-2, 시 101:6, 느 9:8, 히 3:5, 계 2:10).
5) 화평한 그릇입니다(마 5:9).
6) 성령 충만한 그릇입니다. 하나님이 금과 같이 귀하게 보시는 그릇이 있습니다.

셋째로, 상급받는 그릇이 되어야 합니다.
1) 내가 먼저 좋은 그릇이 되어야 합니다.
2) 바울은 좋은 그릇되려고 힘썼습니다(고전 9:26-27).
3) 귀한 그릇은 사랑받듯이 좋은 그릇은 상급이 있습니다.

하나님의 큰집인 교회에서 모두가 충성스럽게 쓰임받는 그릇이 되시기를 축원합니다.

결론적으로, 나는 하나님께 쓰이고 있는가 보아야 하겠습니다.

위기 가운데도 빛나는 이름들
(요한계시록 3:1~6)

　세계역사는 하나님의 은혜와 주권 가운데서 나오면서 시대시대마다 몇 사람에 의하여 이끌어 왔습니다. 칼빈은 제네바에서 마틴 루터는 독일에서, 요한 웨슬레는 영국에서 역사하였습니다.
　이사야는 민족의 위기에서 부르심 받아서 크게 쓰임받게 되었습니다(사 6:7-8). 오늘 본문의 사데교회는 살았다는 이름은 가지고 있지만 실상은 죽은 자라고 책망 받을 때에 그 가운데도 몇 사람이 있어서 천만다행입니다. 어떤 면에서 보면 지금은 위기시대인바 우리 교회 성도들이 모두가 여기 몇 명에 속하는 축복이 있기 바랍니다.

첫째로, 하나님의 교회는 본문과 같이 몇 사람이 필요합니다. 모두 잠자고 있을 때에 몇 명의 필요하다고 했습니다.
　1) 그 몇 명은 어떤 사람들이었습니까?
　① 깨어있는 사람입니다.
　　'만일 일깨지 아니하면' 하였습니다. 깨어있는 사람이 되어야 합니다. 지금은 주의 발앞에 적극 순종하며 깰 때입니다(벧후 3:10, 마 24:43, 롬 13:11).
　② 그 옷을 더럽히지 않은 사람입니다. 대개 사람의 신분을 구별할 때에 제복을 입습니다. 성도들이 입는 옷을 봐서 그 사람을 알 수 있습니다(벧전 3:2-3, 계 19:7-8). 가치관이 전도되어지고 비뚤어진 시대에 우리 모두 주의 말씀에 바로서서 승리해야 하겠습니다.

둘째로, 하나님의 교회에는 언제나 자랑할 인물이 있어야 합니다.
　교회의 힘은 세상과 달라서 경제적이나 시설이 잘된 것에 있지 않습니다. 그 속에서 예배하는 신자들이 힘입니다.
　1) 몇 명이 자랑거리입니다. 바울은 자랑했습니다(빌립보교회에서)(빌 4:1).

① 나의 사랑하는 사람이라고 했습니다.
② 사모하는 형제들이라고 했습니다.
③ 기쁨이라고 했습니다.
④ 면류관이라고 했습니다.
2) 자랑할 만한 신앙이 있어야 합니다.
   자랑할 만한 믿음을 가지고 있어야 하겠습니다.
3) 자랑할 만한 믿음을 가진 사람은 변치 않습니다(엡 6:24).
   어제의 자랑거리가 오늘의 훼방자가 되면 큰일입니다.

셋째로, 하나님은 지금도 몇 사람을 찾고 계십니다. 시대가 위기시대에 살고 있기 때문입니다.

1) 성경의 인물사를 보시기 바랍니다.
2) 교회사의 인물사를 보시기 바랍니다.
3) 현재 우리 교회의 인물들을 보시기 바랍니다. 우리 주님이 기대하시고 목회자가 자랑할 만한 인물들이 많이 있기를 축원합니다.

결론적으로 위기시대에 하나님이 찾으시는 인물이 됩시다.

(감사)

어려울 때 보여주신 예수님의 감사의 모습들
(마태복음 14:14~21)

우리는 매년 두 차례씩 감사절(Thanks Giving day)을 지켜 왔습니다. 성경의 말씀과 같이 하나는 추수감사절이요 또 하나는 맥추감사절입니다(출 23:25). 그러나 우리는 두 차례뿐 아니라 매일매일 순간순간마다 감사를 드려야 합니다. 그래서 범사에 감사하라(살전 5:16-18) 하셨는데 여기 '범사에' 라는 말은 헬라어로 '엔 판티' 라는 말인데 영어에서는 '모든 일 안에서' (In everything)라는 뜻입니다. 상황이 좋을 때에도 감사해야 하고 상황이 나쁠때에도 감사해야 합니다. 본문에서 유명한 오병이어의 기적의 사건이 기록되었습니다. 장정만 5000명이 넘는 군중 앞에 있는 것은 보리떡 다섯 개와 물고기 두 마리뿐이었는데 예수님은 축사하셨고 여기에서 기적이 일어나게 되었습니다.

첫째, 예수님은 가장 어려운 상황에서 감사하셨습니다.

(19절) "무리를 명하여 잔디위에 앉히시고 떡 다섯 개와 물고기 두 마리를 가지시고 하늘을 우러러 축사하시고 떡을 떼어 제자들에게 주시매 제자들이 무리에게 주니" 했습니다. 여기에서 '축사' 라는 말은 헬라어로 율리게오라는 말인데 그 뜻은 찬양 축복 감사라는 뜻이 있습니다. 어려운 때에 감사하시는 예수님의 모습입니다. 빈들의 악조건, 많은 무리의 악조건, 저녁때의 악조건입니다.

1) 상황이 어려운 속에 있습니다.
① 유대인들의 핍박을 피하여 빈들에 모였습니다. 장소의 악조건입니다.
② 식사때가 지났고 음식이 없습니다. 사람이 살아가는 데 기본적인 악조건입니다.
③ 사람들이 많았습니다. 그런데 겨우 물고기 두 마리와 보리떡 다섯 개밖에 없습니다. 상황이 매우 좋지 않습니다.

2) 이렇게 모든 것이 악조건 가운데서도 예수님은 축사 즉, 감사했습니다.
① 작은 것 취약한 부분만 보지 않고 능력 많으신 하나님께 감사했습니다.
② 이스라엘 백성들의 광야 생활은 어떠했습니까? 저들은 감사해야 할 조건

에서도 감사치 아니하고 원망과 불평뿐이었습니다(민 11:1-5, 시 50:14, 20)
③ 우리 현실은 어떠합니까? 감사해야 할 때 마땅히 감사가 없지는 않습니까? 감사를 회복해야 하겠습니다. '모든 일 안에서'(In everything) 감사해야 합니다.

둘째, 우리는 이시간 감사의 차원을 다시 한번 생각해야 합니다.
1) 평상시에 감사할 줄 아는 성도가 되어야 하겠습니다. 감사라는 신앙이 바르고 정상적인 신앙입니다.
① 여기까지 생명이 연장된 것도 감사의 조건입니다.
② 생명 연장에는 하나님께 영광 돌리며 살아야 되는 사명의 뜻이 있습니다. 감사해야 합니다. 유명한 성 프란시스(St. Francis)는 병에 시달리면서도 감사했다고 합니다.
2) 큰 문제이든 작은 문제이든 문제가 있는 때에 감사가 충만해야 합니다.
① 작은 문제도 감사해야 합니다.
② 큰 문제도 감사해야 합니다.
③ 현대인들은 감사가 메마른 상태 가운데 살아가기가 쉽습니다. 감사가 풍성해야 합니다.

셋째, 구원 받은 성도라면 감사가 더욱 풍성해야 합니다.
믿음은 모두의 것이 아니기 때문입니다(살후 3:21).
1) 믿고 구원받은 것 하나만 생각해도 감사해야 합니다.
① 모두 구원 받는 세상이 아니기 때문입니다.
② 모두가 천국가는 것은 아니기 때문입니다.
2) 감사하는 곳에는 더 큰 축복이 됩니다.
① 작은 것에 감사하면 큰 것에 감사하는 기회가 옵니다.
② 금년에 맥추감사 속에 큰 감사의 미래가 열리는 씨앗이 되어지기를 축원합니다.
결론: 현재 어렵습니까? 감사하시기 바랍니다.

추수의 계절에 생각할 일
(갈라디아서 6:7~10)

봄에 싹이 나서 여름 기간에 푸르던 모든 대지의 초목들이 이제는 단풍으로 변하더니 떨어지기 시작하는 계절이 왔습니다. 농부들은 애써 가꾸었던 농사들을 이제 거두는 막바지 추수에 힘을 쓰는 계절이 되었습니다. 이런 현상들은 마치 인생의 여정과도 비교가 됩니다. 인생 역시 여름이 있으면 가을이 오게 되고 겨울도 온다는 사실입니다. 전도서 기자는 "청년이여 네 어린 때를 즐거워하며 네 청년의 날을 마음에 기뻐하여 마음에 원하는 길과 네 눈에 보는대로 좇아 행하라 그러나 하나님이 이 모든 일로 인하여 너를 심판하실 줄 알라"(전 11:9) 했습니다. 여기에는 세상의 영웅호걸이나 이름없는 시민층이나 모두에게 오는 현상이니 차별이 없습니다. 본문에서 우리에게 교훈해 주는 일은 이렇게 짧게 지나는 제한된 인생길에서 무엇을 심었으며 무엇을 거두고 있는가? 하는 숙제요 질문입니다. 대자연의 법칙인 동시에 인생사를 배우게 합니다.

첫째, 성도는 영적으로 무엇인가를 심어야 합니다.

지금까지도 살아왔지만 이제라도 늦지 않았습니다. 영적으로 신령한 면에서 볼 때에 이제라도 부지런히 심어야 한다는 사실입니다.

1) 성경에서 몇 가지 교훈을 찾아봅니다.
① 내게 맡겨진 달란트를 어떻게 활용했느냐는 결과와 같습니다(마 25:14-30).
② 어렵게 심었지만 거둘 때에는 기쁨이요, 웃음이 가득하게 됩니다(시 126:5-6, 시 128:2).
③ 무엇인가 심게 될 때에 노력이 필요하고 인내가 필요합니다(창 26:12).
④ 일하지 않고 먹기만 한다면 척망이 옵니다(살후 3:8).
2) 의미상으로 볼 때에 우리는 좋은 것을 심어야 합니다.
① 하나님은 선인과 악인을 분명히 구별하실 때가 옵니다(잠 15:3).
② 프랜시스 베이컨(Francis Bacon)은 인생들을 세 가지 곤충으로 비유해서 말했는데, 하나는 거미와 같고, 또 하나는 개미와 같고, 마지막으로 꿀벌

과 같은 인생이 있다고 했습니다. 하나님이 모두 감찰하시고 아십니다(욥 31:4).
② 구약에서나 신약에서나 좋은 것을 심은 사람에게는 그와 그 자손에게 좋은 것이 거두어지게 되었지만 나쁘고 악한 것을 심은 사람들에게는 그와 그 자손들에게서 악의 열매가 맺히게 된 것이 성경의 교훈입니다. 다윗과 같은 성군에게도 악의 씨를 뿌렸던 결과로 압살롬이라는 아들이 태어나게 되었습니다(삼하 16:12).

둘째, 성도들이 기억할 것은 심은 종류대로 거둡니다(약 1:15).
"무엇으로 심든지 그대로 거두리라"(7절) 했습니다. 욕심이 잉태하면 죄를 낳고 죄가 장성하면 사망이 태어납니다.
1) 악을 심게 되면 악이 태어나게 됩니다.
① 가룟유다는 은 30을 사용해 보지도 않고 죽게 되었습니다.
② 아합은 그와 그 가족 전체가 저주를 낳게 됩니다(왕상 21:1-19).
③ 십계명에서 우리에게 교훈해 줍니다. 3-4대까지 망하거나 1,000대까지 복을 받게 됩니다.
2) 선을 심으면 선이 반드시 나게 됩니다.
① "대저 의인의 길은 여호와께서 인정하시나 악인의 길은 망하리로다"(시 1:6)했습니다(왕상 17:9, 시 37:23 참조).
② 육체를 위해서 심는 자는 육체로부터 썩을 것을 거두게 됩니다.

셋째, 성도가 기억할 것은 심은 분량만큼 수확하게 됩니다.
심은 만큼 거두게 된다고 했습니다(고후 9:6).
1) 많이 심어야 합니다.
① 될 수 있으면 좋고 선한 것을 많이 심어두십시오(딤후 4:7).
② 예수님도 천국에 심으라고 하셨습니다(마 6:19).
2) 심은 것은 반드시 때가 되면 거두게 됩니다(9절).
"선을 행하되 낙심하지 말찌니 때가 이르면 거두리라" 하였습니다.
때와 기한은 아버지께 있으니(행 1:7) 부지런히 심어서 좋은 결실이 있기를 축원합니다.
결론: 인생의 가을도 옵니다.

무조건 감사하라
(데살로니가전서 5:16~18)

하나님께서 우리에게 주신 축복들을 계산한다면 어느 누구도 그 축복의 종류와 축복의 양에 대해서 계산할 수가 없을 것입니다. 성경에도 축복을 약속하셨습니다. 수많은 축복을 약속하셨기 때문에 하루에 한가지 이상씩 받고 살아도 다 받을 수 없는 축복들이 기록되어 있습니다. 이 모든 것은 다 그만 두고라도 예수 믿어 구원받게 해주신 이것만 가지고도 측량할 수 없는 하나님의 은혜요 축복이 아닐 수 없습니다. 1년에 두 차례씩 감사하라고 하시는 말씀은 애굽에서 나와서 가나안에 들어가는 이스라엘에게만 말씀하신 것이 아니라(출 23:16-) 예수 안에서 구원 받아서 천국가는 성도들에게만 말씀하신 명령의 말씀입니다. 가나안에서 하나님께 감사를 잃어버린 이스라엘 백성들에게 하나님을 잃어버렸다고 했습니다(시 50:14, 22). 다시 한번 맥추감사절을 맞이하여 우리의 감사생활을 확인하면서 감사절에 임해야 하겠습니다.

첫째, 하나님의 은혜를 통해서 구원 받은 성도는 무조건 감사해야 합니다.

"범사에 감사하라" 하였는데 범사(凡事)라는 말은 "모든 것 안에서"라는 뜻입니다. 다윗은 시편 103:2에서 "내 영혼아 여호와께 송축하며 그 모든 은택을 잊지 말지어다" 했습니다.

1) 왜 무조건 감사해야 하겠습니까?
① 천국 백성이 되었기 때문입니다. 예수 믿는 은혜 속에 있으니 무조건 감사해야 합니다.
② 천국의 일꾼이 되었기 때문입니다(고전 4:1-2). 천국의 산 소망이 있는 일꾼입니다(벧전 1:3).
2) 하나님의 무궁하신 사랑을 입었습니다.
① 하나님의 사랑이 우리를 살리시기 위해서 예수 그리스도가 산제물이 되셨습니다(히 9:26). 우리는 모두가 이 사랑위에 있습니다(롬 5:7, 요 3:16).
② 하나님의 사랑을 입었으니 보답하는 생활은 감사하는 생활입니다. "이는

그리스도 예수 안에서 너희를 향하신 하나님의 뜻이니라" 했습니다. 믿는 성도는 예수 안에서 무조건 감사해야 합니다.

둘째, 하나님의 섭리를 믿는 사람은 무조건 감사해야 합니다(롬 8:28).
1) 하나님의 섭리론에서 볼때에 감사해야 합니다. 모든 것이 합력하여 선을 이루기 때문입니다(롬 8:28 上).
① 바울의 복음사역에서도 결국 선을 이루었습니다(행 16:30-31).
② 요셉의 생애에서 뚜렷하게 나타내 보여 주셨습니다(창 50:50)
2) 하나님의 섭리는 고통이 오히려 선이 되게 하게 하실 때가 많습니다.
① 바울과 요셉을 통해서 보았습니다.
② 고통스러운 문제가 오히려 유익이 되게 하실때가 많이 있습니다.
③ 그러므로 성도는 언제나 무조건 감사해야 합니다. 감사속에 더욱 은혜가 넘치기 때문입니다. 미국의 28대 대통령인 윌슨(Willson)은 감사속에서 대통령이 되었다고 그의 자서전에서 술회하고 있습니다.

셋째, 무조건 감사하는 사람에게 더 큰 감사할 수 있는 축복이 따르게 됩니다.
1) 무조건 감사할 때 주시는 축복을 보십시오.
영국의 스펄전 목사님은 "촛불을 보고 감사하면 전등을 주시고, 전등을 보고 감사하게 될 때 햇빛을 주시고, 햇빛을 보고 감사할 때에 밝은 천국의 그리스도의 빛을 주신다."고 했습니다.
2) 우리교회 성도들이여, 무조건 감사하는 속에서 하나님의 축복이 더욱 예비되어 있습니다.
적은 일에서 비롯해서 큰 일에 이르기까지 범사에 감사하는 생활속에서 하나님이 예비하신 큰 축복을 받게 되는 맥추감사 주일이 되시기를 축원합니다.
결론: 감사는 그 사람의 신앙의 척도를 말하기 때문에 여기에는 축복이 따르게 됩니다.

감사 부재의 부자농부
(누가복음 12:13~21)

성경에는 어리석다는 말씀이 몇군데 기록되었습니다. 시편 14:1에는 하나님이 없다는 무신론자가 어리석다고 했습니다. 마태복음 7:24에는 집을 짓는데 모래위에 짓듯이 하나님 말씀을 듣고 행치 아니하면 어리석다고 했습니다. 갈라디아서 3:1에서는 예수 그리스도를 믿는 믿음에서 떠나 다른 길로 가는 사람을 향해서 어리석다고 했습니다. 세상에는 어리석게 사는 사람들이 지혜롭게 사는 사람들보다 훨씬 더 많게 보일 때가 있습니다. 오늘 본문에 어떤 형제가 재산싸움을 하고 와서 예수님께 말하여 내 형에게 명하여 유산을 나누어 받게 해달라고 청탁할 때에 예수님께서는 "사람의 생명이 그 소유에 넉넉한데 있지 아니하다"고 말씀하시면서 오늘날 같은 어리석은 부자의 이야기를 말씀했습니다. 추수감사절을 맞이하여 오늘의 살아가는 모습속에서 감사가 메마른 어리석은 부자의 모습을 보게 됩니다.

첫째, 풍성하게 소출할 수 있게 해 주신 하나님의 은혜를 잊어버렸기 때문입니다.

1) 어리석은 인생은 은혜를 모르거나 잊어버리고 사는 것이 그 특징입니다.
① 어리석은 부자농부의 말을 자세히 들어보십시오. 17-19절까지 보면 무려 6번씩이나 '내가' 라는 말로 자아중심적입니다. 농사가 잘 된 것은 모두가 하나님께 감사할 일이 아니라 자기가 잘해서 농사가 잘 된 것 같이 말합니다. 어리석은 자의 전형적인 모습이 아닐 수 없습니다.
① 현대인의 모습은 어떤가요? 내가 잘해서 사업이 잘되고, 직장에서 승급되고, 내가 머리가 좋아서, 똑똑해서 어떤 일이 잘 되는양 착각합니다. 자기 아집과 자기 중심의 인생관들입니다. 대사도인 바울은 고백합니다. 그의 입에는 언제나 '주의 은혜로, 하나님의 은혜로' 가 가득합니다.
고린도전서 15:10에 "나의 나 된 것은 하나님의 은혜로 된 것이니 내게 주신 그의 은혜가 헛되지 아니하여 내가 모든 사도보다 더 많이 수고하였

으나 내가 아니요 오직 나와 함께하신 하나님의 은혜로다" 했습니다.
2) 참된 그리스도인은 변해야 합니다. 나밖에 모르는 인간 중심에서 하나님 중심으로 이기주의에서 이타주의로 바뀌어야 합니다.
① 모든 영광과 감사를 하나님께 돌려야 합니다(고전 10:31).
② 그리고 주신바 은혜에 감사해야 합니다(시 116:12). "여호와께서 내게 주신 모든 은혜를 무엇으로 보답할꼬" 했습니다.

둘째, 감사부재의 부자농부는 책망을 받게 되었습니다.
1) 인생의 참된 가치관이 소유의 넉넉한 데 있는 줄 알았기 때문입니다. 소위 유물사관(唯物史觀) 공산주의입니다.
① 생명의 가치는 어떤 물질이나 보이는 것과 비교될 수 없습니다.
② 하나님도 없고, 감사도 없고, 이웃도 없습니다. 그저 '먹고 마시고 즐거워하자' 입니다.
2) 하나님이 없는 부자는 참 행복이 있을 수 없습니다.
① 그래서 하나님이 없는 곳에는 인생의 비참이 따를 수밖에 없습니다.
② 참 평안이 있을 수 없습니다. 여기에는 감사가 없습니다.

셋째, 이 부자에게는 결정적으로 생의 근본이신 하나님이 없습니다.
헛된 인생이 될 수밖에 없습니다(잠 23:4).
1) 재산이 많다고 모두가 어리석은 것은 아닙니다.
① 문제는 이 사람 생애에 하나님을 잊어버렸다는 것입니다(약 4:13).
② 이 사람속에 감사가 부재요, 자기가 최고의 주체가 되었다는 것입니다. 어리석습니다. 이것이 인본주의입니다.
2) 어리석은 부자의 미래는 허무를 거둘 수밖에 없습니다.
   미국인들의 「달러」에는 이런 글이 써 있습니다. In God we trust.(우리는 하나님 안에서 믿는다)
3) 하나님이 없고 감사가 없는 것은 이 부자의 회복할 수 없는 인생실패의 모습입니다.
우리는 이시간에 감사절을 맞이하여 다시 한번 우리의 현실 모습을 생각해 보고 바르게 되기를 축원합니다.
   결론: 우리 주변에는 어리석은 인생들이 많이 있습니다.

하박국 선지자의 감사의 현장
(하박국 3:16~19)

우리가 세상을 살아가는 생활 현장에는 언제나 두 가지가 겸해서 오게 되는데 감사해야 할 일들과 불평의 일들입니다. 언제나 좋은 일만 있는 것이 아니고 언제나 나쁜 일만 있는 것이 아닌데 사람들은 좋은 일이 있을 때에는 감사가 인색하고 나쁜 일에는 불평이 가득한 삶에 익숙해져 있습니다. 그러나 성도는 범사에 감사하기를 배워야 하겠습니다(살전 5:16-18). 하박국 선지자의 감사 현장을 통해서 우리의 감사의 모습을 찾고자 합니다(시 50:14). 감사로 하나님께 제사를 드리며 "지극히 높으신 자에게 네 서원을 갚으며 환난 날에 나를 부르사 내가 너를 건지리니 네가 나를 영화롭게 하리라" 했습니다.

첫째, 하박국 선지자는 악조건 때에 감사의 노래를 불렀습니다.

하박국이 들은 소식은 국가가 망하는 소리요 바벨론에 의해서 포로되었다는 소식이었지만 노래 부르며 감사했습니다(합 3:16). 바울과 실라도 어려운 때에 기도하였고 찬미하였습니다(행 16:25).

1) 하박국이 노래하고 감사한 때는 평안한 때가 아니었습니다.
① 그 때(at time)는 대대적으로 환난이 오고 범민족적인 어려운 때에도 감사할 수 있는 것은 성도의 견본(sample)입니다.
② 바벨론은 굶주린 맹수와 같이 무서운 나라입니다. 말세 때에는 바벨론과 같은 악의 세력 앞에서 성도는 감사하고 찬송 속에 살아야 하겠습니다.

2) 교회사에 보면 성도들은 어려움 속에서 감사로 승리했던 역사를 남겼습니다.
① 눈멀고 귀멀고 벙어리였던 헬렌 켈러 여사는 감사로 승리했던 신앙을 남겼습니다.
① 주석가 메튜 헨리(Methew Henry)는 길에서 강도를 만나게 되었는데 가진 것 빼앗기고 몸은 만신창이가 되었지만 감사했습니다. 첫째, 주머니의 것은 빼앗겼어도 목숨은 빼앗기지 아니한 것을 감사했고 둘째, 지독한 강도를 처음으로 만나게 되어서 감사하였고 셋째, 예수 믿기에 저런 악한 사

람이 되지 않은 것을 감사하였으며 넷째, 이 세상 모든 것을 잃어 버려도 예수 잃지 않게 해 주심을 감사했습니다.
② 요나는 자기 죄값으로 물고기 뱃속에까지 들어가게 되지만 그 속에서 감사했습니다(욘 2:9). 참 감사는 어려운 때에 나오는 것이 참 감사의 목소리입니다.

둘째, 하박국은 감사의 조건을 하나님께 두었습니다.
성도가 환난 가운데에서도 감사할 수 있는 것은 뿌리가 하나님께 있습니다.
1) 외형적인 것은 어려움과 환난이요 풍성한 수확이 아니었습니다.
① 없는 것이 더욱 많았습니다. 무화과, 포도, 양떼, 소떼들이 없다고 하였습니다. 그러나 감사했습니다. 이스라엘 민족의 광야 생활과는 대조를 이룹니다. 그들(이스라엘)은 없다고 불평했습니다(민 11:4). 바른 신앙은 없을 때에 감사하는 신앙입니다.
② 약하고 가난할 때가 더욱 좋을 수도 있기 때문입니다.
2) 하박국은 하나님께서 치심으로 인해서 감사했습니다. 다 빼앗겨도 하나님으로 인해서 감사가 나온다는 뜻입니다.
① 그곳에 하나님께서 역사하시기 때문입니다.
② 내가 가난해도 예수 안에 산다는 자체가 감사하는 조건입니다.

셋째, 하박국은 하나님께 감사했습니다.
바울 역시, 복음 때문에 옥에 갇히게 되지만 기뻐하였고 감사하라!고 외치게 됩니다(빌 4:6).
1) 하박국은 기도했습니다(19절).
① 환난 때에 이기게 해달라고 하는 기도였습니다.
② 조국을 향한 기도입니다. 멸망하지만 다시 일어나게 해달라고 기도했습니다.
2) 우리는 하박국과 같이 감사해야 합니다.
경제위기, 사회적 혼란 중에도 감사해야 하고 기도해야 합니다.
기도와 감사 속에서 축복의 문이 열리게 되기를 축원합니다(겔 36:37).
결론: 감사는 더욱 큰 축복이 따르게 합니다.

(그리스도)

예수께로 나오라 그리고 배우라
(마태복음 11:28~30)

사람이 세상에서 배우고 공부한다는 것은 끝이 없습니다. 그러나 여기에서 배운다는 것은 교실이나 연구실에서 배운다는 뜻이 아니라 영적이고 신령한 면에서의 인생공부를 뜻합니다. 현대와 같이 발달되고 학식이 높아지는 시대에도 많은 사람들은 고뇌와 어려움 가운데 살아갑니다.

앞으로의 세계는 더욱 세상이 부끄럽게 되고 어렵게 될 것이라고 예견한 성경을 우리는 읽게 됩니다. 120세를 살았어도 수고와 어려움속에서 있었던 모세의 인생론을 읽게 됩니다(시 90:9-10). 예수님께서 이 땅에 오셔서 인간의 온갖 쓴 고초를 모두 겪으시고 이와같이 고난 가운데 있는 인생들에게 말씀하시기를 '내게 나아와 배우라' 고 하셨습니다. 우리의 죄와 허물을 사하시기 위해서 십자가 고통을 지시고 대속적 죽음을 다시 부활하신 예수께 나와서 배워야 하겠습니다.

첫째, 예수께서 말씀하시기를 내게로 나오라고 하셨습니다.

예수님은 참스승이 되십니다(요 13:13). 참 스승되신 예수께 나아올 때에 인생은 영원함과 축복을 배우게 됩니다.
1) 먼저 예수께 나오는 것이 중요합니다. 인생 문제를 가지고 예수께 나오는 것이 우선되어야 합니다.
① 사울을 피하여 다윗에게 나왔던 사람들이 그 모형입니다(삼상 22:2). 다윗에게 나와서 배우게 되었던 모습은 그림자요, 모형입니다.
② 실제로 예수께 나온 사람들을 보십시오. 세상에 유명한 인사들이 아니라 병든자와 약한 자들이었습니다. 큰 무리들이 따르게 되었는데, 그 종류도 다양합니다(마 14:14, 35, 마 9:11-, 마 8:1-9, 9:20, 11:3).
2) 이 세대에도 예수님은 성령으로 찾아오십니다. 약하고 병들고 힘없고 취약점이 많은 인생들을 향해서 예수님은 말씀하십니다.
① 인생의 수고의 짐을 진 사람들을 향해서 오라고 하십니다. 히스기야 왕도 왔습니다(왕하 20:1-5). 여호와 하나님께 나아왔습니다.

② 구약에서의 여호와는 신약에서 메시야이신 예수님입니다. 구약에는 수많은 여호와란 명칭이 있는데, 여호와란 헬라어로 '구원자' 란 뜻입니다(출 13:21, 14:1). 예수님의 이름은 구원자란 뜻입니다(마 1:21). 그래서 예수님께 나오면 구원받게 되고 문제가 해결됩니다.

둘째, 예수님께 나왔으면 예수님을 배워야 합니다.
1) 예수님은 가르치셨습니다. 예수님의 무엇을 배워야 하겠습니까?
① 예수님의 마음을 배워야 합니다(빌 2:5).
② 예수님의 순종을 배워야 합니다(고후 1:17). 예수님은 '예' 만 있고 '아니오' 가 없습니다. 또한 예수님이 순종을 배워야 합니다(히 5:8). 우리의 마음이 예수님의 마음으로 바뀌어야 하겠습니다.
2) 성경에서 하나님께 쓰임 받은 사람들은 바뀐 사람들이었습니다.
① 모세도 바뀌었을 때 그의 인생이 쓰임 받았습니다. 미디안 광야 40년에서 바뀌게 되었고 구약에도 신약에도 칭찬을 받았습니다(민 12:3, 히 3:5-).
② 바울은 바뀌게 되었을 때에 쓰임받게 되었습니다. 핍박자요 율법주의자가 바뀌게 되었습니다. 그리고 구원자 예수 그리스도를 찬양합니다(딤전 1:15).

셋째, 예수님께 나와서 바뀌었으면 십자가를 지는 생활을 해야 합니다.
1) 예수를 믿고 따르는 것은 1회용품이 아니요 평생을 믿고 따라야 합니다.
① 예수님 믿는 일은 평생입니다.
② 때때로 십자가를 달게 지고 가야 되는 길이기도 합니다.
2) 예수님을 통해서 바르게 배운 사람의 신앙은 반드시 십자가를 지고 가야 되는 교훈을 얻게 됩니다.
① 예수 믿으면 십자가 지고 어려운 사명의 길로 가십시오. 예수 믿는 길입니다.
② 예수님 가신 길을 배우게 되었으니 영광으로 알고 따라야 합니다.
예수 안에서 승리하는 십자가의 길을 가시기를 축원합니다.
결론: 인생은 예수께 나와서 배워야 합니다.

장대 위에 달린 놋뱀
(민수기 21:1~8, 요한복음 3:14)

시간이 흘러 가면서 더욱 악화되고 나쁜 상태에 빠지게 될 때에 그것을 가리켜서 '갈수록 태산'이라는 말을 사용합니다. 이스라엘 백성들은 애굽에서 나온 이후에 광야 길을 걸어 가는 동안 이른바 갈수록 태산격의 생애를 살아가게 되었습니다. 감사와 기쁨으로 하나님을 찬양했어야 할 그들이 때만 되면 원망과 불신앙 가운데서 급기야는 그들에게 독사가 나와서 모두 물게 되었고 이때에 모세가 하나님께 부르짖어 기도하게 될 때에 하나님께서 내려주신 처방이 본문에서 보듯 구리뱀이었습니다. 모세에게 보여주신 구리뱀을 바라보면 나음을 얻게 되고 치료가 되었지만 그와 같은 위기 상황에서도 구리뱀의 구원의 길을 외면한 이스라엘 백성들과 같이 오늘날 현대인들은 마음이 완악하여 십자가 위에서 죽으신 예수님을 바라보지 않고 외면하여 멸망하는 속성을 보게 됩니다.

첫째, 불뱀 사건의 불상사는 이스라엘 백성 자신들이 처참한 불행이었습니다.

이스라엘 백성들은 이 불행을 자처한 행동자들이었습니다. 기억하실 것은 축복이든 저주이든 간에 모두가 심은 대로 거두게 된다는 사실입니다.
1) 불행이 오는 것은 대부분이 스스로가 심은 것이 많이 있습니다.
① 자기 스스로 심은 것도 있고 부모가 심은 것도 있습니다. 심은 것은 그대로 역사하게 됩니다(창 2:17, 신 30:19, 신 10:12).
② 불행이 왔다 해도 본인이 믿음 가운데 바로 서게 되면 불행이 변하여 행복이 오게 됩니다. 예수님은 십자가 위에서 이 모든 것을 지셨습니다. 가난을 지셨습니다(고후 8:9). 질고를 지셨습니다(사 53:4). 그러므로 누구든지 언제든지 그 있는 처지에서 예수께 나오면 살 길이 열리게 됩니다.
2) 심은 것은 반드시 나게 됩니다.
① 본문에서 이스라엘 백성들은 악을 심었습니다. 배은망덕의 악이요 불신앙과 원망의 악이었습니다.
② 이와 같은 악은 마귀가 심은 것이요 또한 마귀가 좋아하는 성질의 것들입

니다. 거짓말, 불신앙, 원망, 불평, 이것은 마귀의 전유물입니다.
② 선한 것은 심게 될 때에 나게 됩니다. 그래서 스스로 속이지 말라(갈 6:7)했습니다. 우리는 선을 심고 선을 거두어야 하겠습니다.

둘째, 하나님께서는 죄는 반드시 그 죄값에 대하여 물으시겠다는 말씀입니다.

1) 원망하거나 불평, 불만하는 죄 가운데 빠지지 말아야 합니다. 죄값을 물으시겠다는 말씀이 불뱀사건입니다.
① 감사하고 찬송하는 대신 원망과 불평이었습니다(5절). "어찌하여 우리를 애굽에서 인도하여 올려서 이 광야에서 죽게 하는고, 이곳에는 식물도 없고 물도 없도다 우리 마음이 이 박한 식물을 싫어 하노라 하매" 이 원망 속에서 멸망했습니다(고전 10:10). 이것은 3500년 전 호르산에서 끝나는 것이 아니고 우리의 거울입니다.
② 성도는 악조건 가운데서도 감사, 찬송해야 합니다. 이것이 하나님의 뜻입니다(살전 5:16).
2) 성도의 궁극적 목표는 성공이요 승리입니다.
① 불신앙 가운데 빠지게 되면 그만큼 늦게 됩니다.
② 가나안 40년이나 늦게 들어가게 되었습니다.

셋째, 장대 위에 달린 놋뱀은 십자가 위에 달리신 예수님을 예표했습니다.

1) 예수님은 십자가 위에 높이 달리셨습니다.
① 뱀에 물리듯이 죄에 오염되어 죽어가는 인생들을 위해서입니다.
② 우리가 살 것은 전적인 하나님의 은혜입니다. 죄에 빠진 인간에게 살 수 있는 방편을 주신 분도 하나님이십니다.
2) 유일한 생명의 길인 놋뱀(예수님)만 바라보아야 합니다.
① 선택의 길이 아닙니다. 오직 예수 뿐입니다(요 14:6, 행 4:12).
② 예수님만이 유일한 생명의 길입니다. 예수님을 믿고 영원히 사는 축복이 있게 되시기를 축원합니다.
결론: 예수님밖에는 다른 길이 전혀 없습니다.

가죽옷을 지어 입히시니라
(창세기 3:21)

사람이 세상 살면서 필수요건으로 필요한 것이 있습니다. 이것은 아담이후에 계속해서 발전해 온 문제입니다. 다름아닌 먹는 문제, 쉬어야 하는 주택문제, 입는 문제가 바로 그것입니다. 국가와 사회마다 다르겠지만 우리나라는 그 순서상으로 의, 식, 주라고 말합니다. 먹고 쉬는 장소보다는 몸에 걸치는 옷 문제가 더 앞서 있습니다. 그래서인지 밍크 한 벌에 몇 천만 원이 간다느니 또는 옷로비 사건 때문에 혼나는 경우도 생겼습니다. 아담과 하와가 하나님 말씀에 불순종한 이후에 벌거벗은 수치를 알게 되었고 무화과나무 밑에서 숨어서 무화과 잎으로 치마를 엮어 입었던 최초의 인간들을 부르셨습니다. 그리고 그들에게 가죽옷을 영구하게 지어 입히셨습니다. 사순절 기간을 맞이하여 본문은 분명히 예수님께 대한 예표의 말씀인 줄 알고 몇 가지 은혜를 나누어 봅니다.

첫째, 죄지은 인간은 모두가 벌거벗은 상태와 같습니다. 본문에서 벌거벗고 있는 상태의 인간을 발견하는데 이는 죄 때문입니다.

1) 죄 때문입니다. 죄짓기 전에는 수치가 보이지 아니했습니다(창 2:25).
   ① 거짓말쟁이인 마귀에게 속았습니다(요 8:44). 그래서 죄를 짓게 되었습니다.
   ② 인간은 본질상 진노의 자식이 되었고(엡 2:3), 하나님이 싫어하시는 죄를 계속적으로 짓게 되었습니다. 하나님께서 싫어하시는 죄들이 가득합니다(출 20:3, 벧전 5:8).
2) 타락한 이후에 인간은 입에서 나오는 것마다 더러운 것으로 가득하게 되었습니다(롬 1:28).
   ① 입으로 들어가는 것이 더러운 것이 아닙니다.
   ② 입에서 나오는 것이 더럽게 되었습니다.
   ③ 예수님은 오셔서 이와같이 더러운 인간의 옷을 벗기시고 새로운 옷을 지어 입히셨습니다.
3) 예수께서 우리를 부르십니다. 아담을 부르시듯이 부르십니다.

① 에덴동산에서 부르시듯이 우리를 부르십니다. 그리고 회개를 촉구하십니다(마 11:28, 사 1:8).
② 무화과잎으로 만든 유한된 옷을 벗기시고 새옷을 지어 입혀 주셨습니다(롬 13:12, 골 3:8). 이제는 예수 그리스도의 옷을 입은 자 되었습니다.

둘째, 하나님께서 아담을 위하여 가죽옷을 예비하셨습니다.

라오디게아 교회 성도들은 벗었다고 했습니다(계 3:17). 그래서 흰옷을 입어서 벗은 몸을 가리우라고 했습니다. 이제는 가죽옷을 입어야 할 때입니다.
1) 가죽옷을 위해서 짐승이 죽었습니다. 여기에서 짐승은 양으로 생각됩니다.
① 양이 죽었습니다.
② 예수님은 양이 되셔서 죽었습니다(요 1:29, 사 53:5,7).
2) 이제 우리는 믿음 가운데서 예수 그리스도의 희생으로써 그가 이룩하신 의의 옷을 입게 되었습니다.
① 예수님께서 이룩하신 의의 옷입니다.
② 믿는 자는 의로운 은혜 계약 아래 있습니다.
③ 이제는 정죄가 없고 구원을 입었습니다(요 5:24, 8:1).

셋째, 이제 우리는 의로운 나라 천국의 시민권자 입니다(빌 3:30, 엡 2:19).

1) 하나님과의 죄의 담이 헐어지게 되었습니다.
① 예수안에서 헐어지게 되었습니다(엡 2:14).
② 휘장이 위에서 아래까지 찢어지게 되었습니다(히 10:20, 눅 23:45).
2) 이제는 의의 옷을 입고 예수안에서 직접적으로 하나님께 나아가게 되었습니다.
① 믿음 가운데서 입은 의의 옷 때문입니다.
② 거룩한 제사장이 되었습니다(벧전 2:8).

아직도 벗고 있습니까? 예수안에서 의의 옷으로 차려입는 성도들이 모두 되시기를 축원합니다.

결론: 예수님은 우리의 의의 옷을 위해서 죽으셨습니다.

과연 지옥이 있는가?
(요한계시록 21:5~8)

이 세상에는 각 나라마다 법이 있어서 그 나라법에 저촉되는 일을 하게 될 때에 처벌을 받게 됩니다. 이는 백성들을 미워해서가 아니라 오히려 백성들이 살아가는데 사랑과 질서를 위해서입니다. 만약에 이 땅에 법이 없다면 국가가 세워질 수가 없는 무법천지로 변하게 될 것입니다. 하나님께서는 하나님의 자녀들이 영원히 행복하게 살기 위해서 천국을 예비하셨고 죄를 짓고 불법한 자들을 위해서 지옥을 예비해 두셨습니다. 누구든지 죄를 짓는 자마다 영원한 지옥 형벌을 면할 수가 없습니다. 그런데 이 땅위에 모든 인간들은 죄인입니다(롬 3:10, 23). 그리고 그 죄값은 영원한 사망입니다(롬 6:23).

첫째, 지옥이 반드시 존재함을 기억해야 합니다.
누가 어떤 말을 한다 하더라도 반드시 지옥은 있습니다.
1) 천국과 지옥은 있습니다. 우리가 천국에 관해서는 많이 들었습니다. 지옥 역시 존재함을 기억해야 합니다.
① 신약에 지옥에 대해서 말씀합니다. 구약에서 여러 선지자들이 말하였거니와 신약에서도 그 기록자들의 입에서 지옥에 관하여 언급했습니다. 특히 예수님 자신이 지옥에 관해서 말씀했습니다(마 10:28, 마 25:41, 5:22, 13:40-42, 13:49-50, 23:33, 12:34, 25:46, 막 9:43).
② 바울도 기록했습니다(살전 1:7-9)
② 예수님의 수제자, 베드로 역시 기록했습니다(벧후 2:4).
③ 사랑받던 제자요 사랑의 사도인 요한도 기록했습니다(계 20:15).
2) 성경 외에 많은 사람들이 지옥에 대해서 말했습니다.
① 무신론주의자들 가운데에서도 지옥의 존재를 말했습니다. 영국의 무신론자 협회장인 뉴 포트(New Port)는 "내 영혼이 이미 지옥으로 떨어지고 있다"고 하며 죽었습니다. 무신론자의 대표격이며 불란서의 사상가였던 볼테르는 죽으면서 의사에게 "나는 지옥으로 떨어지게 되었는데 당신도 같이 갑시다" 하였습니다. 그리고 그가 불신 사상을 인쇄하던 곳에서 성경

이 계속 출판돼 전해지고 있습니다. 프란시스 뉴톤(Francis Newton)이라는 무신론자는 죽으면서 "나는 의의 하나님께 정죄되었으니 지옥으로 간다" 하였습니다.
② 유신론주의 사람들은 물론 지옥에 대해서 말합니다. 미국의 보수주의의 신학자인 메이첸(G. Gresham Machen) 박사는 죽으면서 "아! 하늘문이 열리는구나" 하였습니다. 반드시 천국이 있으며 지옥도 존재합니다.

둘째, 성경은 지옥이 어떤 곳인가에 대해서 말씀했습니다.
지옥은 하나님의 법을 어기고 죄지은 사람이 가는 곳입니다.
1) 지옥불은 영원히 꺼지지 않는 곳입니다.
① 벌레도 죽지 않는 곳입니다. 고통만 있는 곳입니다(막 9:48, 계 20:8, 10, 11). 영원히 고통만 있는 곳입니다.
② 예수님의 말씀 가운데도 천국과 지옥을 말씀했습니다. 누가복음 16장에는 부자와 나사로에 대한 말씀이 있습니다.
2) 지옥은 이런 곳입니다.
① 물이 없이 고통만 있습니다.
② 피할 길이 없습니다.
③ 끝이 없습니다(무시간 상태-Timelessness Endiesstime입니다).
④ 지옥은 지상의 모든 족속이 모인 다국적 장소입니다.

셋째, 지옥을 피해서 천국에 가는 길이 있습니다.
하나님께서 천국 가는 길을 제시해 주셨습니다.
1) 예수님이 내 구세주라고 고백하며 믿어야 합니다.
① 예수님은 영생의 길입니다(요 5:24).
② 예수 안에서 영원히 살게 됩니다(요 1:12, 3:16, 롬 10:10).
2) 하나님께서 인생들에게 지옥 가기 전에 천국 가는 길도 제시하셨습니다. 마치 일본에 원자탄 떨어지기 전에 전단지를 통해서 피하라고 권했던 것과 같습니다.

지금 시간이 없습니다. 빨리 예수 믿으십시오. 이 길이 살 길입니다. 불신지옥 가지 말고 믿고 천국 갑시다.

결론: 예수 천국입니다.

믿음의 기도
(야고보서 5:13~18)

우리가 신앙생활을 하면서 중요한 요소들이 많이 있는데 그 가운데 하나가 기도생활입니다. 따라서 성경에는 신약이나 구약이나 할 것 없이 기도에 관한 사건이나 인물에 관한 기사가 많이 있습니다. 특히 시편에는 기도에 관한 기사가 가득한데 650여 개의 기도와 450여 개의 응답의 장면이 기록되었습니다. 예수님도 기도하셨으며 40일 금식의 사건은 유명합니다. 사도들도 기도시간을 정해서 기도하였고, 여기에 기적이 일어나서 앉은뱅이가 일어났습니다(행 3:1). 사무엘은 기도 쉬는 죄를 범하지 않겠다고 강하게 말합니다. 뱃속의 아이가 탯줄을 통해서 영양을 공급받고 호흡을 하듯이 성도는 세상에서 기도를 통해서 하나님과 교통하게 됩니다. 기도에는 위력이 나타나게 되는데 영국의 엘리자베스 여왕은 존 낙스의 기도가 10만 대군보다 더 힘이 있다고 했습니다. 본문에서 야고보 사도는 성도들에게 기도에 대해서 다시 한번 강조해서 말씀합니다 모든 것이 눈에 보이는 가시적인 일에만 관심을 갖는 시대에 말씀 속에서 다시 한번 나아갈 길을 찾게 됩니다.

첫째, 성경에는 성도에게 기도해야 할 것과 그때를 말씀했습니다.

"너희 중에 고난당하는 자가 있느냐 저는 기도할 것이요 즐거워하는 자가 있느냐 저는 찬송할 지니라 너희 중에 병든자가 있느냐 저는 교회의 장로들을 청할 것이요 그들은 주의 이름으로 기름을 바르며 위하여 기도할지니라"(13절) 하였습니다.

1) 언제 기도해야 할 것인가를 말씀합니다.
① 어렵고 힘든 인생의 문제가 있을 때에 기도해야 합니다. 항해하는 배들에게 풍랑이 일어나듯이 인생길에 문제가 많이 있는데 이때에 기도해야 합니다.
② 병들었을 때에 기도해야 합니다. 때로는 약을 사용하면서 기도해야 합니다. 히스기야는 죽을 병에서도 치료 받았고 종처에다가 무화과 반죽을 바르게 되었다고 했습니다(왕하 20:5-). 우리나라 현대 의학의 원조는 선교

사들 중의 에버슨에 의해서 세브란스 병원이 설립되었습니다. 따라서 기도는 고난이 올때에 하나님과 통하는 지령서와 같습니다.
2) 항상 기도해야 합니다(눅 18:1).
① 항상 기도에 힘쓰고(골 4:2), 성령 안에서 무시로 기도해야 합니다(엡 6:18). 쉬지 말고 기도해야 하고(살전 5:17), 믿음의 기도가 중요합니다(약 11:5-6).

둘째, 기도는 이렇게 해야 합니다.
"믿음의 기도는 병든자를 구원하리니 주께서 일으키시리라"(15절)하였습니다.
1) 믿음으로 기도해야 합니다.
① 반신반의의 태도는 곤란합니다. 할 수 있거든이 무슨 말이냐 믿는 자에게는 능치 못함이 없다고 하였습니다(막 9:23, 29). 의심은 금물입니다. "믿음이 적은 자여 왜 의심하느냐" 했습니다.
① 하나님은 듣고 계십니다(시 94:9). 인간이 만든 통신장비도 녹음이 되지 않습니까? 하나님은 모두 듣고 계십니다(계 8:3-).
2) 기도할 때에 화목이 중요합니다(마 5:23-24).
① 먼저 화평해야 합니다. 용서할 것은 용서해야 합니다.
② 대리기도도 중요합니다(딤전2:1). 모니카는 남편과 아들을 위해서 기도했더니 남편도 아들도 모두 돌아와서 예수님의 사람이 되었습니다.

셋째, 기도에는 반드시 간증이 따라 오게 됩니다.
간중하게 역사하시는 응답이 있습니다.
1) 엘리야는 우리와 성정이 같은 사람입니다.
① 비가 오지 않게도 기도했습니다.
② 비가 다시 오게 기도했더니 42개월 만에 비가 왔습니다.
2) 하나님은 우리에게도 응답해 주신다고 약속했습니다.
① 하나님의 약속입니다. 예수님이 약속했습니다. "구하라 찾으라 문을 두드리라"(마 7:7).
② 기도하는 곳에 응답이 있습니다. 응답의 체험자들이 되시기를 바랍니다.
결론: 하나님은 응답해 주십니다.

최대의 기도응답을 받은 사람
(열왕기하 20:1~7)

성경에는 기도(Prayer)에 관한 기사가 많이 있습니다. 또한 성경에서 하나님께서는 그의 자녀들에게 기도하라고 명령하셨고 응답에 대한 약속도 분명합니다. 성경에서 기도와 그에 대한 약속대로 응답받은 사실들을 찾아보십시오(약 5:5-6, 창 18:23, 20:17, 민 11:2, 왕상 13:6, 17:22, 왕하 4:33, 욥 42:8, 잠15:29). 의인의 간구는 역사하는 힘이 많으니라고 하였습니다. 본문에서 유다왕 히스기야는 민족의 위기때나 개인의 위기대에 하나님께 기도하게 되었고 최대의 기도응답을 받은 기록입니다. 히스기야가 받은 기도의 응답내용을 보면서 몇 가지 은혜 나누어 봅니다.

첫째, 히스기야는 위기때에 기도하였습니다.
히스기야는 유다를 B.C. 715~B.C. 687년까지 통치했던 왕이었는데 25세때에 13대왕으로 등극해서 29년을 잘 다스렸습니다. 앗수르 왕과의 전쟁에서도 기도로 이기게 되었습니다. 그러나 자기 몸에 병이 들어서 죽게 되었습니다. 이 때에 기도한 것입니다. 성도에게 위기가 온다는 것은 기도하라는 신호입니다.
1) 히스기야는 낯을 벽으로 향하고 여호와께 기도했습니다.
① 이 위기에서 오직 하나님께 소망을 두는 일 외에 다른 길이 없기 때문입니다(시 16:2). 칼빈(J. Calvin)은 그의 주석에서 "불신자처럼 포기하지 않고 인내로써 이겨내기 위해서였다"고 했습니다.
② 기도하게 될 때에 하나님께서 응답해 주시기 때문입니다(롬 12:12, 골 4:2, 눅 18:1)
2) 히스기야는 심히 통곡했습니다.
(3절) "심히 통곡하더라" 했습니다. 사 38:3에서는 "심히 통곡하니" 했습니다.
① 성경에는 통곡하는 기도가 많습니다(창 21:14, 마 26:25, 히 5:7).
② 성경에는 눈물의 기도가 많습니다(요 11:35, 마 23:37, 빌 3:18, 시 56:8, 119:136, 계 7:17, 21:4). 그런데 이 눈물은 값싼 눈물이 아닙니다. TV 드라마를 보고 눈물을 흘리는 눈물이 아닙니다.

3) 하나님께서 히스기야의 눈물을 보셨고 기도를 들으셨습니다.
① 히스기야의 눈물은 하나님께서 인정하신 것입니다.
② 하나님께서 히스기야의 병을 낫게 하셨습니다(20:3). 이 기도는 회개의 기도입니다(약 5:15 下). 이 기도는 믿음의 기도입니다(약 1:6). 이 기도는 순종의 기도입니다(히 5:8).

둘째, 하나님께서 성도에게는 최후까지 기도할 수 있는 열쇠와 특권을 주셨습니다.

1) 기도하는 성도에게 주신 위기에서의 탈출의 통로가 됩니다.
① 위기때에 기도하십시오.
② 기도의 열쇠가 있습니다(마 7:7). 예수님도, 사도들도, 선지자들도, 많은 성도들도 기도했습니다.
2) 말세 성도들은 특히 기도를 많이해야 합니다. 기도밖에 다른길이 없기 때문입니다.
① 그래서 말세때에는 "깨어 있으라" 하셨습니다.
② 기도밖에 다른 무기가 없기 때문입니다. 이 좋은 무기가 녹슬지 않도록 사용해야 합니다.

셋째, 기도하는 곳에는 하나님께서 응답을 약속하셨습니다.

"네가 부를 때에는 나 여호와가 응답하겠고 네가 부르짖을 때에는 말하기를 내가 여기 있다하리라"(사 58:9)하셨습니다.
1) 히스기야 왕은 응답을 받았습니다. 최대의 응답입니다.
① 3일 만에 성전에 올라가게 되었습니다.
② 15년을 더 연장해 주셨습니다.
③ 성전에는 다른 나라가 침범할 수 없게 하셨습니다.
2) 성경에는 응답받은 주인공들로 가득합니다.
　어거스틴의 어머니 모니카(Monica)는 남편을 위해서 16년을 기도했고, 방탕한 아들을 위해서 30년을 기도했는데 두 가지 다 응답받았다고 했습니다.
　최대의 응답이 성도들에게 임하게 되시기를 축원합니다.
　결론: 하나님은 오늘도 응답하십니다.

겨자씨의 비유를 배우라
(마태복음 13:31~32)

우리의 영적 양식인 성경은 그 기록함에 있어서 비유로 기록된 부분이 많이 있습니다. 각종 동물, 식물, 새, 할 것 없이 하나님께서 지으신 모든 세계가 그 진리의 현장이 됩니다. 그 중에 마태복음 13장은 천국에 관한 비유로 가득 채워져 있습니다 왜 비유로 가득 채워져 있는가? 라는 질문에 인간은 무지해서 천국 복음을 깨달아 알 수가 없기 때문에 비유로 하셨고 유대인들이 예수님께 질문하기를 비유가 아니면 말하지 않는다고 까지 한 기록을 보게 됩니다. 유치원 책에는 그림이 많이 있지만 고학년에 올라 갈수록 그림은 없고 글씨가 가득합니다. 바울은 진리를 선포할 때에 비유를 많이 사용했습니다(롬 9:21, 11:17, 고전 3:10). 본문에서 예수님은 천국 비유를 말씀하실 때에 밭에 뿌린 겨자씨와 같다고 했습니다. 이 말씀 속에서 몇 가지 진리를 깨닫는 시간이 되고자 합니다.

첫째, 겨자씨는 모든 씨보다 작지만 천국은 마치 겨자씨와 같다고 했습니다.

1) 예수님께서 말씀하시는 천국은 아주 작고 보잘 것 없는데서 시작했습니다. 화려하게 포장된 것에서 시작된 것이 아니라 오히려 초라하고 약한 데서 시작되었습니다.
① 이사야 선지자의 예언에서 볼수 있습니다(사 53:1-4).
② 실제 예수님이 오실 때에도 그러했습니다. 그래서 말 구유에서 태어났습니다.
③ 나다나엘은 말하기를 나사렛에서 무슨 선한 것이 날 수 있겠느냐고 했습니다(요 1:46).
④ 후대에 바울 역시 보잘 것 없는 체구와 외모 속에서 복음을 전한 사람이었습니다.
2) 그러나 우리가 알아야 할 것은 겨자씨는 작고 보잘것없지만 그 속에 생명의 씨가 약동합니다.
① 예수 그리스도안에 영원한 생명이 있습니다. 그래서 믿게 되면 영생을 얻

습니다.
② 이것이 복음의 힘이요 위력입니다. 록펠러(1839-1933, John Rockfeller)는 가난한 소년이었지만 예수 믿고 가장 위대한 부자가 된 사람입니다.
3) 우리는 겨자씨 알과 같이 작은 복음에서 시작된 구원의 소유자들입니다.
① 그래서 예수 믿음 안에서 큰 꿈의 소망이 넘치게 됩니다.
② 약하다고 낙심할 것이 아니라 큰 소망이 넘치게 됩니다(욥 8:7).

둘째, 겨자씨는 작지만 싹이 나서 크게 되면 새들이 깃드는 나무가 됩니다.
1) 예수 그리스도 복음은 수많은 철새와 같은 인생들이 살아가는 영원한 안식처가 됩니다.
① 작게 시작한 12명이 온 세상을 건지는 그루터기들이 되었습니다.
② 낙심치 말고 힘써 복음을 위해서 일해야 합니다.

셋째, 겨자씨가 작지만 나무가 되듯이 하나님의 복음의 결과는 천국이 임하게 됩니다.
1) 이것이 복음입니다.
① 복음은 영혼을 건지는 능력이 있습니다.
② 복음은 모든 인생들에게 그 혜택이 돌아갑니다.
2) 복음은 믿는 자들에게 천국의 복을 받게 합니다.
① 아브라함에게 약속했던 약속입니다(창 12:1-2).
겨자씨와 같이 미약하다고 낙심할 것이 아니라 미래를 소망해야 합니다.
복음안에서 승리하게 되시기를 축원합니다.
결론: 광야 같은 세상에서 축복 속에 승리하시기를 축원합니다.

천국에서 새노래를 부를 사람들
(요한계시록 14:1~5)

　세상에는 노래들이 많이 있습니다. 노래의 종류에 따라서 노래말이나 곡들이 모두 다릅니다. 초등학교에 들어 갔을 때에 처음에 부르는 노래에서 시작해서 성인들이 부르는 노래에까지 다양합니다. 세상적인 유행가가 있는가하면 국민정서의 민요나 가곡들이 있고, 특수한 직업에서 나온 뱃사공의 노래나, 어부의 노래들이 있습니다. 그런데 성도는 성도의 노래, 즉 찬송이 있습니다. 이땅에서 부르는 찬송은 영원한 천국에서 부르게 되는 연습과 같습니다. 하나님께서 성도를 부르신 목적은 찬송하기 위해서 이기 때문에 하나님이 제일 기뻐하시는 일은 찬송하는 일입니다(사 43:2, 시 69:31-32, 시 150:6, 엡 1:14). 창세기 4:21에는 라멕의 두 아들 중 유발은 수금과 통소를 부는 조상이 되었는데 계시록 14장에서 구원받은 숫자의 상징성을 보여 주시면서 이 사람들이 부르는 천국 찬송이 나오게 됩니다. 천국에서 찬송을 부를 수 있는 자격자는 누구이겠습니까?

첫째, 천국 찬송은 신앙의 정절을 끝까지 지킨 사람이 부르게 됩니다.
1) 영적이고 신앙적인 정절을 지키는 자가 이 노래를 부르게 됩니다.
　"이 사람들은 여자로 더불어 더럽히지 아니하고 정절이 있는 자라"(4절) 하였습니다(약 4:4참조).
　① 예수님은 우리의 신랑이 되십니다(마 26:1, 고후 11:2).
　② 구약에는 하나님이 신랑이시고 이스라엘은 신부라 하셨는데 신부된 이스라엘이 하나님을 떠나서 이방종교를 믿는 죄를 범했습니다(렘 3:8, 겔 23:1).
　③ 결국 북쪽 이스라엘은 앗수르에 의해서, 남쪽 유다는 바벨론에 의해서 망했습니다. 결국 성도는 이 세상에서 바른 믿음의 정절을 지킬 때만이 영원한 천국에서 찬송을 부르게 됩니다.
2) 영적인 이스라엘인 성도는 세상과 짝해서 간음하지 말아야 됩니다 (사 31:1, 애 3:38, 렘 5:15). 신랑을 등지게 되면 눈물을 흘리게

될 때가 옵니다.
① 죄를 지었기 때문입니다. 자기 짝이 아닙니다.
② 이방신을 믿는 것 역시 죄를 짓는 일입니다(렘 2:32, 15:6).
③ 이 시대에도 그리스도인들이 하나님보다 그 무엇을 더 사랑하거나 섬기면 정절을 잃은 우상이 됩니다. 이런 사람들은 천국 찬송을 부를 수가 없습니다. 우리 모두가 정절을 지킨 14만 4천이 되어야 합니다.

둘째, 이 천국 찬송은 어린양 대신 예수 그리스도를 끝까지 따라가는 사람이 부르는 찬송입니다. '어린양'이라고 했습니다.
1) 어린양은 힘없는 재물입니다.
① 어린양은 재물이 되었습니다(요 1:29, 행 8:32, 벧전 1:19).
② 어린양은 힘이 없습니다(사 53:1-순한 양같다 하였습니다).
2) 그런데 사람들은 힘있게 지배하며 살려하니 예수를 따를 수 없고 이런 사람들은 천국 찬송을 부를 수 없습니다.
① 그래서 예수님을 따르던 사람들이 십자가 사건때에는 모두 가버렸습니다. 모두 도망가게 되었고 배반했습니다.
② 지금은 어떻습니까? 참 어린양되신 예수그리스도를 믿고 끝까지 따라가야 합니다. 이 사람이 천국 찬송의 주인공이 됩니다.

셋째, 어린양에게 속하여 흠이 없고 사람이 천국 찬송을 부르게 됩니다.
1) 사람은 날 때부터 소속이 있습니다. 씨(氏)가 있고, 민족이 있습니다.
① 여러분은 영적 소속이 어디에 있습니까?(빌 3:20) 마귀편도 있습니다(마 25:41).
② 예수그리스도에게 속하여 천국에 소속이 되어 있어야 합니다. 예수 피로 씻음 받은 사람들입니다.
2) 예수그리스도로 죄를 속했기 때문에 흠이 없습니다.
① 예수의 피가 죄를 속합니다(히 9:12).
② 흠이 없게 씻어 주셨습니다(벧전 5:9).
우리는 영원히 천국 찬송을 부를 수 있는 대열에 서 있어야 합니다.
결론: 14만 4천에 속하여 새노래로 부를 수 있는 여러분들이 되시기를 축원합니다.

재림을 기다리는 자세
(마태복음 24:1~8)

역사상에 필연적으로 이룩되어질 사건이 있습니다. 바로 예수 그리스도에 관한 문제입니다. 예수그리스도의 탄생, 대속적 죽음, 부활, 승천 등의 말씀이 이룩되었고, 오직 한 가지 재림에 관한 말만 이룩되지 않았는데 급속으로 빨리 이룩되어가고 있습니다. 그 날과 그 시는 아직도 모르지만(마 24:36) 그때의 징조들은 말씀했습니다. 그러므로 성도는 깨어서 여러 가지 시대적인 뉴스들이 들릴 때마다 바르게 서야 하겠고 시대를 분별해야 하겠습니다. 필연적으로 이룩될 말씀이기 때문입니다(막 13:33, 계 22:20).

첫째로, 재림에 대한 징조들을 주시해야 합니다.
1) 사람들의 미혹이 있습니다.
2) 자연적인 재난들이 많이 일어나고 있습니다.
   ① 땅에서 일어납니다.
   ② 하늘에서 일어납니다.
   ③ 바다에서 일어납니다.
   ④ 영계에도 일어나고 있습니다.
3) 민족이 민족이 나라가 나라를 대적하며 지진과 기근들이 일어나고 있습니다.
   과학의 발달과 유신론사상이 팽창해지고 때론 교육과 성적인 타락이 더 강해지고 있습니다. 분명히 이세대에 재림의 징조들이 많이 나타나고 있는 것은 주목해야 할 사건들입니다.

둘째로, 필연적인 재림앞에 어떻게 해야 합니까. 평상시에 준비성이 필요합니다.
1) 지혜로운 성도가 되어 등에 기름 준비합시다.
   물과 성령으로 거듭난 자가 되어야 합니다.
2) 성령의 인 맞은 자 되어야 합니다(계 7:9).

3) 알곡성도가 되어야 합니다(마 3:12).
4) 주신 사명에 충실해야 합니다(마 25:14).
5) 필연적으로 도적같이 오시더라도 준비된 성도에게는 걱정이 없습니다. 평상시에 신앙생활에 충실해야 합니다.

셋째로, 재림을 사모하고 기다리고 있어야 합니다. 사슴이 시냇물을 찾듯이 사모해야 합니다.
1) 예수 그리스도께서 예비하신 천국을 사모해야 합니다(요 14:1-6).
2) 천국을 사모하되 생활 가운데 천국이 임하게 해야 하겠습니다(고후 11:1-2).
3) 천국을 예비한 사람은 영적으로 깨어 있습니다.
   늘 깨어서 영적 잠을 자지 말아야 합니다. 시대적으로 잠을 자기 쉽기 때문입니다.
4) 예수님의 재림은 준비된 성도들을 데리러 오시는 시기입니다.
   성도 여러분, 시대적인 시간을 주의깊게 보시고 영적으로 깨어 있어야 하겠습니다.

결론적으로 재림은 필연적인바 준비도 필히 해야 합니다.

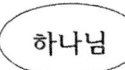

새 일을 행하시는 여호와
(이사야 43:14~21)

다사다난했던 묵은 해를 뒤로 하고 새해가 힘차게 떠오른 시점에 우리가 지금 서 있습니다. 새해에도 하나님께서 우리에게 행하시는 새 일을 소망 가운데 바라보게 됩니다. 본문에서 유대인들이 바벨론에 70년간 포로되어 가는 일이 있었지만 낙심치 말라고 하시면서 새 일을 행하시는 하나님의 일을 보라고 하셨습니다. 포로되어 갈 때에 귀족들이 도망가고 힘없는 백성들이 포로로 잡혀 갔지만 거룩하신 하나님, 창조주 하나님, 왕이신 하나님을 바라보라고 하셨습니다(15절). 사막에는 길이 없지만 길도 낼 것이요, 사막에는 강이 없지만 강을 내시겠다고 하셨습니다.

첫째, 새 일을 행하시는 하나님을 바라보는 사람은 옛일을 버려야 합니다.
"너희는 이전 일을 기억하지 말며 옛적 일을 생각하지 말라"(18절) 하였습니다. 과거에 발목이 묶여 살지 말아야 합니다.
1) 성도는 때때로 과거를 잊어버려야 합니다. 지금 선지자는 미래에 대한 예언을 하는 것입니다.
① 왜 낙심치 말고 미래를 보아야 합니까? 여호와께서 고난 중에도 유다 민족을 버리지 않기 때문입니다.
② 고난이 역사 후에는 태평시대가 올 것이기 때문에 미래에 소망을 가져야 합니다. 사도 바울은 두 가지 과거가 있었습니다. 예수 믿지 않고 핍박했던 과거요, 또 하나는 예수 믿은 이후에 능력자로서의 과거인데 이 모두를 잊어버리고 미래를 향해서 달려갔습니다.
2) 성도는 예수 안에서 과거를 모두 십자가에 못 박았습니다.
① 고난의 역사를 생각해서 지워 버려야 합니다. 그래서 모든 죄의 구속에서 해방되어야 합니다(롬 6:4). 예수 안에서는 정죄함이 없기 때문입니다(롬 8:1).
② 잘한 것을 교만스럽게 자랑할 필요가 없습니다. 교만하게 되면 넘어지기

때문입니다. 언제나 겸손하게 미래를 향해야 합니다. 바울은 "나의 나 된 것은 하나님의 은혜"라고 하였습니다.

둘째, 이스라엘을 구원하심의 약속은 불변합니다.

"보라 내가 새 일을 행하리니 이제 나타날 것이라 너희가 그것을 알지 못하겠느냐"(19절) 했습니다.

1) 이 약속에는 세 가지가 있습니다.
① 광야에 길을 내시겠다는 약속입니다. 광야에는 길이 없지만 길을 내시어 돌아오게 하시겠다고 했습니다. 광야와 같은 이 세상에서 복음의 길이 열리기 원합니다.
② 사막에 강을 내시겠다는 약속입니다. 사막에는 강이 없지만 강이 생수로 터지기 원합니다.
③ 들짐승에게 하나님을 존경케 하는 약속입니다. 하나님 없는 무리들에게 하나님의 역사를 보여 주시는 약속입니다.

2) 우리교회에서 이렇게 역사하시기를 원합니다.
① 지금 우리는 광야에 있습니다.
② 광야와 같은 세상에서 새 일을 행하시는 하나님의 역사를 우리교회가 보게 될 것입니다.

셋째, 하나님께서 이스라엘 백성들에게 사명을 주셨습니다.

고난중에도 사명을 잊지 말아야 합니다. "이 백성은 내가 나를 위하여 지었나니 나의 찬송을 부르게 하려 함이니라"(21절) 하였습니다.

1) 고난중에도 성도는 찬송해야 할 사명이 있습니다.
① 여러 민족 가운데 아브라함의 자손을 택하셨듯이 우리가 하나님의 택함을 입었으니 찬송해야 합니다(벧전 2:9).
② 고난중에도 이스라엘 백성에게 사명을 촉구했습니다.

2) 새해에도 우리의 나아갈 지표가 있습니다.
① 광야와 같은 세상이지만 주를 기쁘시게 해야 합니다. 이것은 인생의 본분입니다.
② 우리교회 성도들에게 광야에서 새 길이 열리게 되시기를 축원합니다.

결론: 하나님의 역사는 광야에도, 홍해 바다에도, 풀무불에도 나타납니다.

보혜사 성령이 역하사심
(요한복음 14:16~17)

예수께서 우리를 구원하시기 위하여 부활사건을 통하여 완성하시고 40일 만에 승천하시게 되었습니다. 완성된 복음전파를 위해서 예수님은 보혜사 성령을 약속하셨는데 승천하시고 열흘째 되는 날에 모였던 마가의 다락방에 성령이 충만하게 임했습니다. 실로 교회사는 성령의 역사(History of Holy Spirit)라고 부를 수 있게 되었습니다. 그 때 이후에 계속하여 성령은 지금까지 계속 역사하십니다. 성령은 보혜사라고 하는데 헬라어로 '파라클레토스'란 말로 간호사, 의사, 돕는 자 등 많은 표현이 있습니다. 이 성령이 임하시게 될 때에 예루살렘을 비롯해서 온 유대와 사마리아와 땅 끝까지 주의 복음이 전파되게 되었습니다. 약하던 제자들이 강하게 되었고, 비겁하던 자가 담대하여 지도자가 되었습니다. 이 시간 본문을 통해서 이 시대 가운데 영적 승리자들이 모두 되시기 바랍니다.

첫째, 예수의 영이신 성령께서 오셔서 마음을 감동시켜 주십니다.
하나님의 성령의 감동은 누구도 막을 수 없습니다. 지금도 역사하십니다.
1) 그 어떤 마음도 성령은 감동하십니다. 마음을 움직이게 하십니다.
① 딱딱하고 강팍하고 완악한 마음도 회개하도록 움직이십니다. 여기서 죄 사함과 함께 성령이 역사하십니다(행 2:36). 그래서 하나님 나라는 말에 있지 아니하고 능력에 있다고 하였습니다(고전 4:20).
② 우리 믿는 사람이 먼저 성령 충만을 입어야 합니다. 여기에 전도의 능력이 있습니다. 성령은 믿는 성도의 마음도 감동하시고 불신자의 마음도 감동하십니다. 감동이란 말은 헬라어로(에레이로마)는 '일어나게 하다' '제 정신차리고 돌아오다'는 뜻이 있습니다. 본래의 마음으로 복귀시켜 주는 분이 성령이십니다.
2) 전도하는 것은 성령 충만해서 감동을 받아야 합니다. 성령 충만의 목적은 전도에 있습니다.
① 성령이 감동하실 때에 살기 등등한 자도 회개합니다.
② 핍박하던 자도 돌아와 주의 제자가 됩니다.

③ 살인 강도가 예수 믿어 형장에서 천국 찬송 부르며 마지막 인생을 마치게 되는 경우들이 많이 있습니다.
④ 성령께서 믿음을 바르게 이끌어 주십니다. 그러므로 충만을 받으라(엡 5:18) 했습니다. 우리교회 모든 분들이 성령 충만받게 되시기를 축원합니다.

둘째, 성령께서 믿는 자에게 확신을 갖게 하십니다.

기독교 신앙은 이론이나 관념에서 끝나지 않고 실제적입니다. 산 신앙이요, 체험의 종교입니다. 이 시간 신앙을 확인해야 합니다(고후 13:5).
1) 무엇을 확인해야 합니까?
① 성령은 구원을 확인시켜 주십니다(요 5:24, 롬 8:1, 요 1:12).
② 내 기도에 응답하시고 함께 하심을 확인시켜 주십니다(요 1:40, 요 14:12, 마 28:20).
2) 확신이 없을 때에 문제가 생깁니다.
① 시험이 왔을 때 세상을 이겨 나갈 수 있습니다.
② 문제가 생기게 될 때에 곧 넘어지게 됩니다.
③ 그러나 성령께서는 오셔서 믿음 생활 속에 확신을 주십니다. 성령 충만한 가운데 확신 속에 승리케 되시기를 축원합니다.

셋째, 하나님의 성령께서는 능력으로 함께 하십니다.

성령은 능력이십니다(행 1:8) '능력(권능)을 받고 했습니다. 이 권능은 헬라어의 '듀나미스' 인데 영어에서는 다이나마이트(폭발물)를 의미합니다.
1) 성령은 여러 가지로 역사하십니다.
① 바람과 같이 역사하십니다(행 2:1).
② 치유의 역사가 나타납니다(막 16:17).
③ 성령은 비둘기 같이 평화를 주십니다(요 14:27).
④ 성령은 유익하게 하기 위해서 각 은사를 주십니다(고전 12:1-7).
2) 말세 성도는 성령 충만해야 합니다.
악한 시대에서 성령 충만한 가운데 승리자들이 되기를 주님의 이름으로 축원합니다.
결론: 성령 충만한 신앙, 성령 충만한 교회가 되기를 바랍니다.

도우시는 하나님의 손
(시편 119:172~176)

사람은 이세상에서 혼자 살 수 없게 창조되었습니다. 하나님께서 아담을 창조하고 하와를 창조하신 것은 독처하는 것이 좋지 않았기 때문입니다(창 2:18). 그래서 사람은 서로 의지하며 서로 돕도록 되어 있습니다. 누군가의 손길이 필요하게 되고 누군가를 도와 주기도 하고 도움을 받기도 해야 하는 것이 인생의 모습입니다. 로빈슨 크루소가 배가 난파당해서 혼자서 무인도에 도착해서 살아가게 될 때에 제일 무서운 것은 식인종이나 맹수가 아니라 살속까지 스며드는 외로움이었다고 했습니다. 그런데 사람의 손길이나 도움은 한계가 있게 되고 불완전합니다. 하나님만이 우리의 진정한 도움이 되십니다(시 118:5, 121:1). 본문에서 173절에 "주의 손이 항상 나의 도움이 되게 하소서" 했습니다. "내 손이 어찌 짧아 구속하지 못하겠느냐"(사 50:2). "나의 손으로 지은 앗수르여"(사 19:25). "여호와여 손이 짧아졌느냐"(민 11:23) 했습니다.

첫째, 우리를 도우시는 하나님의 손은 무에서 모든 것을 창조하신 손입니다.

태초에 하나님이 천지를 창조하시니라(창 1:1)했습니다.
1) 사람도 하나님이 창조하셨습니다.
① 육은 흙으로 창조하셨습니다(창 2:7, 3:19).
② 그 코에 생기를 불어 넣으셨습니다(창 1:26, 2:7). 그래서 생령이 되었다고 했습니다.
2) 모든 우주며 삼라만상이 하나님의 창조에서 나왔습니다.
① 모든 동식물도 진화가 아니라 창조입니다. 그 종류대로 창조되었습니다 (창 1:21).
② 무한대한 크기의 우주 역시 하나님의 창조입니다. 은하계에서 지구에까지 빛이 오려면 5조 광년이 걸린다고 하니 이 우주의 크기의 얼마인지 계산이 불가능합니다(욥 25:7).
③ 이렇게 창조하신 하나님의 손이 믿는 성도들을 돕고 계십니다. 성도들은

어떤 가운데 있든지 그 하나님을 사랑하며 의지하고 믿고 예배가운데 살아가야 합니다. 창조의 하나님의 손길이 도우실때에 생산적인 생활이 가능하게 될 줄 믿습니다.

둘째, 하나님의 도움의 손길은 지금도 짧아지지 아니했습니다.

무에서 모든 것을 창조하신 하나님의 손길은 지금도 계속적으로 우리를 도와주시고 계십니다. 인간이 하나님을 불순종하고 멀리 떠났기 때문에 문제이지 하나님의 손길은 지금도 생생하게 역사하십니다.

1) 우리를 도우시는 하나님의 손입니다.
① 창조의 손입니다.
② 십자가에 못박히신 손입니다.
③ 죄의 손을 잡아 세우시는 손입니다.
④ 우리의 이름이 기록된 손입니다(사 49:15).
⑤ 약한 손이 아니라 강한 손입니다(출 6:1).
2) 하나님의 무한대한 손길은 내 약한 계산법대로 계산하면 곤란합니다.
① 생각을 좀 넓혀야 합니다(고후 6:13). '마음을 넓이라'는 말은 생각, 감정이란 뜻이 있습니다. 생각이나 감정, 마음을 넓혀야 합니다.
② 믿음을 크게 가져야 합니다(시 81:10, 시 139:1-3).

셋째, 지금도 하나님의 손길이 나를 돕고 계심을 믿어야 합니다.

"보라 하나님은 나의 구원이시라"(사 12:2)했습니다.
1) 하나님의 손길을 바라보고 믿어야 합니다.
① 하나님의 손을 굳게 붙잡으십시오.
② 지금도 우리를 돕고 계십니다(시 17:8, 27:10).
2) 하나님의 견고한 도움이 있으니 성도는 굳게 서야 합니다.
　　사람은 어느 종교가 있느냐에 따라서 생애가 달라지게 됩니다. 험한 세상에서 우리 하나님의 손길을 굳게 믿고서 든든하게 서가게 되기를 축원합니다.

결론: 하나님이 나를 돕고 계심을 믿어야 합니다.

불안과 근심중에도 도우시는 하나님
(시편 42:1~11)

현대인들 가운데에는 옛날보다 모든 일들이 잘되고 좋은 환경 가운데 비교적으로 질 높은 생애를 살아가지만 사실상 실제 생활에 들어가 보면 근심과 걱정이 중압감과 더 나아가서 우울증 환자들까지 생기게 되었음을 보게 됩니다. 경제 위기 때문에도 그러하겠지만 현대인의 매사에는 무엇인가에 쫓기는 듯한 삶이 계속된다는 것입니다. 본문에 성경이 우리에게 말씀합니다. "내 눈물이 주야로 내 음식이 되었도다, 내 마음이 상하도다, 내 영혼아 네가 어찌하여 낙망하며 어찌하여 내 속에서 불안하여 하는고, 내가 어찌하여 원수의 압제로 인하여 슬프게 다니나이까 하리로다" 하였습니다. 입시생들이 시험을 치르는 계절과 함께 년말의 동절기가 왔습니다. 마음만은 얼어붙지 아니하도록 새힘을 얻어야 하겠습니다.

첫째, 그리스도인들은 어떤 일이 있어도 결코 낙심치 말아야 한다는 말씀입니다.

여호와를 앙망하는 자에게 새힘을 얻게 하신다고 하였습니다(사 40:27).
1) 인생사에는 수많은 일들이 있습니다.
① 때로는 참기가 어려운 문제들도 있습니다. 사업이나, 직장, 그리고 진로 문제가 그것입니다(잠 24:10). "네가 환난날에 낙담하면 네 힘의 미약함을 보임이니라" 했습니다.
② 그리스도인들은 문제 안에서 주저앉지 말아야 합니다(수 1:2). "앉아 있지 말고 일어나라" 하였습니다. 새롭게 일어나는 기회로 삼아야 합니다.
2) 왜 그리스도인들이 낙심치 말아야 합니까?
① 그리스도인들은 언제, 무슨 일 앞에서도 기도할 수 있는 무기가 있습니다. 요나는 물고기 뱃속에서도 기도했습니다(욘 2:1). 히스기야는 죽을 병에서도 기도했습니다(왕하 20:1). 모두가 낙심될 일들인데 거기서 기도했습니다.
② 왜 낙심치 말아야 합니까? 성도에게는 하나님께서 함께 하신다고 약속해

주셨기 때문입니다(사 43:1-3). "내 영혼아 하나님 곧 생존하시는 하나님을 갈망하나니 내가 어느 때에 나아가서 하나님 앞에 뵈올꼬"(2절)했습니다. 그리스도인들에게는 오히려 감사 속에서 승리해야 합니다.

둘째, 그리스도인들은 어떤 일이 있든지 긍정적인 소망을 잃지 말아야 합니다.

중요한 것은 현실적인 문제들 앞에서 낙심치 말아야 합니다.
1) 우리가 믿는 하나님은 소망의 하나님이시기 때문입니다.
① 우리 하나님은 소망을 주시는 하나님이십니다. 그래서 소망 가운데 살게 하십니다(롬 12:12, 13). 본문 5절 "내 영혼아 네가 어찌하여 낙망하며 어찌하여 내 속에서 불안하여 하는고 너는 하나님을 바라라 그 얼굴의 도우심을 인하여 내가 오히려 찬송하리로다" 했습니다.
② 낙심될 일이 있을 때에 오히려 소망을 가져야 합니다. 바울은 풍랑 가운데서도 소망의 하나님을 보여 주었고 승리케 되었습니다(행 27:20-21).
2) 자기 자신뿐 아니라 타인들에게도 위안과 용기를 줍니다.
① 한숨 대신에 찬송과 기쁨이 있게 용기를 줍니다.
② 이것이 믿음있는 성도의 정도이기 때문입니다. 결국 믿음대로 되기 때문입니다.

셋째, 그리스도인들은 어떤 문제 앞에서도 하나님을 믿어야 합니다.

본문 11절 "내 영혼아 네가 어찌하여 낙망하며 어찌하여 내 속에서 불안하여 하는고 너는 하나님을 바라라 나는 내 얼굴을 도우시는 내 하나님을 오히려 찬송하리로다" 했습니다.
1) 하나님께서 살아계시기 때문입니다.
① 어려운 순간에서도 살아 계시며 보십니다(시 18:1-4, 18:46).
② 믿음의 선진들이 모두가 이렇게 승리했습니다(욥 23:10).
2) 현재 어려움 가운데 계십니까?
① 하나님의 역사를 체험하는 기회로 삼으시기 바랍니다.
② 사슴이 시냇물을 찾듯이 은혜와 축복을 사모하시기 바랍니다.
고통과 시련 가운데에서도 승리의 찬송이 있기를 축원합니다.
결론: 예수 안에서 능히 모든 것을 이길 수 있습니다.

약속된 보혜사 성령
(요한복음 14:26)

하나님의 말씀인 성경은 모두 약속(Promise)이요, 하나님의 자녀들인 성도들은 그 약속 위에서 신앙생활을 하게 됩니다. 구약(Old Testament)과 신약(New Testament)으로 이루어져 있습니다. 어떤 약속은 이루어진 약속도 있고 어떤 약속은 계속 진행 가운데 있는 약속도 있으며, 약속 위에서 우리의 신앙생활이 계속 전개해 나가는 사실들도 있습니다. 예수님은 약속대로 메시야로서 우리 구세주로 이 세상에 오셔서 인간의 구원을 십자가 죽음으로써 완성하셨고 생명을 위해서 부활하시게 되었습니다. 예수님께서 이룩하시고 완성하신 십자가와 부활사건을 통해서 믿게 하시는 분이 필요합니다. 그분은 약속대로 오신 보혜사 성령이 됩니다. 예수님이 약속하신 보혜사 성령께서 지금도 역사하시는 분이십니다. 성령께서 내 속에 충만히 임재하시도록 해야 합니다. 그분은 지금도 역사하시며 회개케 하시고 믿는 자에게 인치는 분이십니다(엡 1:13). 성령께서 임재하신 사람이 진짜 그리스도인입니다(롬 8:9, 고전 12:3).

첫째, 성령께서 임하시게 될 때에 이런 일이 나타나게 됩니다.
성령께서 오셔서 역사하실 때에 나타나는 일들입니다.
1) 각 사람에게 필요에 따라서 역사하십니다(고전 12:4).
① 먼저 알아야 할 것은 성도는 성령 충만해야 합니다. 그래서 예수님은 부활후에 제자들에게 성령 받으라고 하시며 숨을 내쉬었습니다(요 20:22).
② 성령께서 임하시게 될 때에 각 사람에게 유익하게 하기 위해서 은사들을 주십니다(고전 12:3-).
2) 성령께서 임하실 대에 구체적으로 어떤 일들이 나타나게 됩니까?
① 회개의 역사가 나타나게 됩니다. 성령께서는 회개케 하시는 영이십니다(요 16:7-9). 지은 모든 죄들을 회개해야 합니다(행 2:38). 죄를 적당하게 합리화시키는 것이 아니라 철저하게 회개합니다. 다윗은 회개했습니다. 그리고 성령이 떠나지 말게 하기 위해서 기도했습니다(시 51편).
② 성령께서 오실 때에 평안이 따라옵니다(요 14:27). 성령이 임하실 때에 평

안해졌습니다. 옥중에도(행 16:25), 사자굴에도(단 6:10), 순교의 자리에도(행 6:15).
③ 성령께서 오시면 전도자가 됩니다. 성령이 오신 목적이기도 합니다(행 1:8).
④ 성령이 오실 때에 각종 능력과 기적이 나타납니다(막 16:15) 성령 받은 성도가 되어야 합니다.

둘째, 보혜사 성령은 말씀하실 때에 비유로 말씀했습니다.

보혜사(paracletos)는 돕는 자이십니다.
1) 보이는 사물로 비유했습니다.
① 바람과 같습니다(요 3:8). 헬라어로 성령은 '퓨뉴마' 라고 합니다. 그 뜻은 바람, 공기입니다.
② 성령은 영이시기 때문에 볼 수는 없습니다. 그러나 나타나는 현상을 통해서 알 수 있습니다.
2) 또 다른 비유들이 있습니다.
① 비둘기와 같습니다(마 3:16, 요 1:32). 비둘기는 평화를 상징합니다.
② 성령은 인(印)과 같습니다(엡 1:13). 지금은 인치는 시대입니다(엡 4:30, 계 7:2).
③ 성령은 기름과 같습니다.

셋째, 성령을 받았습니까?

누구든지 성령 받지 아니하면 그리스도의 사람이 아닙니다(롬 8:9).
1) 사마리아 사람의 예를 보겠습니다(행 19:1).
① 물세례만 받았을 뿐이었습니다.
② 성령 받아야 합니다.
2) 성령 받기 위해서 해야할 일이 있습니다.
① 말씀에 귀를 기울여야 합니다(렘 23:29).
② 회개해야 합니다(행 2:38).
③ 기도해야 합니다(행 1:14).
④ 안수 받을 때 임합니다(행 19:6).
말세 때에 성령 받아 성령 안에서 승리의 신앙생활을 하시기를 축원합니다.
결론: 성령 받은 사람이 참 그리스도인입니다.

(구원)

큰 탕자, 작은 탕자
(누가복음 15:25~32)

성령의 감동으로 기록된 성경(딤후 3:16)은 그 기록방식에 있어서 때로는 시적인 표현이나 논설적인 표현들이 있는 동시에 어떤 때는 이야기식으로 기록하여 하나님의 진리를 타나내 주었고 복음을 나타내 주셨던 흔적들이 많이 있습니다. 구약에 나오는 여러 인물들을 통해서 이야기를 매우 재미있게 나타내 주는데 이른바 모세의 일대기라든지 다윗이 골리앗을 때려 눕히는 장면들은 매우 드라마틱(Dramatic)한 부분입니다. 본문에서 예수님은 똑같은 방식으로써 천국복음을 전해 주셨습니다. 탕자가 집을 나갔다가 돌아 왔을 때에 반갑게 맞이한 아버지가 그를 위해서 큰 잔치를 배설케 되었고 들에서 돌아오는 큰 아들의 모습에서 우리는 큰 탕자와 작은 탕자의 모습을 발견하게 됩니다. 둘째 아들은 나갔다 돌아온 탕자라면 큰 탕자는 집에 있었다 하더라도 그 마음 상태가 탕자 못지않기 때문에 오늘날 우리에게 교훈이 됩니다.

첫째, 큰 탕자의 모습에서 우리 자신을 보게 됩니다.

본문 20-30절까지에서 이런 부분이 있습니다. "저가 노하여 들어가기를 즐겨 아니하거늘……" 이기주의 내지는 큰 탕자의 모습을 엿볼 수 있습니다.
1) 형제를 불쌍하게 여기고 용서하는 마음이 없습니다. 이른바 정신적인 탕자에 속한다고 볼 수 있습니다.
① 아버지는 용서했습니다. 그리고 잔치까지 벌였는데 용서 못할 이유가 무엇입니까?
② 교회 안에서는 용서와 화해가 무엇보다도 중요합니다.
③ 예수님께서 우리 죄를 위해서 희생까지 하셨는데 내가 용서하지 못할 이유가 없습니다.
2) 큰 탕자는 돌아온 형제에게 포용하는 마음이 없었습니다.
① 돌아온 동생에게 옹졸했습니다. 우리는 옹졸해서는 아니됩니다. 넓은 마음으로 끌어 안아야 됩니다.
② 예수님은 70번씩 7번이라도 용서하라고 베드로에게 교훈해 주셨습니다

(마 28:21). 우리교회 안에서는 포용하고 용서해 주는 풍조가 충만해야 하겠습니다. 남북화합의 시대에 이런 일이 교회 안에서부터 일어나야 하겠습니다.

둘째, 큰 탕자는 동생을 불쌍히 여겼어야 했습니다.

비록 재산은 탕진했지만 타향에서 얼마나 외롭고 힘들었겠습니까? 그런데 이제 돌아온 동생에게 큰 탕자는 어떻게 했습니까?

1) 불쌍히 여기는 마음이 없습니다.
① 우리는 서로가 불쌍히 여기고 긍휼히 여겨야 합니다(마 5:7, 잠 19:7).
② 긍휼이 없으면 긍휼없는 심판을 받게 됩니다(약 2:13, 시 18:25-28).
2) 큰 탕자가 지금까지 살아온 것이 모두가 자기가 잘해서 살아온 것으로 착각했습니다.
① 아버지의 은혜요, 돌보심을 잊어버렸습니다.
② 그래서 동생을 불쌍히 여기거나 긍휼히 여기는 마음이 없었습니다. 이것이 큰 탕자의 현주소입니다. 우리 가운데에는 이와 같은 정신적인 탕자가 없어야 하겠습니다.

셋째, 하나님의 교회는 아버지의 집과 같습니다.

돼지우리에서 살던 탕자가 돌아오듯이 돼지와 같은 타락의 장소에서 오늘도 많이 돌아와야 합니다. "이에 스스로 돌이켜 가로되 내 아버지 집에는……" (15:17) 했습니다. 교회는 아버지 집과 같습니다(딤전 3:15).

1) 하나님의 교회는 영적 양식이 풍족한 곳입니다.
① 먼저 믿는 성도는 아버지의 마음을 이해해야 합니다.
② 아버지는 아들이 나갈 때부터 기다리셨습니다(10절).
2) 아버지 집에는 돌아온 탕자가 가득해야 합니다.
① 전도 많이 해서 돌아오게 해야 합니다.
② 돌아왔을 때에 아버지와 함께 기뻐해야 합니다.
③ 그래서 아버지 집인 교회는 언제나 풍악이 울리는 잔치 집과 같아야 합니다.

우리 교회에 탕자들이 많이 돌아와서 잔치 집이 되기를 축원합니다.

결론: 아버지의 생각에 협심해야 하겠습니다.

어떤 죽음인가?
(요한계시록 14:13)

모든 일에는 시작이 있으면 그 끝이 있습니다. 하루의 끝이 있고, 한 달의 끝이 있는가 하면, 1년의 끝도 있습니다. 며칠이 지나면 지난 100년의 1세기가 끝이 나는 동시에 지난 천 년의 끝이 나고 새로운 천년이 시작됩니다. 인생이 길다지만 인생의 시작이 있듯이 이세상에서의 끝이 반드시 돌아오게 됩니다. 이것을 우리는 죽음이라 부릅니다. 인류학자들에 의하면 이세상에 살다간 사람들이 약 90억 명이나 된다고 추측하고 있습니다. 그리고 현재 현존하는 인류가 약 60억 명이 넘었습니다. 그런데 문제는 인생이 어떻게 살다가 언제, 어디에서, 어떻게 죽는가에 대해서는 더욱 중요합니다. 예수 믿고 천국이 기다리는 죽음이 있는가 하면, 예수도 없이 살다가 지옥행의 죽음이 많습니다.

첫째, 죽음에 대하여 생각해 보려 합니다.

시편기자는 시편 90:10에 "사람이 살면 칠십이요 강건하면 팔십이라도 그 년수의 자랑은 수고와 슬픔 뿐이요 신속히 가니 우리가 날아가나이다" 했습니다. 그래서인지 고대의 군주들의 무덤들에는 죽지않고 영생하려는 노력의 흔적들이 많게 됨을 보게 됩니다. 먼저 우리는 인간에게 죽음이 왜 왔는가를 알아야 합니다.

1) 이 죽음은 죄 때문에 오게 되었습니다(창 2:17).
① 영적 죽음입니다(롬 6:23, 엡 2:1, 겔 37:1-14). 하나님을 떠난 죽음입니다. 이들은 하나님의 생기가 떠난 죽음입니다(창 2:7).
② 육적 죽음이 있습니다. 육적인 죽음은 누구에게나 오게 되어 있습니다. 피해가는 사람은 없습니다. "그러므로 모든 육체는 풀과 같고 그 모든 영광이 풀의 꽃과 같으니 풀은 마르고 꽃은 떨어지되 오직 주의 말씀은 세세토록 있도다"(벧전 1:24-25)했습니다.
2) 예수 안에 있을 때만이 영원한 생명을 보장 받습니다.
① 예수님은 우리의 생명을 구원하셨습니다(요 1:12).
② 영원한 생명을 주셨습니다(요 10:10).

둘째, 사람들 가운데는 두 가지 죽음이 있습니다.

육체적 죽음은 누구에게나 있지만 여기에는 두 가지 죽음으로 분류하게 됩니다.

1) 영원한 생명이 보장된 예수 안에서의 죽음입니다.
① 예수 안에서의 죽음은 영원히 살기 위한 죽음입니다(고후 5:1).
② 이것은 예수 안에서만 주어지는 특권입니다(요 1:12). 본문에서도 "주 안에서 죽는 이들이 복이 있다" 하였습니다. 그레샴 메이첸(Gresham Machen)박사는 죽을 때에 "보라 하늘 문이 열리는구나" 하였고, 스데반 집사는 죽을 때에 "하늘 문이 열리고 예수께서 하나님 우편에 서신 것을 보도다" 했습니다(행 7:56).
2) 지옥 가는 죽음이 있습니다. 누가복음 16장에서 나사로와 부자의 사건에서 예수님은 분명하게 보여 주셨습니다.
① 지옥이 있습니다. 반드시 사후에는 지옥이 있습니다.
② 평상시에는 예수 믿지 아니하면 반드시 지옥이 기다리게 됩니다.
"한 번 죽는 것은 사람에게 정하신 것이요 그 후에는 심판이 있으리니 이와 같이 그리스도도 많은 사람의 죄를 담당하시려고 단번에 드리신 바 되셨고 구원에 이르게 하기 위하여 죄와 상관없이 자기를 바라는 자들에게 두 번째 나타나시리라"(히 9:27)했습니다.
③ 예수님은 재림하시게 될 것입니다.

셋째, 예수 안에 산 사람들에게 상급이 준비되어 있습니다.

1) 예수 믿는 믿음 안에서만 영원한 생명이 이릅니다.
① 영원한 구원입니다(벧전 1:9).
② 믿음은 바르게 지켜야 합니다.
2) 예수 안에서 행한 일이 상급으로 따르게 됩니다. 예수 이름으로 많이 행하시기 바랍니다.
① 천국에 쌓아 놓은 것만 영원히 내 것으로 남게 됩니다.

세기말이 오듯이 인생이 끝날 때가 있는데 그때에 천국에서 상급받는 여러분이 되시기를 축원합니다.

결론: 예수 안에 살다가 예수 안에서 천국가야 합니다.

구원 받았습니까?
(사도행전 16:29~34, 마태복음 1:21)

예수님께서 탄생하신 성탄의 계절이 왔습니다. 이 땅 위에 성육신하신 (Incarnation) 성탄의 계절에 이 땅에 오셔서 우리 죄를 해결해 주시고 구원해 주신 구원받은 하나님의 자녀들로서 가장 기본적이고 핵심적인 말씀을 이 시간에 확인해 보고자 하는 것입니다. 어떤 이들은 교양적인 차원에서 교회에 나온다든지, 하나의 종교를 위해서 산다든지, 취미 삼아서 다니는 경우도 혹 있습니다. 그러나 분명한 것은 구원의 길이 하나밖에 다른 길이 전혀 없습니다(요 14:6, 행 4:12). 예수 믿음으로만 구원의 길이 있습니다(요 20:31, 요일 5:13). 본문은 오직 옥사장이 바울에게 질문할 때에 바울 사도가 유명한 구원의 길을 제시한 말씀으로 "주 예수를 믿으라 그리하면 너와 네 집이 구원을 얻으리라" 했습니다. 이때에 옥사장이 복음을 듣게 되었고 구원을 받게 됩니다.

첫째, 사람이 왜 구원을 받아야 합니까?
다른 종교인들이나 세상 사람들은 기독교를 독선적이라고 말할지 모릅니다. 그러나 구원의 길은 오직 한 길입니다.
1) 인간을 창조하신 분은 하나님이십니다.
① 하나님의 형상대로 지으셨습니다. (Image of God) (창 1:26-27)
② 에덴동산에서 온갖 하나님의 축복속에 살도록 창조하셨습니다(창 1:28).
③ 그러나 인간은 이 모든 축복을 상실했습니다. 전적 타락입니다. 그리고 모든 것을 상실했습니다(창 3:17).
④ 후에는 심판 받아 영원히 멸망 받게 되어 있습니다(롬 6:23, 히 9:27, 롬 5:2).
2) 결국 창조하신 하나님의 뜻과는 전혀 관계없이 죄를 짓게 되었고 영원한 지옥형벌을 받게 되었습니다.
① 죄 없는 사람은 한 사람도 없습니다(롬 3:9-10, 23, 요일 1:8-9).
② 그런데 이 죄의 자리에서 인간은 자력으로 구원을 받을 수가 없습니다.
③ 그렇기에 하나님의 구원의 손길이 필요하다는 사실입니다.

3) 죄 없으신 예수님이 이 땅에 인간을 구원하시러 오셨는데 이것이 성탄절입니다.
① 구약에서 예표를 보여 주셨습니다.(유월절)
② 그리고 예수님은 그 예언과 예표대로 오셨습니다(히 9:12).
③ 예수 그리스도밖에는 구원이 없습니다.

둘째, 우리가 어떻게 하면 구원을 받을 수 있습니까?

이것은 개인적인 차원에서나 교회적인 차원에서나 동일합니다.
옥사장이 질문한 내용은 모든 인류의 질문이기도 합니다. 요한복음 3:16절은 반드시 읽고 믿어야 합니다.
1) 구원의 방법입니다.
① 예수 그리스도를 내 구세주로 믿어야 합니다(요 1:12, 계 14:4).
② 날마다 예수 그리스도 안에서 믿음의 생활입니다.
2) 구원받은 사람은 믿음 안에서 생활하는 사람입니다.
① 믿음이 중요합니다(벧전 1:9).
② 이 믿음은 생명선과 같습니다. 생명의 밧줄입니다(히 10:38). 다른 길이 있는 취사선택의 길이 아니라 반드시 이 길을 통해서만 천국에 입성하게 되는 길입니다.

셋째, 구원 받았습니까?(요 5:24)

예수께서 가라사대 "나를 믿고 또 나를 보내신 자를 믿는 자는 영생을 얻었고 심판에 이르지 아니 하나니 사망에서 생명으로 옮겼느니라" 했습니다.
1) 구원 받은 내용이 무엇입니까?
① 죄 씻음 받아 법적으로 죄를 씻게 되었습니다(히 9:28, 엡 1:7).
② 죄 씻음 받아 믿음으로 하나님의 자녀가 되었다는 뜻입니다(요 1:12).
③ 이제는 천국이 본향이 되었고 천국의 시민권자가 되었습니다(빌 3:20).
2) 구원의 확신 속에서 살고 계십니까?
① 복이 있는 사람입니다.
② 그리고 그 확신을 잃지 말고 살아야 합니다.
구원의 확신 속에서 날마다 승리하게 되기를 축원합니다.
결론: 옥사장이 구원받았듯이 구원의 확신 속에서 승리하십시오.

에스겔에게 주신 생명운동
(에스겔 37:1~14)

인간이 세상을 살아갈 때에 육은 살고 있지만 사실상 영적인 존재입니다. 육으로만 된 존재가 아니라 영적인 존재이기도 한데, 살아가는 과정을 볼 때에 육적인 존재로 살아가기가 더 쉬운 환경 가운데 있습니다. 그래서 성경에는 성령을 받아야 한다고 강조했습니다(고전 2:10-). 우리는 영을 볼 수는 없지만 보지 못하고 믿는 자들이 더 복되다고 하신 예수님의 말씀과 같이(요 20:29) 우리는 육의 눈으로는 볼 수 없지만 예수 그리스도안에서 영적인 눈을 크게 뜨고 세상을 볼 수 있어야 하겠습니다. 본문에서 유다 백성들이 70년간 바벨론에 포로되어 갔을 때에 그것은 마치 골짜기의 해골떼와 같다고 표현했습니다. 죽은 지 오래된 해골들에게 말씀을 외치라는 하나님의 말씀을 듣고 외치게 될 때에 해골들이 살아나게 되었습니다.

첫째, 해골 골짜기라도 하나님은 완전히 외면하시지 않으시고 찾아오셨습니다.

해골 골짜기는 절망의 골짜기와 같습니다. 공동묘지는 절망의 한숨만 있는 곳입니다. 이런 곳에 생명운동을 통해서 소망이 넘치게 하신 운동입니다.
1) 이 해골 골짜기는 생명이 없는 곳인데 하나님은 지금도 이런 곳에 접근하시고 계십니다.
① 이 골짜기의 해골들은 곧 이스라엘 백성이라 했습니다(11절). 바벨론에서 70년을 종노릇하는 민족을 보면서 우리는 과거에 일제 36년을 뒤돌아보게 됩니다.
② 생명이 없는 죽은 지 오래된 백성들에게 하나님은 에스겔을 통하여 외치라 하셨습니다. 같은 시대에 예레미야 선지자는 눈물로 외쳤습니다. 눈물의 흔적들을 보십시오(렘 9:1, 13:17, 시 126:1-6).
2) 이 시점에서 우리는 우리 자신과 우리 민족을 보아야 하겠습니다.
① 과거 역사가 마치 영적으로 죽었던 과거가 아닙니까? 개화기 때에 복음을 받아들이지 않다가 1910년 한일합방의 죽음이 기울게 되었고 36년의 비

통이 왔습니다.
② 해방이 되었지만 공산당들에 의해서 민족전쟁이 일어나게 되었고 남북이 갈라지게 되는 상처가 이 시간까지 우리를 어렵게 하고 있습니다. 북녘의 교회가 모두 문을 닫게 되었습니다.
③ 에스겔을 통하여 외치게 될 때에 뼈들이 일어나서 큰 군대가 되었습니다. 생명의 복음을 통해서 역사하시는 위대한 면을 보여 줍니다.

둘째, 하나님께서는 생명을 살리시는 이 역사를 에스겔을 통해서 일하셨습니다.

1) 구약에도 많은 사람을 세우시고 일하셨습니다.
① 구약에서 430년 만에 모세를 통해서 일하시고 많은 일꾼들을 모세 곁에 두셨습니다(출 18:21).
② 후계자로서 여호수아에게도 역사하셨습니다.
2) 말세 때에도 사람을 세우시고 일하셨습니다.
① 많은 주의 종들을 세우십니다. 장차 통일을 대비해서 주의 종을 지금은 키우십니다.
② 주의 교회에 많은 일꾼을 세우셔서 협력케 하십니다. 주의 손에 쓰임받기 바랍니다.

셋째, 하나님은 이 세대에 우리가 에스겔의 생명운동자가 되기를 원하십니다.

1) 생명운동은 말씀운동입니다.
① 말씀만이 생명을 살리게 됩니다(창 2:1, 요 1:14, 요 1:1, 롬 10:17).
② 에스겔이 하나님 말씀을 전할 때에 뼈들이 살았습니다.
2) 지금도 생명운동은 말씀에 있습니다.
① 위기 때에도 말씀은 달려간다고 했습니다(시 107:19-20, 147:15-18).
② 말씀을 들어야 영혼이 소생하기 때문입니다.
③ 지금은 에스겔 운동이 일어나야 할 때입니다.
이 운동이 영적으로 피폐해진 세상을 살릴 수 있습니다. 우리 모두 생명운동에 참여하게 되기를 축원합니다.
결론: 문제는 말세 때에는 말씀이 고갈되어 간다는 데 있습니다.

(부활) 예수님의 부활이 성도에게 주는 교훈
(마가복음 16:1~11)

　기독교는 부활의 종교입니다. 예수님이 십자가 위에서 대속적 죽음을 죽으신 후에 다시 생명의 부활을 하셨기 때문입니다. 예수님께서 못 박히실 때에 사단은 승리할 줄 알고 웃고 기뻐했을 것입니다. 그러나 예수님께서 3일 만에 부활하실 것을 생각지도 못했습니다. 사단에게는 생명이라는 것을 알지 못하기 때문입니다. 그래서 예수님은 십자가로 승리하였습니다(골 2:15).
　초대교회에서부터 지금까지 기독교 복음은 예수님의 십자가의 죽으심과 부활이 그 핵심이 됩니다. 만약에 기독교에서 십자가와 부활이 없다면 기독교가 이미 아니며 기독교라고 부를 수 없게 됩니다. 예수님이 묻히신 무덤을 돌로 막아 놓았고 군사들이 지키고 있었지만 예수님은 성경대로 부활하셨습니다(눅 24:5). 우리는 여기서 몇 가지 교훈과 진리를 배웁니다.

첫째, 예수님의 부활은 분명한 역사적 사실입니다.
1) 역사적 사실이 분명합니다.
① 그릇된 사람들이 말하듯이 어떤 공상이나 가상이나 허구의 이론이 아닙니다. 왜곡된 사람들이 많이 있습니다.
② 수많은 증인들이 보았습니다. 사도 바울은 고린도전서 15:3 이하에서 수많은 증인들을 말했습니다.
③ 역사적 부활사건에서 수많은 사람들은 순교하였고, 순교적 신앙으로 오늘날에도 교회가 세워져 왔습니다. 바울은 목베임으로 순교하였고, 폴리갑은 장작더미 위에서 산 채로 순교하였습니다. 그 외에 얼마나 많은 순교자가 있습니까?(히 11:35) 부활이 분명한 현실이요 역사적 사건이었기 때문입니다.
2) 예수님의 부활이 역사적 사실이기 때문에 그를 믿는 모든 이들의 부활이 보증됩니다.
① 부활을 약속했습니다(요 11:25, 5:28,29).
② 바울은 약속된 부활을 증언했습니다(살전 4:13-17).

③ 부활은 두 가지 종류가 있는데, 첫째 부활과 둘째 부활이 있습니다(계 20:5). 예수님께서 재림하실 때에 첫째 부활에 참여할 자들이 있다고 하였습니다. 두 번째 부활에 참여할 자들은 영원히 지옥 형벌을 받기 위한 부활이기 때문에 불쌍한 부활입니다.

둘째, 예수 그리스도의 부활은 우리에게 몇 가지 확신을 주셨습니다.
1) 예수님은 부활하심으로 생명의 하나님 되심을 입증해 보이셨습니다.
① 예수님은 죽음을 이기셨습니다. 생명이 부활이셨기 때문입니다.
② 예수님은 창조주 하나님이십니다(요 1:3, 빌 2:6).
2) 예수님의 부활은 진리가 반드시 승리한다는 확실됨을 보여 주셨습니다. 예수님은 변하지 않는 진리가 되십니다(요 14:6, 8:31).
① 악인은 망하게 됩니다.
② 예수 믿는 성도가 결국 승리합니다.
3) 예수님은 부활을 통해서 구세주이심을 확증시켜 주셨습니다.
① 죄 없으신 예수 그리스도이십니다(히 4:6).
② 예수 외에는 다른 구세주가 없습니다(히 4:12). 이 예수 안에서만이 영원한 생명이 있습니다.

셋째, 예수님은 부활은 역사를 바뀌게 했습니다.
1) 개인의 역사가 바뀌게 됩니다.
① 무엇보다 사도들이 바뀌었습니다.
② 핍박한 사울이 바울로 되었습니다.
③ 예수 믿는 자는 개인이 바뀌게 됩니다. 절망과 낙심의 사람이 영원한 소망의 사람으로 됩니다. 무익한 사람이 유익한 사람으로 바뀌게 됩니다.
2) 예수 그리스도는 역사와 국가까지도 변하게 합니다.
① B.C.가 A.D.로 변했습니다.
② 이 땅위에 예수 믿는 국가들은 변해서 왔습니다.
③ 이 나라를 예수 부활신앙으로 변하게 해야 합니다.
　세상 권세 이기고 부활하신 예수 그리스도의 믿음에서 승리케 되시기를 축원합니다.
　결론: 우리는 살아나신 예수를 믿습니다.

부활 후 전해주신 주님의 복음
(고린도전서 24:36~43)

　이세상에서 기독교 외에 다른 종교들이 많이 있습니다. 그래서 아덴 사람들은 신을 만들어 놓고 섬기다가 심지어 알지 못하는 신에게라는 푯말을 붙이고서 제사를 지냈습니다(행 17:23). 외형상으로 화려한 종교에서 시작해서 무명하고 열악한 종교에 이르기까지 다양한 형태의 종교들이 세상에는 가득합니다. 그러나 문제는 겉포장이 제아무리 화려하다고 할지라도 그 속에는 생명이 없다는 것입니다. 예수님께서 십자가에서 대속적 죽음을 죽으셨다가 생명의 부활을 하신 부활주일입니다. 우리가 믿는 예수 그리스도는 생명을 우리에게 주셨습니다. 따라서 여기에만 영생이 보장됩니다(요일 5:11-13, 요 1:4, 롬 4:25). 예수님께서 십자가에서 죽으시고 부활하신 사건은 역사의 무대 위에 이룩하신 사실이요, 진실입니다. 누구든지 예수 그리스도를 믿는 믿음 위에 있을 때에 인생이 진정으로 변화받게 됩니다. 어떤 생명운동(Renewal movement)도 예수 외에는 없습니다. 예수님께서 부활하신 후에 제자들에게 나타나셔서 첫번째 주신 복음에서 이 시간에 은혜 나누려 합니다.

첫째, 부활하신 예수님께서 성령을 받으라 하셨습니다.
　요한복음 20:22절 "이 말씀을 하시고 저희를 향하사 숨을 내쉬며 가라사대 성령을 받으라 너희가 뉘 죄든지 사하면 사하여질 것이요 뉘 죄든지 그대로 두면 그대로 있으리라" 하셨습니다.
　1) 성령을 주심은 부활하신 예수님이 주시는 축복입니다.
　　① 성령을 받을 때에 비로서 참된 그리스도인이 됩니다. 하나님께서는 창조 시에도 생명을 불어 넣어 주셨습니다(창 2:7).
　　② 성령 받지 아니하면 그리스도인이 아닙니다(롬 8:9).
　　③ 그런데 성령의 역사는 각 사람에게 유익하기 위해서 주신다고 하였습니다(고전 12:3, 7).
　2) 부활을 믿는 사람들은 성령 안에서 변화된 생애가 전개됩니다.
　　① 의심 많던 제자가 믿게 되었습니다(요 20:26).

② 사명을 잃었던 제자가 사명을 찾게 되었습니다. 예수님의 부활절에 우리 안에 성령 충만한가를 확인하면서 참된 부활의 신앙에서 변화된 그리스도인들이 되어야 하겠습니다.

둘째, 부활하신 예수님께서 "나를 만져보라"고 하셨습니다.

예수님의 부활이 없었다면 기독교는 없습니다. 대속적 죽음이 중요한 것같이 부활 역시 중요합니다.

1) 예수님의 부활은 육체적 부활입니다. 물론 우리도 다음에 그렇게 부활하게 될 것입니다.
① 생선이 있을 때에 잡수시게 되었습니다(37, 39절). "내 손과 내 발을 만져보고 나인 줄 알라" 하였습니다.
② 육체적 부활이지, 이론이나 이야기, 영이 아닙니다. 만약에 예수께서 육체적 부활이 아니라면 기독교는 생명이 없습니다. 따라서 이 말씀은 복음이요, 축복입니다.

셋째 부활하신 예수께서 오셔서 "평안할찌어다" 하셨습니다.

"예수께서 친히 그 가운데 서서 가라사대 너희에게 평강이 있을찌어다"(36절) 하였습니다.

1) 제자들은 이때에 불안과 공포 가운데 있었습니다.
① 예수님은 평안의 주인공으로서 오셨습니다. 그래서 평강의 왕이 되십니다.
② 예수님께서 주시는 평강은 세상이 주는 것과는 전혀 다르다고 하였습니다(요 14:27). 일류 대학생일수록 불안에 싸여 있다는 통계가 있는데 이것이 세상이 주는 것들입니다.
2) 우리에게는 부활하신 예수님께서 주시는 평안이 있습니다.

부활주일을 맞이하여 부활하신 예수님께서 주시는 평강이 넘치게 되시기를 축원합니다.

결론: 부활하신 예수님은 우리에게 이 복음을 믿으라고 하셨으니 이 복음위에 굳게 서야 하겠습니다.

예수 그리스도의 부활과 우리의 신앙
(마태복음 28:1~15)

예수님께서 십자가에 죽으셨다가 무덤에서부터 부활하신 날이 오늘 우리가 지키는 부활주일입니다. 바울의 고백(고전 15장)과 같이 예수님의 부활이 없었다면 우리가 가장 불쌍한 자에 속하겠지만 우리는 예수님이 부활하셨음을 믿습니다. 필립 헨리(Philip Henry)는 '주님의 날은 날들의 여왕이여 그는 주일의 진주라"하면서 이웃과 친구들에게 부활을 전했습니다. 예수님의 부활이 없다면 기독교 역시 일반적인 종교로 전락해 버리고 말겠지만 예수님은 생명의 부활을 하셨기에 기독교는 생명의 종교입니다. 예수 그리스도의 부활은 기원전과 기원후(Before Christ, Anno Domini)로 나누어지는 분수령으로 2000년간 지켜져 왔습니다. 다시 한번 맞이하는 부활절에 우리의 신앙적 의미를 되새겨 보겠습니다.

첫째, 예수 그리스도의 부활은 역사의 무대에서 벌어진 현실 사건입니다.
부활이 이론이나 관념이 아니라 사실입니다.
1) 예수 그리스도의 부활은 실제 사건이요, 역사입니다.
① 예수 그리스도의 부활은 실제 시간 속에서 이룩되었습니다. 독일어의 게쉬테(이념적 시간)가 아니라 히스토리(실제적 시간)에 속한 부활입니다.
② 사람들이 믿지 못하는 이유는 불신앙 때문입니다. 그러나 예수님은 부활하셨고 부활의 첫 열매가 되셨습니다(고전 15:20). 첫 열매를 따라서 그를 믿는 이들이 부활하게 됩니다. 삼위일체를 말한 터툴리안(Tertullian)은 그의 호교론(Apologeticus)에서 예수님의 부활이 그 당시 황제인 티베리우스(Tiverius)에게도 보고되었다고 했습니다.
2) 예수 그리스도의 부활과 같이 그를 믿는 모든 성도가 부활하게 될 것입니다(고전 15:23).
① 예수님의 부활은 부활의 첫 열매로서 중요합니다. 구약 성경에 예수님의 부활을 예견했습니다(민 17:4). 아론의 싹난 지팡이 사건이 그것이었습니다. 예수님은 우리의 대제사장이 되십니다.

② 그와 같이 우리가 부활하게 될 것입니다(살전 3:13-17). 그래서 죽었다고 하지 않고 '잠잔다'고 했습니다. 자는 자들이 다시 깨어나는 시간이 있듯이 부활의 시간이 옵니다.
③ 부활에는 생명의 부활이 있고 심판의 부활이 있다고 했습니다(요 5:28-29, 계 20:5-6). 예수 안에 사는 모든 사람들은 생명의 부활에 참여하게 됩니다.

둘째, 예수님의 부활은 육체적 부활이었습니다.
1) 예수님은 육체적 부활을 하셨습니다.
① 제자들까지도 놀라고 반가운 나머지 영으로 생각했습니다(눅 24:7). 그러나 예수님은 육으로 부활하셨습니다.
② 그 증거가 몇 가지로 입증되었습니다. 제자들과 함께 대화를 나누셨고 못자국 난 손과 옆구리를 보여 주셨으며 음식도 잡수셨습니다(요 20:26-). 또한 500여 형제에게 보여 주셨습니다(고전 15:3-).
2) 믿는 성도들의 부활도 육체적 부활입니다.
① 지금은 영과 육이 잠시 분리(sellaration)되어 있지만 다시 결합되어 부활합니다(계 1:7).
② 역사상에 이룩된 사건이듯이 장차 역사선상에서 반드시 이룩될 것입니다 (요 11:25).

셋째, 예수님의 부활이 우리 믿는 성도들에게 주시는 의미가 있습니다.
1) 부활을 통해서 이것을 주셨습니다.
① 기쁨입니다. 십자가에 못 박힐 때 모두 슬퍼했으나 이제는 기쁨이 넘치게 되었습니다.
② 우리에게 영원히 사는 큰 소망이 생겼습니다. "내가 살았고 너희도 살았음이라"(요 14:19) 했습니다.
2) 부활절을 맞이하는 성도의 삶은 중요합니다.
① 산 자를 죽은 자 가운데서 찾듯이 살지 말아야 합니다.
② 부활의 증인들이 되어야 하겠습니다.
방황하는 시대에 부활 신앙으로 승리하시기를 축원합니다.
결론: 우리는 부활신앙에 있습니다.

부활의 영광
(고린도전서 15:42~58)

예수님의 십자가 상에서 못박힐 때에 온 세상은 악이 선을 이기고 어두움이 빛을 이기는 것으로 착각속에 빠지게 되었습니다. 그러나 3일째 되는 오늘 아침 예수 그리스도는 흑암의 세력을 이기시고 부활하셨습니다. 이 사건은 예수님의 동정녀 탄생, 그리고 십자가 사건과 함께 기도교의 생명의 명절입니다. 또 한번 맞이하는 부활절에 말씀으로 은혜를 나누어 봅시다.

첫째로, 예수님은 부활하셨습니다.
무덤에 묻히게 되고 로마병정들은 지키고 있었지만 예수님은 생명의 부활하셨습니다. 마리아를 비롯한 몇 명의 여인들이 무덤에 찾아갔다가 그 광경을 목격했습니다(마 28장). 엠마오로 내려가던 제자들이 보았습니다(눅 24장). 의심 많은 도마에게도 보이셨고, 사도 바울에게도 보이셨습니다(고전 15:7). 예수님의 영광스러운 부활은 축복입니다.
1) 그를 믿는 모든 사람들의 죄를 사해 주시는 확증입니다(고전 15:3).
   예수님의 부활이 곧 죄사함의 확증입니다.
2) 그를 믿는 모든 사람들을 의로다 하시는 확증입니다(롬 4:25). 의롭다 하시기 위해서 살아나셨습니다.
3) 그는 믿는 모든 사람들의 사망권세를 이기게 하셨습니다.
   그래서 생명의 부활이 확증되었습니다(요 5:29). 이 악한 세대에 우리는 이 부활의 신앙으로 시대를 이겨야 하겠습니다.

둘째로, 예수님의 부활은 신자의 부활의 첫 열매입니다.
예수님의 부활이 그를 믿는 자의 부활의 보증이 되십니다. 그래서 첫 열매가 되셨습니다(고전 15:20).
1) 예수님의 부활하심과 같이 생명의 부활을 하게 됩니다.
   ① 예수님의 부활이 그 증거입니다.
   ② 아론의 싹난 지팡이에서 보여 주셨습니다(민 17:1-10).

2) 예수님의 재림하실 때에 생명의 부활이 있습니다(살전 4:13-18). 첫 번째 부활에 참여하게 됩니다.
3) 예수님의 생명을 소유한 자가 이 부활에 참여합니다. 이것은 썩어진 계란과 썩지않은 계란에서 증명됩니다. 예수 생명이 중요합니다.

셋째로, 부활의 상태(State)는 영광스럽습니다. 어떤 상태입니까.
1) 시간과 공간을 초월하게 됩니다.
2) 그때에는 결혼이 없습니다.
3) 그때에는 썩을 몸이 썩지 않는 몸으로 부활합니다.
4) 욕된 것이 영광스럽게 부활합니다.
5) 약한 것이 강한 것으로 부활합니다.
6) 육의 몸이 신령한 몸으로 부활하게 됩니다.
7) 이 부활에 참여할 자가 따로 있습니다.
① 예수 형상을 입어야 합니다(거듭나다).
② 혈과 육은 이 영광을 얻을 수가 없습니다(50절).
③ 견고해서 흔들리지 말아야 합니다(58절).
결론적으로 우리에게는 부활의 소망이 있습니다.

> 신년

새 시대 새 천년에도 변할 수 없는 복음
(베드로후서 3:8~14)

인간 역사는 지금까지 수없이 변하면서 흘러 왔습니다. 외부적 변화와 내부적 변화가 계속되면서 발전해 오기도 하고 어떤 것은 퇴색되기도 하였습니다. 이 사실 속에서 내부적이든 외부적이든 인간들은 생활 양식이 변하기도 하고 생활 철학이 변하기도 했습니다. 철학자 헤겔(Hegel)은 정반합의 법칙을 설명했는데 이것은 철학적 생각들입니다. 그래서 이 땅에는 새로운 것이 없습니다(전 1:8-). 구약성경에서 부귀영화를 누렸던 솔로몬 왕은 해 아래서 새것이 없다고 했습니다. 이제 일천구백년대(代)가 지나고 새로운 천년이 시작되었습니다. 많은 사람들은 생각하기를 새로운 천년대에는 살기 좋은 시대가 올 듯이 생각하지만 반대의 시대가 올 것으로 예견됩니다. 과학주의의 발달과 상업주의의 팽배 속에서 더 많은 부와 편리함이 추구되겠지만 반드시 변하지 않는 진리가 있습니다. 새 시대 첫 주일에 생각하는 복음이 있습니다.

첫째, 하나님은 창조주이시며 인간은 여전히 죄인의 신분입니다.

새 시대라고해서 영국에는 거대한 싸이버 공간이 준비되어 관광거리요, 예술의 도시라는 프랑스에서도 역시 떠들썩하지만 모두 상업주의요, 돈과 관계가 있습니다. 과학주의는 생명과학까지 손을 대고 있고, 힘들이지 않고 생산해 나가는 식량해결의 길이며, 암이 정복되고 에이즈가 정복되고, 인간의 수명까지 계속 연장해 나가겠다는 것입니다. 인공위성을 띄워서 우주여행을 현실화시키며, 미국과 동경사이를 두시간대로 단축시키겠다고 합니다. 소위 꿈의 세계(Dream's world)가 오는 것 같이 야단들입니다. 그러나 우리 그리스도인들은 정신을 차리고 세상이야기에 현혹되지 말고 성경으로 돌아가야 합니다. 새시대가 와도 인간은 여전히 생각해야 합니다.

1) 하나님은 창조주이십니다.
① 창조주이시란 말은 '주인이 하나님이시다' 라는 뜻입니다(히 3:4).
② 창조주 하나님께서 이 세상을 통치하십니다(민 10:29, 욥 38:41).
2) 인간은 하나님 앞에 죄인입니다(렘 2:22).

① 죄가 없는 사람은 하나도 없습니다(롬 3:10, 23).
② 그런데 과학의 발달과 상업주의의 팽창은 인간을 더욱 죄 아래 지내게 만듭니다. 토인비 박사(Anold Toynbee)가 말했듯이 정신문명은 거북이처럼, 물질문명은 토끼처럼 발달해 나가게 됩니다. 누가 죄에서 검은 것을 희게 할 수 있겠습니까?(렘 13:23)

둘째, 새시대가 와도 예수 그리스도의 복음은 변치 않습니다.

복음(福音)은 헬라어로 '유앙겔리온'이라 합니다. 이는 기쁜 소식(Good News)이라는 것입니다.
1) 죄 아래 있는 인간에게 예수 그리스도만이 구세주이십니다.
① 예수님 외에 다른 길이 없습니다(히 9:27, 암 4:12).
② 우리는 성경을 믿습니다.
2) 세상 그 어떤 것이 와도 예수 그리스도의 복음을 대치할 수 없습니다.
① 과학적 산물들이 구세주가 될 수 없습니다.
② 결과적으로 예수 그리스도뿐입니다.

셋째, 새시대가 와도 예수님의 재림 약속과 우리의 최종적인 목적은 하늘나라입니다.

결국 모든 장로들이 예수님의 재림을 약속대로 보여주는 역할을 하고 있습니다.
1) 예수님의 재림입니다.
① 여러 가지 자연계에 징조가 나타납니다.
② 인간 세계에 이미 나타나 있습니다.
③ 준비하는 성도들이 되십시오.
2) 성도의 최후 소망은 이 세상이 아닙니다. 천국이요, 하늘나라입니다
   (요 14:1-6, 14:18).
변치 않는 진리 위에 굳게 서서 승리의 길로 나가게 되시기를 축원합니다.
결론: 혼돈된 세상에서 영적 길을 잃지 않도록 조심해야 하겠습니다.

새해에 해야 할 신앙적 약속
(창세기 28:20~22)

사람은 누구나 약속(Promise) 가운데 태어나서 약속 가운데 살아가게 됩니다. 부부사이에 약속 가운데서 자녀가 태어나게 되고 그 후에 계속되는 약속들입니다. 부모와 자녀의 약속, 선생님과 제자의 약속, 친구와의 약속, 사회구성원의 약속이 있거니와 현대에 이르러는 국제간의 약속(International Promise)들도 있습니다. 약속이 깨어지게 될 때에 혼란이 오게 되고 문제가 생기게 됩니다. 에덴동산에서 하나님과의 약속을 저버리게 될 때에 에덴동산이후에 인간에게는 대혼란과 무질서와 영육간에 파괴가 오게 되었습니다. 야곱이 형 에서의 칼을 피하여 하란 땅에 피난 갈 때에 어느 날 밤 하나님의 나타나심 속에서 하나님과의 약속한 것이 오늘 본문의 말씀입니다. 새해에 새 천년이 되었어도 우리 모든 그리스도인들은 이 약속을 재다짐하며 살아야 하겠습니다.

첫째, 야곱은 하나님을 하나님으로 섬기겠다고 약속했습니다.
"여호와께서 나의 하나님이 되실 것이요"(21절) 했습니다.
1) 여호와 하나님을 나의 하나님으로 섬기겠다는 약속입니다. 야곱의 바른 신관(神觀)을 나타낸 말씀입니다.
① 우리는 하나님께 대해서 바른 고백이 요구됩니다(요 20:28, 시 18:1, 마 16:16, 행 27:23).
② 마음에 믿는 것은 겉으로 나타내야 합니다(롬 10:10). 야곱은 "나의 하나님이 되실 것이요" 했습니다.
2) 하나님만 섬기겠다고 고백하고 약속한 신앙은 어떤 세상의 이교문화에도 휩싸이지 않습니다.
① 하란 땅은 이교문화(異敎文化)인 우상이 득실거리는 곳인 것을 지금의 고고학자들이 밝혀내고 있습니다.
② 아브라함을 갈대아 우르에서 불러 내셨습니다(창 12:1).
③ 야곱은 지금 그곳으로 피난 가고 있습니다. 이교문화가 득실거리는 곳에 가지만 하나님만 섬기기로 약속하고 결심하는 신앙입니다.

3) 지금 우리는 어떻습니까?
① 세상문화(世上文化)가 가득한 세상입니다. 이는 바벨탑 문화요, 탕자문화입니다.
② 적당하게 편리주의로 신앙생활 하지 마십시오. 여호수아는 죽으면서도 자손에게 결단을 촉구했습니다(수 24:15).

둘째, 야곱은 교회 생활, 예배 생활을 바르게 하겠다고 약속했습니다.

"내가 기둥을 세운 이 돌이 하나님의 전이 될 것이요"(22절) 했는데 사사로운 감정이나 임시변통의 고백이 아니었습니다. 이것은 예배생활, 교회생활에 대한 약속입니다.
1) 우리의 신앙생활의 약속은 어떻습니까?
① 교회 생활, 예배 생활이 바르게 정착되어야 합니다.
② 광야에서 이스라엘 백성들은 성막 중심으로 살았습니다.
2) 야곱은 훗날에 일에 실수도 많았습니다.
① 좀 더 빨리 벧엘에 올라갔어야 했습니다. 그랬더라면 외삼촌과 사촌들과의 문제도 막았을지도 모릅니다.
② 숙곳에서 머물지 말고 곧바로 벧엘로 올라갔어야 했습니다. 그랬더라면 딸 디나와 숙곳 추장과의 문제도 생기지 아니했을지 모릅니다. 이것은 이 세대에 우리의 신앙생활의 좌표가 됩니다. 예배생활에 실패자는 신앙생활의 실패자요, 예배생활의 승리자는 신앙생활의 승리자가 됩니다.

셋째, 야곱은 축복받을 약속으로 십일조를 서약했습니다.

"하나님께서 내게 주신 모든 것 중에서 십분의 일을 내가 반드시 하나님께 드리겠나이다"(22절)했습니다. 십일조는 축복의 서곡입니다(마 23:23, 창 14:20, 말 3:10). R, T, Kandal은 '왜 모든 그리스도인이 십일조를 드려야 하나'에서 아브라함이 시작하였고, 모세가 율법에 명령하였고 예수님이 칭찬한 십일조라 하였습니다. 십일조는 하나님의 주권을 인정하는 표입니다. 축복의 상징인 십일조 생활의 약속 가운데 금년에도 축복의 생활이 되시기를 축원합니다.
결론: 금년에도 하나님과 어떤 약속을 하였습니까?

교회여! 일어나라
(여호수아 1:1~4)

이 세상에 존재하는 모든 것은 성장기와 쇠퇴기가 있습니다. 그래서 유명한 관념론(觀念論) 철학자인 독일의 헤겔(Hegel)은 역사발전이 정반합(正.反.合)에 있다고 하였습니다. 옛날 역사는 느리게 발전했지만 그 속도에 있어서 요즈음은 전광석화처럼 빠르게 발달하게 되고 변화의 속도가 빛과 같이 지나가게 됩니다. 소위 정보화 시대요 컴퓨터 시대 속에 살아가는데 비해서 역사학자인 아놀드 토인비(Anold Toynbee)가 지적했듯이 정신문명은 거북이처럼 발전하는 시대에 살아갑니다. 새해가 왔지만 세상은 더욱 혼란과 무질서요, 죄가 가득한 세상이 될 것입니다.

모세가 40년간 광야생활에서 이스라엘 백성을 이끌다가 느보산에서 죽게 되었고 여호수아가 후계자로서 나서게 되었지만 앞에는 요단강이 버티고 있었고 요단강을 건너지 못한 채 앉아 있었듯이 현재적으로 주의 교회가 앉아만 있는 현실입니다. 여기에서 주저앉지 말고 일어나야 하겠습니다.

첫째, 두려워하지 말고 일어나라 하셨습니다.

사탄의 역사가 제아무리 팽배한 시대가 되었어도 주의 교회는 천국이 목적이기 때문에 일어나야 합니다.

1) 제반적인 모든 재적이나 문제가 있어도 두려워하지 말아야 합니다.
① 요단강도 두려워하지 말아야 합니다. 홍해는 갈라지게 하고 건너게 되었지만 요단강은 밟을 때에 갈라지게 될 것이니 믿음으로 밟아야 합니다(수 3:13).
② 여리고 성이 버티고 있지만 두려워 말라고 했습니다. 하나님께서 군대장관을 보내사 싸우셨습니다(수 5:13). 말씀에 순종하고 매일 한번씩 돌기만 했습니다. 말씀에 순종함이 중요합니다. 먼저 해야 할 일이 있습니다(마 6:33).
③ 가나안 백성들이 강해도 두려워하지 말라고 하셨습니다. 태양이 멈추고 달이 멈추게 되었습니다(수 10:12-).

2) 문제는 대적이 문제가 아닙니다. 믿음이 문제입니다. 할 수 없다(I Can not)가 아니라, 할수 있다는 믿음입니다(I Can do).
① 강하고 담대한 믿음입니다.
② 긍정적인 믿음입니다.
이 믿음으로 새해에도 일어나야 하겠습니다.

둘째, 내가 함께 할 것이니 일어나라 하셨습니다.
공연히 허풍이나 떨면서 큰소리치는 돈키호테가 아니라 배후에 하나님께서 함께 하십니다.
1) 교회의 배경, 성도의 배경에는 하나님이 계십니다.
① 모세와 함께 하신 하나님께서 여호수아에게 함께 하셨습니다.
② 이 세대에게 있어서 하나님의 자녀들에게 약속하신 축복이 함께 하신다는 약속입니다(마 28:20).
2) 때때로 고난과 풍랑이 일어나도 결국 교회에게 승리가 있습니다.
① 구약에서 하나님은 이스라엘에게 함께 하셨습니다.
② 현재에는 하나님은 교회에 함께 하시고 성도에게 함께 하십니다(사 44:21, 44:1, 43:1). 그러므로 일어나서 빛을 발해야 하겠습니다(사 60:1).

셋째, 약속의 땅 가나안에 들어가기 위해서는 반드시 일어나야 하겠습니다.
낙심 중에 앉아 있으면 가나안에 들어갈 수 없습니다.
1) 문제가 있을 때에 그 문제를 반드시 뛰어 넘어야 합니다.
① 문제가 없는 곳이 없습니다.
② 광야이기 때문입니다.
2) 여호수아는 결국 이기게 되었고 요단강을 건너 승리하였습니다.
① 이기는 사람은 문제를 뛰어 넘은 사람입니다.
② 새해에도 우리교회와 성도들이 이기고 승리케 되시기를 축원합니다.
결론: 일어나 승리의 깃발을 올리기를 축원합니다.

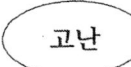

예수 십자가만이 오직 구원의 길
(고린도전서 1:18~25)

세상에서는 어느 목적지를 향해서 갈 때에 여러 가지 길이 있을 수 있고, 가는 방편 역시 방법이 많이 있을 수 있습니다. 가령 예를 들어서 부산을 향해서 간다고 하였을 때에 부산으로 연결된 고속도로며, 기차며, 비행기며, 배편까지 있습니다. 이와 같은 논리(論理)로 말하여 천국 가는 길에도 여러 가지 종교와 방면들이 있다고들 생각합니다. 그러나 오직 우리가 죄인에서 천국에까지 가는 길은 오직 한 길밖에 없습니다(Only one way). 그 길은 오직 예수 그리스도께서 십자가 위에서 완성하신 길입니다. 예수님은 이 땅에 오셔서 우리 인간의 죄를 짊어지시고 십자가에서 죽으셨습니다. "내가 곧 길이요, 진리요, 생명이니 나로 말미암지 않고는 아버지께로 올 자가 없느니라"(요 14:6)하였습니다. "다른 이로서는 구원을 얻을 수 없나니 천하 인간에 구원을 얻을 만한 다른 이름을 우리에게 주신 일이 없음이니라"(행 4:12)하였습니다. 세계 곳곳에 십자가는 지금도 휘날리고 있습니다. 예수님께서 십자가에서 죽으신 고난 주간에 다시 한 번 말씀을 통해서 은혜 나누어 봅니다.

첫째, 십자가 관(觀)에 대해서 두 종류의 사람이 있습니다.
본문에 "멸망하는 자들에게는 미련한 것이요, 구원을 얻을 우리에게는 하나님의 능력이 된다" 하였습니다.
1) 멸망하는 종류의 사람이 있습니다.
① 이 사람은 십자가 사건을 믿지 아니하고 어리석게 보는 사람입니다.
② 십자가 사건을 전파하는 전도의 일을 더욱 어리석게 봅니다. 십자가 형틀은 로마제국의 가장 악하게 죽이는 법이었기 때문입니다. 지적으로나 이론적으로 볼 때에 십자가의 도가 아름답게 보일 리가 없습니다.
2) 멸망하는 사람들에게는 예수 그리스도의 십자가가 미련하게 보입니다.
① 예수님은 이런 자들에게 복음을 전할 필요가 없음을 시사하셨습니다(마 7:6, 마 10:14).
② 결국 멸망이요, 영원한 지옥형벌이 기다릴 뿐입니다.

3) 십자가 복음에 대해서 믿고 영접하는 사람들이 있습니다.
① 영생 얻을 사람입니다. 지혜로운 인생에 속합니다.
② 모세의 놋뱀을 쳐다보고 살았던 사람들과 같습니다. 모세가 광야에서 뱀을 들었던 것 같이 예수님도 십자가에서 높이 달리셨습니다(요 3:14-16).

둘째, 십자가의 미련한 방법으로 구원받은 우리는 십자가의 미련한 방법으로 또 다른 사람을 구원해야 합니다.

"전도의 미련한 것으로, 믿는 자들을 구원하시기를 기뻐하셨도다"(21절)하였습니다.
1) 십자가의 사건이 미련하게 보이지만 여기에 구원의 길이 있습니다.
① 하나님께서 우리에게 주신 바람입니다.
② 미련하게 보이기에 수많은 사람이 순교하였는데 바울은 그 대표라 할 수 있습니다.
2) 먼저 구원받은 우리는 누구에게나 십자가 복음을 전해야 합니다.
① 십자가 외에 다른 길이 없기 때문입니다.
② 예수님의 최후 유언이기 때문입니다(마 28:18, 행 1:8).

셋째, 십자가 복음을 믿고 전하는 길은 특수합니다.

1) 성령 받아야 합니다.
① 그래서 예루살렘을 떠나지 말고 기다리라고 하셨습니다. 바울은 돌이킨 후에 아라비아 사막에서 3년에 걸쳐 기도했습니다(갈 1:17).
② 내가 받은 구원을 확신해야 합니다(고후 13:5).
2) 이 세상을 구원하는 길은 오직 예수 십자가 복음밖에는 없습니다.
① 여기에 전도의 사명이 있습니다.
② 구원받은 성도, 교회의 사명은 십자가의 도를 전하는 일입니다.
우리 모두 이 길에서 승리하게 되시기를 축원합니다.
결론: 예수 십자가 외에는 다른 길이 없습니다.

예수 그리스도가 입성한 최후의 길에서 생각할 일
(마태복음 21:1~11)

매년 이때가 되면 우리는 예수 그리스도의 고난과 영광의 부활을 말하며 가슴에 담고 기억하게 됩니다. 이사야 선지자는 이사야 53장에서 예수님에 관하여 정확하게 예언했습니다. 헨델(Handel)은 이사야 53장을 읽고 영감을 받아서 그의 오라토리오 메시야(Oratorio Mesya)를 작곡했습니다. 장로교회 창시자인 요한 칼빈(J. Calvin)은 이사야 53장을 읽고 은혜를 받게 되었습니다. 18세기의 독일의 화가인 슈텐베르크는 십자가 위의 예수 그리스도를 그렸습니다. 그런데 그림 속에서 '내 너를 위하여 몸 버려 피흘려 주었건만 너는 나를 위해 무엇을 하느냐'는 글이 기록되었습니다. 이 그림이 박물관에 전시되었고 지나가던 백작이 그림 속에서 은혜를 받았습니다. 그리고 유명한 모라비안파(Morabian)의 창시자가 되었는데 이 사람이 진젠돌프 백작입니다. 오늘은 예수님의 고난 주간에 돌입하는 종려 주일입니다. 예루살렘에 입성하시는 그때부터 십자가에 죽으실 때까지의 과정을 생각합니다.

첫째, 예수님께서 입성하신 그 길목은 어떤 길이었던가요?
1) 예루살렘에 입성하신 목적은 종으로 섬기기 위해서입니다.
① 예수님은 섬기시며 자기 목숨을 많은 사람의 대속물로 주려고 오셨습니다(막 10:45). 십자가로써 섬김의 본이 되셨습니다.
② 섬기되 겸손하게 섬기셨습니다. 이런 사실까지 구약에 예언되었습니다(슥 9:9). 겸손하여 나귀를 타시게 된 것입니다. 로마인들처럼 말을 타고 정복자로 오신 것이 아닙니다. 섬기는 자(Diakonos)입니다.
2) 예루살렘에 입성하신 길은 평화의 왕으로서의 입성입니다. 정복자로서 피를 흘리는 왕이 아니었습니다.
① 예수님이 힘이 없어서 그런 것이 아니었습니다(마 26:52). 명령만 하면 천군천사들이 나타날 것이겠지만 예수님은 평화의 왕으로 예루살렘에 입성하셨습니다.
② 장차 두 번째 오실 예수님은 심판주요, 만왕의 왕으로서 재림하시게 될

것입니다(계 15:3-, 계 2:27-).
  3) 예수님은 위대한 구세주로서 예루살렘에 입성하셨습니다.
  '구세주'(The Savior of the world Jesus Christ) '호산나'(Hosanna)라는 말은 '하나님이여 이스라엘을 도우소서' 란 뜻입니다.
  ① 예수님 밖에는 세상을 구원하실 구원주가 없습니다(요 14:6, 행 4:12).
  ② 세상에 어느 누구에게도 '구세주', '호산나' 라는 이름을 돌릴 수 있는 사람이 없습니다(마 1:21).

둘째, 예수님의 예루살렘 입성길에 헌신한 사람이 있습니다.
  1) 나귀 주인입니다.
  ① 예수께서 타시겠다고 할 때에 즉시 보내었습니다. 슈텐베르크의 '십자가' 그림 속에 글을 상기해야 합니다. 나는 즈를 위해서 무엇을 하는가? 주님이 우리 자신을 원하십니다. 주가 쓰시게 해야 합니다(고전 4:1-2).
  ② 주가 쓰시겠다고 할 때에 묶인 나귀를 풀어 끌고 왔습니다. 묶인 것을 풀어서 사용하시게 해야 합니다.
  2) 예수님이 오늘날에도 우리에게 말씀하십니다(눅 1:38).
  ① 나귀 주인은 나귀를 드렸습니다.
  ② 나는 주께 무엇으로 헌신하겠습니까?

셋째, 예수님께서 예루살렘에 입성하신 결과 십자가에서 우리의 구원을 완성하셨습니다(요 19:30).
  1) 죄 문제가 해결되었고 청산되었습니다.
  ① 다 이룩하셨습니다(요 19:30). 원죄와 자범죄까지 해결하셨습니다.
  ② 죄에서 자유케 하셨습니다(요 8:31, 갈 5:1, 롬 8:1-2)
  ③ 하나님과 인간 사이의 막힌 담이 무너졌습니다(엡 2:13-).
  2) 예수님의 십자가 입성 길은 우리의 영원한 구원의 길이 되셨습니다.
  ① 우리는 찬송하며 감사해야 합니다. 그리고 전도해야 합니다.
  ② 늘 울어도 눈물로써 갚을 수 없습니다.(141장 찬송) 프레드릭 윌리엄 페이버(1814-1863)는 이 찬송을 지었습니다.
  이번 고난 주간에 새롭게 다짐하는 시간이 되시기를 축원합니다.
  결론: 언제나 예수님의 고난을 생각합시다.

고난주간에 뒤돌아보는 십자가의 길
(고린도전서 1:17~18)

이 세상에는 소위 종교(Religion)라 믿어지는 것들이 많이 있습니다. 세계적인 유명한 종교에서부터 이름 모를 무속적이고 토템적인 신앙들까지 육을 추구해 나가는 일들이 많이 있습니다. 그러나 거기에는 모두가 생명(Life)이 없다는 사실입니다. 오직 인간에게 참 생명을 주는 것은 오직 예수 그리스도이십니다. "또 증거는 이것이니 하나님이 우리에게 영생을 주신 것과 이 생명이 그의 아들 안에 있는 그것이니라. 아들이 있는 자에게는 생명이 있고 하나님의 아들이 없는 자에게는 생명이 없느니라 내가 하나님의 아들의 이름을 믿는 너희에게 이것을 쓴 것은 너희로 하여금 너희에게 영생이 있음을 알게 하려 함이라"(요일 5:11)했습니다. 예수님이 이 땅에 오셔서 우리 죄를 대속 하시고 죽으신 고난주간입니다(요일 2:25, 요일 4:9, 시 53:1-4). 예수님의 고난주간에 다시 한번 십자가의 길을 생각하며 우리의 믿음을 점검해 봅시다.

첫째, 예수님이 지신 십자가는 가장 극악한 형틀이었습니다.
나무에 달린 자마다 저주받은 자입니다(갈 3:13).
1) 말씀대로 예수님은 저주 아래 있는 십자가를 지셨습니다 왜냐하면 십자가 피흘림이 없이는 속죄도 없기 때문입니다. 대속적 죽음을 죽으셨습니다(히 9:22, 계 1:4).
① 이 십자가 형틀은 극악한 형틀입니다.
② 수치스러운 형틀이었습니다. 고통과 수치가 있는 형틀이었습니다.
③ 십자가는 단순한 장식품이 아닙니다.
2) 예수님은 이와 같은 고통의 십자가를 지셨습니다.
①우리를 영원한 죄와 사망에서 구원하시기 위해서입니다.
② 십자가에서 죽으실 때의 일대기를 성경에서 보시기 바랍니다(마 27:45, 요 19:26-27, 눅 23:27, 요 19:30, 마 27:57, 65, 66).
③ 십자가는 옛날에도 있었겠지만 예수님이 죽으신 후에 유명한 표시가 되었습니다.

④ 예수님이 지신 십자가는 허물과 죄로 죽을 우리를 살리시기 위함입니다.
3) 네덜란드의 화가 렘브란트의 '십자가'라는 그림이 있습니다.
그림 속에서 수많은 사람들이 구경하는 중에 한쪽에서 눈물을 흘리고 있는 사람이 있는데 그가 바로 자기 자신이라고 했습니다. 우리는 십자가를 어떻게 대해야 합니까?
① 죄를 자복, 회개해야 합니다.
② 예수를 영접해야 합니다(요 1:12, 히 9:12).

둘째, 예수 십자가로 말미암아 구원받은 우리는 십자가가 헛되지 않게 살아야 합니다.
1) 헛되지 않게 하기 위해서는 어떻게 합니까?
① 내 자신이 십자가의 도를 확실히 믿어야 합니다. 여기에 구원이 있습니다(롬 10:9).
② 내가 믿는 십자가의 도를 입으로 전해야 합니다. 여기에 구원이 있기 때문입니다.
2) 예수 그리스도의 십자가 외에는 구원의 길이 없습니다.
① 고난을 지고 가야 합니다(마 16:24).
② 나는 죽고 내 안에 예수님이 사시게 해야 합니다(롬 10:10).

셋째, 십자가는 믿는 자를 구원하시는 하나님의 능력입니다.
십자가에 대해서 반응하는 두 종류의 사람이 있습니다.
① 믿고 구원받는 사람입니다(출 13:13, 수 6:23, 민 3:9, 요 3:14).
② 불신하고 멸망당하는 사람이 있습니다(요 3:36).
2) 우리는 예수님이 이룩해 놓으신 십자가를 통한 구원의 기쁨을 누리는 사람이 되어야 합니다.
① 구경꾼이 되지 말아야 합니다.
② 무관심자가 되어서는 안됩니다.
③ 믿고 구원에 이르는 사람이 되어야 합니다.
우리교회를 섬기는 모든 성도님은 십자가의 도를 믿고 영생을 얻게 되시기를 축원합니다.
결론: 십자가의 길만이 구원이 있습니다.

> 전도

별과 같이 영원토록 비취리라
(다니엘 12:1~4)

　세상에는 직업(Job)들이 많이 있는데 시간이 가면서 그 종류들이 더욱 다양해 갑니다. 어제의 좋은 직업이 오늘에 와서는 뒤에 처지거나 어제의 뒤에 처진 직업들이 세월이 가면서 더욱 인기가 좋고 각광받는 일들이 역사의 흐름 속에는 수많이 있습니다. 창세기 47:3에서 야곱은 바로 앞에서 내 직업이 목축업이라고 하였는데 애굽에서는 목축업이 환영받지 못했습니다. 현대에 와서 사람들의 직업은 날마다 그 수를 헤아릴 수 없게 많아지게 되지만 이 모두는 세상적이요, 육을 위한 잠시 잠간의 살아가는 방편에 불과합니다. 세상에서는 잠시잠간 살게 되지만 우리 그리스도인들은 영원한 천국을 바라보아야 합니다. 본문에서 '별과 같이 영원토록 비춰일 사람은 어떤 사람인가'를 말씀했습니다.

첫째, 하나님의 책에 기록된 자가 되어야 합니다.
　이세상의 책이 아니라 영원하신 하나님의 책에 기록된 자들이 복이 있습니다. 마지막 시대에 '그 때에 내 백성 중에서 무릇 책에 기록된 모든 자가 구원을 얻은 자가 될 것이라' 하였고 반면에 '수욕을 받아서 무궁히 부끄러움을 입은 자도 있을 것이며' 했습니다.
 1) 성경에는 두 가지 책을 명백히 우리에게 말했습니다.
  ① 생명책입니다(계 20:12, 출 32:32, 시 69:28, 빌 4:3, 말 3:16). 예수 믿고 물과 성령으로 거듭난 사람이 들어가는 곳입니다.
  ② 심판을 위한 책이 있습니다(단 7:10, 계 20:12). 불이 강같이 흘러가는데 이른바 불못입니다. 불못에 던지우게 되는 심판의 책입니다.
 2) 기록된 책들에는 세미한 오차가 없습니다. 세상의 기록에는 오차가 생기거나 행정착오가 생길 수도 있지만 하나님의 기록에는 오차가 없습니다.
  ① 천국 책에는 천국 갈 사람만 기록됩니다.
  ② 지옥 갈 사람의 이름도 또한 정확하게 기록됩니다.
  ③ 세상 컴퓨터(Computer) 시설에는 해커들이 침입해 들 수 있지만 천국이

나 지옥 갈 사람의 명단에는 해커들이 침범할 수도 없습니다. 그러기에 예수님은 누가복음 10:20에서 너희 이름이 하늘에 기록된 것으로 기뻐하라고 하였습니다.

둘째, 영원한 세계에서 부끄러움을 당하는 자가 되지 말아야 합니다.
"영원히 부끄러움을 당하는 사람이 있을 것이라고 했습니다"(2절).
1) 부끄러움을 당하지 않은 사람이 있습니다. "누구든지 저를 믿는 자는 영원히 부끄러움을 당하지 아니하리라"(롬 10:9) 했습니다.
① 예수의 이름을 부르는 자는 하나님께서 구원해 주십니다(시 50:15).
② 예수의 이름을 부르는 자는 구원해 주십니다(요 1:12, 마 1:21).
2) 영원히 고통 속에서 부끄러움을 당할 사람이 있습니다.
① 예수를 부르지 않는 불신자입니다.
② 이들은 예수 없이 부끄러운 세상을 살았습니다. 여기에는 세상의 부귀영화, 상하귀천이 없습니다. 예수 믿음 안에서 영원히 천국에 기록된 이름들이 되십시오.

셋째, 궁창의 별과 같이 영원히 비춰일 사람이 있습니다.
"지혜있는 자는 궁창의 빛과 같이 영원토록 비취리라"(3절).
1) 전도 많이 하게 되면 빛과 같이 비취게 됩니다.
① 바울은 전도 많이 한 사람입니다(살전 2:19, 빌 4:1).
② 사람들을 올바른 데로 이끌어야 합니다. 예수님은 길이요, 진리요, 생명이십니다(요 14:6).
③ 사람들을 예수께로 데려와야 합니다.
2) 내 이름이 전도 많이 한 곳에 기록되기 바랍니다.
① 세상은 망해도 천국은 영원하게 됩니다.
② 천국 책에 내 이름이 남는 이름이 되게 살아야 하겠습니다.

모든 사람들이 절망성에 살지만 우리는 영원한 천국에 궁극적인 소망을 둔 사람들입니다. 우리 이름이 천국에서 별과 같이 빛나는 이름들이 되기를 축원합니다.

결론: 예수 이름을 빛내면 내 이름이 빛이 납니다.

잠잠하지 않는 파수꾼
(이사야 62:6~9)

성경에서 하나님이 사용하시는 일꾼들을 설명할 때에 여러 가지 직업상의 용어들을 통해 설명했는데 군인, 농부, 운동선수 등입니다(딤후 2:1). 하나님께서 여러 시대마다 부르셨던 일꾼들의 직업도 다양합니다. 바울과 같은 학자, 모세와 같은 애굽 왕궁의 왕자, 베드로와 요한, 야고보와 같은 어부, 마태와 같은 세리, 아모스와 같은 농부도 있는데, 하나님은 이들을 해지는 데서부터 해뜨는 곳까지 사방에서 부르셨습니다(시 50:1, 시 113:3). 하나님께서 사방팔방에서 사람들을 부르신 목적은 하나님의 일꾼이 되기 위해서인데 이것은 다른 용어로서 파수꾼의 사명입니다. 또는 그리스도의 일꾼입니다(고전 4:1-2). 이곳에는 충성뿐입니다. 세상의 생업은 제각기 다르지만 천국이라는 목적이 같은 예수 안에 있습니다. 본문에서 몇가지 은혜를 나누기를 원합니다.

첫째, 성도는 하나님께서 세우신 파수꾼임을 잊지 말아야 합니다.
예수 그리스도의 복음의 파수꾼입니다. "내가 너를 성벽 위에 파수꾼으로 세우고"(6절)했습니다. 이사야가 아닌 이 세대에는 우리 자신들입니다.
1) 파수꾼에 대해서 알아보겠습니다.
① 파수꾼은 망루에 서서 사방팔방을 살피는 사람입니다. 요즈음 같으면 군대의 보초병이요, 회사의 경비하는 사람입니다. 목적은 적이나 도적의 오는 것을 막기 위해서입니다.
② 파수꾼은 언제나 깨어 있어야 합니다. 잠을 잔다든지 졸다가는 큰일입니다. 맥아더 장군은 말하기를 "작전은 실패가 있어도 경계 근무는 실패가 없다"고 했습니다. 예수님은 우리에게 깨어 있어야 한다고 하셨습니다(마 24:42). 사명 완수를 위해서는 성도가 깨어 있어야 합니다.
2) 파수꾼은 반드시 해야 하는 사명이 있습니다.
① 그것은 적지에 대한 파악이요, 아군에 피해가 없도록 하는데 있습니다. 이 사명을 다하기 위해서 병사들이 훈련을 하게 됩니다.
② 파수꾼이 외치는 내용이 무엇입니까? 전방에 이상 징후가 있을 때에 파수

꾼은 외쳐댑니다. 먼저 구원받은 우리는 신앙에 대해서 외쳐야 합니다. 빨리 예수께 돌아와서 구원받으라고 전해야 합니다. 원치 않든 원하든 간에 우리 믿는 성도는 이 세대에 파수꾼이요 사명자들입니다.
③ 누구에게 전해야 합니까? 가족부터 시작해서 이웃과 이 나라와 나아가서 전세계에 전해야 합니다. 그곳에 구원받을 하나님의 백성들이 있기 때문입니다(행 13:8, 행 18:9, 계 7:9).

둘째, 파수꾼이 해야 할 일은 멈추지 말고 해야 합니다.
1) 쉬지 말고 사명에 충실해야 합니다.
① 6절 "그들로 종일 종야에 잠잠치 않게 하였느니라 너희는 쉬지 말며" 하였고, 7절 "여호와께서 예루살렘을 세워 세상에서 찬송을 받게 하시기까지 그로 쉬지 못하시게 하라"고 하였습니다.
② 파수꾼이 쉬지 않듯이 전도자의 사명은 쉬지 않고 전도해야 합니다.
③ 그들이 듣든지 아니 듣든지 전해야 합니다(딤후 4:1-4).
2) 불신풍조가 판을 치는 시대에도 더욱 전해야 합니다
① 세상에 불신풍조가 만연한 시대입니다. 그래도 전해야 합니다.
② 성도가 세상에 존재하는 목적은 전도에 있습니다. 수가성 여인은 물동이를 버리고 성에 들어가 전했습니다(요 4장). 이 일은 멈추지 않고 해야하는 일입니다.

셋째, 하나님의 구원 계획이 파수꾼의 우리를 통해서 나타납니다.
8절 "여호와께서 오른손, 그 능력의 팔로 맹세하소서" 했습니다.
1) 하나님께서 하나님의 교회, 하나님의 일꾼과 백성들을 지켜 주십니다.
① 이 때에 교회와 성도는 세계를 향하여 전해야 합니다. 세상이 죄악으로 악하게 되는 때입니다.
② 세상 나라가 망해도 주의 교회는 크게 세워집니다(마 16:18).
2) 하나님은 지금도 일하시는데 사명자를 통하여 일하십니다.
① 이사야 선지자도 하나님께 쓰임 받았습니다.
② 수많은 일꾼 가운데 파수꾼으로서 우리가 쓰임 받기를 원하십니까? 잠잠하지 말고 부지런히 쓰임받기를 축원합니다.
결론: 여러분은 그리스도인이십니까? 그렇다면 파수꾼입니다.

(광복절)

해방 그리고 통일
(시편 126:1~6)

　인류의 역사는 전쟁의 역사 속에서 흥망성쇠가 계속 반복되는 가운데 여기까지 오게 되었습니다. 한때는 흥했던 나라들이 현재는 이름조차 없어진 국가들이 과거 역사속에는 많이 있습니다. 근대사에서 현대사로 전환되던 시대의 우리나라는 암울했습니다. 러일, 청일 전쟁속에서 결국 일본의 간계에 의해서 합방이 되고, 36년간의 비운의 통치에 살았기 때문입니다. 해방은 되었지만 북방의 공산 침략에 의해서 분단된 지 50년이 넘었습니다. 본문에서 유다민족이 바벨론에 의해서 침략 당했다가 70년 만에 해방을 맞이하게 되는데 그때의 상황이나 우리의 현실이나 큰 차이가 없는 시점이라고 비교가 됩니다. 70년 만에 해방되어 다시 성전에 올라가는 노래를 불렀듯이 통일이 앞당겨지게 되므로 이 세대에 이 노래가 우리의 노래가 되기 위해서 기도해야 하겠습니다. 본문에서 은혜 나누어 보겠습니다.

첫째, 선민된 이스라엘이 주인되신 하나님을 떠나고 거역한 결과입니다.

1) 북쪽 이스라엘이나 남쪽 유다나 할 것 없이 그들은 하나님을 떠나게 되었습니다.
① 채찍은 하나님의 본심이 아닙니다(애 3:32). 하나님의 말씀 안에 있을 때는 축복입니다(신 28:1-14). 그러나 이스라엘은 계속적으로 하나님을 떠나서 살았습니다.
② 참 선지자들이 계속 지적했지만 듣지 아니했습니다(사 1:2, 렘 5:1).
② 거리마다에는 우상이 가득하게 되었고 거짓 선지자들로 영안이 어두웠습니다(렘 5:30, 7:30).
2) 오늘날 한국 기독교회는 정신을 다시 가다듬어야 할 때입니다. 하나님의 심판은 교회부터 시작합니다(겔 9:6).
① 먼저 주의 백성들이 하나님 말씀에 귀를 기울여야 하겠습니다(렘 14:14).
② 남한 교회들에게 주신 축복을 잃지 말고 이 세대에 사명에 충실해야 합니다. 더욱이 이 나라의 최고 최대의 방위와 안보는 무기가 아니라 주의 백

성들의 기도소리에 있습니다. 8·15 광복절(55주년)에 즈음해서 다시 깨달아야 할 말씀입니다.

둘째, 선민된 이스라엘이 정의를 버리고 부정과 부패로 가득했기 때문입니다.

1) 이스라엘이나 유다가 공통적으로 마찬가지였습니다.
① 선지자들은 지적했습니다(사 1:6, 23, 암 5:7,12). 부지런히 지적했으나 듣지 아니했습니다(렘 14:14, 26:5).
② 국가가 든든히 세워가기 위해서는 정의가 세워져야 합니다(암 8:6, 6:24). 아놀드 토인비(Anorld Toynbee) 박사의 글에 의하면 로마가 망한 것은 게르만 민족의 침략 때문만은 아니고 자체적인 내부의 부패 때문이었다고 했습니다.
2) 우리의 현재의 모습은 어떻습니까?
① 부정부패와 뇌물들이 많습니다.
② 그리스도인들이 정신차리고 바로 서야 할 때입니다. 국민의 25%가 기독교인입니다.
③ 예수 안에서 청렴운동이 일어나야 하겠습니다.

셋째, 선민된 유다는 남북이 갈라져 있었기 때문입니다.

1) 솔로몬 이후에 남북이 갈라지게 되었습니다.
① 동족간에 서로 싸웠습니다.
② 그리고 서로 등지게 되었고 힘이 약한 대로 약세에 있었습니다.
2) 우리나라는 이제라도 남북이 통일되기 위해서 기도해야 합니다. 그래야 미래가 밝게 됩니다.
① 교회는 더욱 통일을 위해서 기도할 때입니다.
② 하나님이 이 나라의 전체를 선교차원에서 사용하시는 국가가 되기 위해서 기도해야 합니다.
③ 이산가족 문제가 서로가 만나서 하나되기 위해서 기도해야 합니다.
이 나라의 진정한 통일과 자유가 오게 되기를 축원합니다.
결론: 교회는 복음 통일의 다리가 되어야 합니다.